江戸時代&古文書 虎の巻

油井宏子 監修
柏書房編集部 編

柏書房

はじめに

江戸時代の本を読むのが大好きな方々、そして古文書の学習を楽しんでいる方々が、何かを知りたい、調べたい、と思われた時の心強い味方を作ろうとの思いから、本書『江戸時代&古文書　虎の巻』が生まれました。

本書は、［資料編］と［古文書編］に大きく分かれています。そして、そのそれぞれを【いつ】【だれが】【どこで】【なにを】という項目順に編成しました。

たとえば、［資料編］【いつ】の「旧暦新暦対照表」では、江戸時代のあらゆる年の月ごとの日数が、閏月を含めてわかります。［古文書編］の方の【いつ】には、江戸時代の年号と日付、十干十二支のくずし字を、できるだけたくさん載せました。

［資料編］の【だれが】には、関東郡代にいたるまでの歴代在職者名一覧、それに対応する在職時の将軍名や京都所司代名などを入れました。［古文書編］の方の【だれが】には、文書中に見られる人名のくずし字を、女性名前も含めてできるだけ多く載せました。

本書が〝虎の巻〟であると同時に、歴史探究の道への入口になりますように。いつも手元に置き、そして持ち運んで役立ててくださるようにと願っています。

二〇〇九年三月

油井　宏子

はじめに 1

資料編【いつ】 5

◆01 旧暦新暦対照表……6
◆02 干支順位表……18
◆03 西暦から干支を導き出す方法……20
◆04 方位・時刻・不定時法……21
◆05 二十四節気……22

資料編【だれが】 23

◆06 江戸時代の天皇一覧……24
◆07 徳川家の歴代花押……25
◆08 徳川氏系譜……26
◆09 徳川歴代将軍一覧……27
◆10 江戸幕府の主な職制……28
「歴代在職一覧」の活用のために……30
◆11 歴代大老一覧……32
◆12 歴代老中一覧……32
◆13 歴代寺社奉行一覧……40
◆14 歴代勘定奉行一覧……48
◆15 歴代江戸町奉行一覧……57
◆16 歴代京都所司代一覧……61
◆17 歴代京都町奉行一覧……64
◆18 歴代大坂城代一覧……70
◆19 歴代大坂町奉行一覧……73
◆20 歴代長崎奉行一覧……80

◆21 歴代関東郡代一覧……86
◆22 郡代・代官所別構成表（天保十年）……87
◆23 郡代・代官所配置図（天保十年）……90
◆24 幕府地方行政組織表……90

資料編【どこで】 91

◆25 江戸城主要城門……92
◆26 旧国配置図……94
◆27 旧国名と都道府県対照表……96
◆28 江戸時代の国名と郡名……98
◆29 江戸時代の海上交通図……108
◆30 江戸時代の主要交通路……110
◆31 五街道……112
◆32 三国・北国・伊勢・熊野街道……114
◆33 山陰・山陽道……116
◆34 奥州・羽州街道……118
◆35 長崎街道……119
◆36 江戸時代の関所一覧（延享二年）……120

資料編【なにを】 121

◆37 度・量・衡について……122
◆38 貨幣の種類……124
◆39 貢租の種類……126

古文書編【いつ】 127

◆40 江戸時代の年号と日付……128
◆41 十干……134

◆42 十二支……135
◆43 干支順位表……136

古文書編【だれが】 137

◆44 村方役人の組織表……138
◆45 左・右・右衛門・左衛門・兵衛など……140
◆46 人名……141

古文書編【どこで】 153

◆47 旧国名一覧……154

古文書編【なにを】 157

◆48 古文書の形状……158
◆49 古文書の書出しと文末……160
◆50 数字……165
◆51 度・量・衡の単位……166
◆52 貨幣の単位……168
◆53 変体仮名……169
◆54 異体字……178
◆55 難読用語……182
◆56 主要部首別くずし字……184

資料編【いつ】

◆01 旧暦新暦対照表……6
◆02 干支順位表……18
◆03 西暦から干支を導き出す方法……20
◆04 方位・時刻・不定時法……21
◆05 二十四節気……22

◆01 旧暦新暦対照表

干支	年号（改元月日）	西暦	大・小・閏月
壬辰	文禄元（12・8）	一五九二	① 2 ③ 4 5 ⑥ 7 ⑧ 9 ⑩ ⑪ ⑫
癸巳	二	一五九三	1 ② 3 ④ 5 6 ⑦ 8 9 閏⑨ ⑩ ⑪ 12
甲午	三	一五九四	① ② 3 ④ 5 6 ⑦ 8 9 ⑩ ⑪ 12
乙未	四	一五九五	① ② ③ 4 5 ⑥ 7 ⑧ 9 10 ⑪ ⑫
丙申	慶長元（10・27）	一五九六	1 ② ③ 4 ⑤ 6 ⑦ 閏7 ⑧ 9 ⑩ 11 ⑫
丁酉	二	一五九七	1 ② 3 ④ ⑤ 6 ⑦ 8 ⑨ 10 ⑪ 12
戊戌	三	一五九八	① 2 ③ 4 ⑤ 6 ⑦ ⑧ 9 ⑩ 11 ⑫
己亥	四	一五九九	1 ② 3 閏3 ④ 5 ⑥ ⑦ 8 ⑨ ⑩ 11 ⑫
庚子	五	一六〇〇	1 ② 3 4 ⑤ 6 ⑦ 8 ⑨ ⑩ ⑪ 12
辛丑	六	一六〇一	① 2 ③ 4 5 ⑥ 7 8 ⑨ ⑩ ⑪ 閏11 ⑫
壬寅	七	一六〇二	① 2 ③ 4 5 6 ⑦ 8 ⑨ ⑩ 11 ⑫
癸卯	八	一六〇三	① ② 3 ④ 5 6 ⑦ 8 9 ⑩ ⑪ 12
甲辰	九	一六〇四	① ② 3 ④ 5 ⑥ 7 ⑧ 閏8 9 ⑩ 11 ⑫
乙巳	十	一六〇五	① 2 ③ ④ 5 ⑥ 7 ⑧ 9 10 ⑪ 12
丙午	十一	一六〇六	① ② 3 ④ 5 ⑥ ⑦ 8 ⑨ 10 ⑪ 12
丁未	十二	一六〇七	1 ② 3 ④ 閏4 ⑤ ⑥ 7 ⑧ ⑨ 10 ⑪ 12
戊申	十三	一六〇八	① 2 3 ④ 5 ⑥ 7 ⑧ ⑨ ⑩ 11 ⑫
己酉	十四	一六〇九	1 ② 3 4 ⑤ 6 ⑦ 8 ⑨ ⑩ 11 ⑫
庚戌	十五	一六一〇	① 2 閏② 3 4 5 ⑥ 7 ⑧ ⑨ 10 ⑪ ⑫
辛亥	十六	一六一一	① 2 ③ 4 5 6 ⑦ 8 ⑨ 10 ⑪ ⑫
壬子	十七	一六一二	① 2 ③ ④ 5 6 ⑦ 8 9 ⑩ 閏10 ⑪ ⑫
癸丑	十八	一六一三	① 2 ③ 4 ⑤ 6 ⑦ 8 9 ⑩ 11 ⑫

✲表の見方

上の「旧暦新暦対照表」には、いろいろな知恵が詰まっています。

調べる必要が生じた時はもちろんのこと、表をながめているだけでもいろいろなことがわかりそうです。どうぞ楽しみながら活用してください。

そのために、まず表の見方から。

・一段目は「干支」

十干……甲乙丙丁戊己庚辛壬癸

十二支…子丑寅卯辰巳午未申酉戌亥

を組み合わせた、いわゆる干支（えと）です。詳しい説明は一八・一九頁です。

・二段目は「年号」

年号の元年の下の（　）内に書かれたのが改元の月日。

たとえば、文禄五年の十月二十七日に慶長と改まったことを表しています。

甲寅	十九	一六一四	① 2 ③ ④ 5 ⑥ 7 ⑧ 9 10 ⑪ 12
乙卯	元和元（7・13）	一六一五	① 2 ③ ④ 5 ⑥ 閏6 ⑦ ⑧ 9 ⑩ 11 12
丙辰	二	一六一六	① 2 ③ 4 ⑤ ⑥ 7 ⑧ 9 ⑩ ⑪ 12
丁巳	三	一六一七	① 2 3 ④ 5 ⑥ 7 ⑧ ⑨ 10 ⑪ ⑫
戊午	四	一六一八	1 ② 3 閏3 ④ 5 6 ⑦ ⑧ 9 ⑩ ⑪ ⑫
己未	五	一六一九	1 ② 3 4 5 ⑥ 7 ⑧ 9 ⑩ ⑪ ⑫
庚申	六	一六二〇	1 ② ③ 4 5 ⑥ 7 8 ⑨ 10 ⑪ ⑫ 閏12
辛酉	七	一六二一	1 ② 3 ④ 5 ⑥ 7 8 ⑨ 10 ⑪ ⑫
壬戌	八	一六二二	1 ② ③ 4 ⑤ 6 ⑦ 8 9 ⑩ 11 ⑫
癸亥	九	一六二三	1 ② ③ 4 ⑤ ⑥ 7 ⑧ 閏8 9 ⑩ 11 ⑫
甲子	寛永元（2・30）	一六二四	1 ② 3 ④ ⑤ 6 ⑦ 8 ⑨ ⑩ 11 12
乙丑	二	一六二五	① 2 ③ 4 ⑤ 6 ⑦ ⑧ 9 ⑩ ⑪ 12
丙寅	三	一六二六	① 2 3 ④ 閏4 5 ⑥ ⑦ 8 ⑨ ⑩ ⑪ 12
丁卯	四	一六二七	① 2 3 ④ 5 6 ⑦ 8 ⑨ ⑩ ⑪ 12
戊辰	五	一六二八	① ② 3 4 ⑤ 6 7 ⑧ 9 ⑩ ⑪ ⑫
己巳	六	一六二九	1 ② 閏2 ③ 4 ⑤ 6 7 ⑧ 9 ⑩ ⑪ 12
庚午	七	一六三〇	① ② 3 ④ 5 ⑥ 7 8 ⑨ 10 ⑪ 12
辛未	八	一六三一	① ② ③ 4 ⑤ 6 ⑦ 8 9 ⑩ 閏10 ⑪ 12
壬申	九	一六三二	① ② 3 ④ 5 ⑥ 7 ⑧ 9 ⑩ 11 ⑫
癸酉	十	一六三三	1 ② 3 ④ 5 ⑥ ⑦ 8 ⑨ 10 ⑪ 12
甲戌	十一	一六三四	① 2 ③ 4 ⑤ 6 ⑦ 閏7 ⑧ ⑨ 10 ⑪ ⑫
乙亥	十二	一六三五	1 2 ③ 4 5 ⑥ ⑦ 8 ⑨ ⑩ 11 ⑫
丙子	十三	一六三六	① 2 3 ④ 5 6 ⑦ 8 ⑨ ⑩ ⑪ 12
丁丑	十四	一六三七	① ② 3 閏3 ④ 5 6 ⑦ 8 ⑨ ⑩ 11 ⑫
戊寅	十五	一六三八	① 2 ③ 4 ⑤ 6 7 ⑧ 9 ⑩ 11 ⑫

詳しくは八・九頁をご覧ください。

・三段目は「西暦」

二段目の年号（旧暦）の一年間が、三段目の西暦（新暦）にぴったり重なるわけではありません。

その年号の大部分が対応する西暦の年が書かれている、と考えてください。一四～一七頁で、詳しくお話しします。

・四段目は「大・小・閏月（うるうづき）」

1月から12月までの、月ごとの日数を示しています。

①③のように、○で囲まれた月は大の月（三十日）。囲まれていない24などは、小の月（二十九日）。閏月も同様で、閏⑨（うるうくがつ）は三十日で、閏7（うるうしちがつ）は二十九日。

これらは、太陰太陽暦のお話とともに、一〇～一三頁で説明します。

干支	年号（改元月日）	西暦	大・小・閏月
己卯	寛永十六	一六三九	① ② 3 ④ 5 ⑥ 7 8 ⑨ 10 ⑪ 閏11 ⑫
庚辰	十七	一六四〇	① 2 ③ ④ 5 6 ⑦ 8 ⑨ 10 ⑪ 12
辛巳	十八	一六四一	① 2 ③ ④ 5 ⑥ 7 ⑧ 9 ⑩ 11 ⑫
壬午	十九	一六四二	1 ② 3 ④ 5 ⑥ ⑦ 8 ⑨ 閏9 ⑩ 11 ⑫
癸未	二十	一六四三	1 ② 3 4 ⑤ ⑥ 7 ⑧ ⑨ 10 ⑪ 12
甲申	正保元（12・16）	一六四四	① 2 ③ 4 5 ⑥ 7 ⑧ ⑨ ⑩ 11 ⑫
乙酉	二	一六四五	1 ② 3 ④ 5 閏5 ⑥ 7 ⑧ ⑨ 10 ⑪ ⑫
丙戌	三	一六四六	1 ② 3 ④ 5 6 ⑦ 8 ⑨ 10 ⑪ ⑫
丁亥	四	一六四七	① 2 ③ 4 ⑤ 6 7 8 ⑨ ⑩ 11 ⑫
戊子	慶安元（2・15）	一六四八	① 閏1 ② ③ 4 5 ⑥ 7 ⑧ 9 ⑩ 11 ⑫
己丑	二	一六四九	1 ② ③ 4 ⑤ 6 ⑦ 8 ⑨ 10 ⑪ 12
庚寅	三	一六五〇	① 2 ③ 4 ⑤ ⑥ 7 ⑧ 9 ⑩ 閏10 ⑪ 12
辛卯	四	一六五一	① 2 ③ 4 ⑤ 6 ⑦ ⑧ 9 ⑩ 11 ⑫
壬辰	承応元（9・18）	一六五二	1 ② 3 4 ⑤ 6 ⑦ ⑧ 9 ⑩ ⑪ 12
癸巳	二	一六五三	① 2 ③ 4 5 ⑥ 閏6 ⑦ ⑧ 9 ⑩ ⑪ 12
甲午	三	一六五四	① 2 ③ 4 5 ⑥ 7 ⑧ 9 ⑩ ⑪ ⑫
乙未	明暦元（4・13）	一六五五	1 ② 3 ④ 5 6 7 ⑧ 9 ⑩ ⑪ ⑫
丙申	二	一六五六	1 ② ③ 4 閏④ 5 6 7 ⑧ 9 ⑩ ⑪ 12
丁酉	三	一六五七	① ② ③ 4 5 ⑥ 7 ⑧ 9 10 ⑪ ⑫
戊戌	万治元（7・23）	一六五八	1 ② ③ 4 ⑤ 6 ⑦ 8 ⑨ 10 11 ⑫ 閏⑫
己亥	二	一六五九	1 ② 3 ④ ⑤ 6 ⑦ 8 ⑨ 10 ⑪ 12
庚子	三	一六六〇	① 2 3 ④ ⑤ 6 ⑦ ⑧ 9 ⑩ 11 ⑫
辛丑	寛文元（4・25）	一六六一	1 ② 3 4 ⑤ 6 ⑦ ⑧ 閏8 ⑨ ⑩ 11 ⑫
壬寅	二	一六六二	1 ② 3 4 ⑤ 6 ⑦ 8 ⑨ ⑩ ⑪ 12

✲江戸時代の年号

年号を冠した名称や事柄は、挙げればきりがないほどたくさんあります。

寛永通宝
明暦の大火
元禄文化
享保の改革
天明の飢饉
安政の大獄

また、安永・天明期、化政期（文化・文政期）、などという言い方に見られるように、年号には、ある時期のイメージを浮かび上がらせる力もあります。

さて、その年号ですが、実際に古文書などを読んでいると、年表にはないような年が出てくることがあります。

たとえば、「寛永二十二年」。

上の表を見ると、寛永は二十年までしか

癸卯	三	一六六三	① 2 ③ 4 5 6 ⑦ 8 ⑨ ⑩ ⑪ 12
甲辰	四	一六六四	① ② 3 ④ 5 閏5 6 ⑦ 8 ⑨ ⑩ 11 ⑫
乙巳	五	一六六五	① ② 3 ④ 5 6 7 ⑧ 9 ⑩ ⑪ 12
丙午	六	一六六六	① ② 3 ④ 5 ⑥ 7 ⑧ 9 10 ⑪ 12
丁未	七	一六六七	① ② 閏2 ③ ④ 5 ⑥ 7 ⑧ 9 10 ⑪ 12
戊申	八	一六六八	① ② 3 ④ 5 ⑥ ⑦ 8 ⑨ 10 ⑪ 12
己酉	九	一六六九	1 ② 3 ④ 5 ⑥ ⑦ 8 ⑨ ⑩ 閏10 ⑪ 12
庚戌	十	一六七〇	1 ② 3 ④ 5 ⑥ 7 8 ⑨ ⑩ 11 ⑫
辛亥	十一	一六七一	1 ② 3 4 ⑤ 6 7 ⑧ ⑨ ⑩ 11 ⑫
壬子	十二	一六七二	① 2 ③ 4 5 6 閏⑥ 7 ⑧ ⑨ 10 ⑪ ⑫
癸丑	延宝元（9・21）	一六七三	① 2 ③ 4 5 6 ⑦ 8 ⑨ 10 ⑪ ⑫
甲寅	二	一六七四	① 2 ③ 4 ⑤ 6 7 ⑧ 9 ⑩ 11 ⑫
乙卯	三	一六七五	① 2 ③ ④ 閏4 ⑤ 6 ⑦ 8 9 ⑩ 11 ⑫
丙辰	四	一六七六	① 2 ③ ④ 5 ⑥ 7 ⑧ 9 10 ⑪ 12
丁巳	五	一六七七	① 2 ③ ④ 5 ⑥ 7 ⑧ ⑨ 10 ⑪ 12 閏12
戊午	六	一六七八	① 2 ③ 4 ⑤ 6 ⑦ ⑧ 9 ⑩ ⑪ 12
己未	七	一六七九	1 ② 3 ④ 5 ⑥ 7 ⑧ ⑨ 10 ⑪ ⑫
庚申	八	一六八〇	1 ② 3 4 5 ⑥ 7 ⑧ 閏⑧ 9 ⑩ ⑪ ⑫
辛酉	天和元（9・29）	一六八一	1 ② 3 4 5 ⑥ 7 ⑧ 9 ⑩ ⑪ ⑫
壬戌	二	一六八二	1 ② ③ 4 5 6 ⑦ 8 ⑨ 10 ⑪ ⑫
癸亥	三	一六八三	① 2 ③ 4 ⑤ 閏5 6 ⑦ 8 ⑨ 10 ⑪ ⑫
甲子	貞享元（2・21）	一六八四	1 ② ③ 4 ⑤ 6 ⑦ 8 9 ⑩ 11 ⑫
乙丑	二	一六八五	1 ② 3 ④ ⑤ 6 ⑦ 8 ⑨ 10 ⑪ 12
丙寅	三	一六八六	① 2 ③ 閏3 ④ 5 ⑥ ⑦ 8 ⑨ 10 ⑪ 12
丁卯	四	一六八七	① 2 3 ④ 5 ⑥ ⑦ 8 ⑨ ⑩ 11 ⑫

ありません。なぜ、文書に「寛永二十二年」などと書かれているのでしょうか。

それは、こういうわけです。

正保元年に改元されたのは十二月十六日です。その年の大部分である十二月十五日まで、人々は寛永二十一年として生活しています。

十二月十六日に改元されても、そのことが各地に伝わるまでには、かなりの日数が必要です。伝わっていない地方では、年が改まっても、つまり正式にはすでに正保二年になっていても、人々は寛永が続いていると思って「寛永二十二年」と表記します。

寛永二十一年＝正保元年（12・16から）

寛永二十二年＝正保二年

同様に、文政十三年の十二月十日に天保と改元されましたので、天保二年を文政十四年と記載している場合があります。

干支	年号（改元月日）	西暦	大・小・閏月
戊辰	元禄元（9・30）	一六八八	1 ② 3 4 ⑤ 6 ⑦ 8 ⑨ ⑩ ⑪ 12
己巳	二	一六八九	① 閏1 ② 3 4 ⑤ 6 ⑦ 8 ⑨ ⑩ ⑪ 12
庚午	三	一六九〇	① 2 ③ 4 5 ⑥ 7 8 ⑨ ⑩ 11 ⑫
辛未	四	一六九一	① ② 3 ④ 5 6 ⑦ 8 閏8 ⑨ ⑩ 11 ⑫
壬申	五	一六九二	① 2 ③ ④ 5 6 ⑦ 8 9 ⑩ 11 ⑫
癸酉	六	一六九三	① ② 3 ④ 5 ⑥ 7 ⑧ 9 10 ⑪ 12
甲戌	七	一六九四	① ② 3 ④ ⑤ 閏5 ⑥ 7 ⑧ 9 ⑩ 11 12
乙亥	八	一六九五	① 2 ③ ④ 5 ⑥ 7 ⑧ ⑨ 10 ⑪ 12
丙子	九	一六九六	① 2 3 ④ 5 ⑥ ⑦ 8 ⑨ ⑩ 11 ⑫
丁丑	十	一六九七	1 ② 閏2 3 ④ 5 ⑥ 7 ⑧ ⑨ 10 ⑪ ⑫
戊寅	十一	一六九八	1 ② 3 4 ⑤ 6 7 ⑧ ⑨ 10 ⑪ ⑫
己卯	十二	一六九九	① 2 ③ 4 5 ⑥ 7 8 ⑨ 閏9 ⑩ ⑪ ⑫
庚辰	十三	一七〇〇	① 2 ③ 4 5 ⑥ 7 8 ⑨ 10 ⑪ ⑫
辛巳	十四	一七〇一	① 2 ③ 4 ⑤ 6 ⑦ 8 9 ⑩ 11 ⑫
壬午	十五	一七〇二	① 2 ③ ④ 5 ⑥ 7 ⑧ 閏8 9 ⑩ 11 ⑫
癸未	十六	一七〇三	1 ② ③ 4 ⑤ ⑥ 7 ⑧ 9 ⑩ 11 12
甲申	宝永元（3・13）	一七〇四	① 2 ③ 4 ⑤ ⑥ 7 ⑧ ⑨ 10 ⑪ 12
乙酉	二	一七〇五	① 2 3 ④ 閏4 ⑤ 6 ⑦ ⑧ 9 ⑩ ⑪ 12
丙戌	三	一七〇六	① 2 3 ④ 5 6 ⑦ ⑧ 9 ⑩ ⑪ ⑫
丁亥	四	一七〇七	1 ② 3 4 ⑤ 6 7 ⑧ 9 ⑩ ⑪ ⑫
戊子	五	一七〇八	① 閏1 ② 3 4 ⑤ 6 7 ⑧ 9 ⑩ ⑪ ⑫
己丑	六	一七〇九	1 ② ③ 4 5 ⑥ 7 8 ⑨ 10 ⑪ ⑫
庚寅	七	一七一〇	1 ② ③ 4 ⑤ 6 ⑦ 8 閏8 ⑨ 10 ⑪ 12
辛卯	正徳元（4・25）	一七一一	① ② ③ 4 ⑤ 6 ⑦ 8 9 ⑩ 11 ⑫

✤旧暦は太陰太陽暦

江戸時代の暦は、現在私たちが使っている暦とは違います。

月の満ち欠けに基づいた暦です。つまり太陰暦ですが、それだけでは長い間に季節とのずれが出てしまいます。そこで、太陽の運行に合わせて修正していました。

太陰暦に修正を加えたこの暦を、太陰太陽暦と呼んでいます。明治五年十二月二日まで使われていた旧暦は、この太陰太陽暦ということになります。

では、まず太陰暦のお話からしましょう。月の満ち欠けの周期は、平均すると二十九・五三〇六太陽日です。

つまり、新月（朔）から新月まで、あるいは満月（望）から満月までの朔望月（さくぼうげつ）は、約二十九・五太陽日。これが、太陰暦の一か月になります。

壬辰	二	一七一二	1 ② ③ 4 ⑤ 6 ⑦ ⑧ 9 ⑩ 11 12
癸巳	三	一七一三	① 2 ③ 4 ⑤ 閏5 ⑥ ⑦ 8 ⑨ ⑩ 11 ⑫
甲午	四	一七一四	1 2 ③ 4 ⑤ 6 ⑦ ⑧ 9 ⑩ ⑪ 12
乙未	五	一七一五	① 2 3 ④ 5 6 ⑦ ⑧ 9 ⑩ ⑪ ⑫
丙申	享保元（6・22）	一七一六	1 ② 閏2 3 ④ 5 6 ⑦ 8 ⑨ ⑩ ⑪ 12
丁酉	二	一七一七	① ② 3 4 ⑤ 6 7 ⑧ 9 ⑩ ⑪ 12
戊戌	三	一七一八	① ② 3 ④ 5 ⑥ 7 8 ⑨ 10 閏⑩ 11 ⑫
己亥	四	一七一九	① ② 3 ④ 5 ⑥ 7 8 ⑨ 10 ⑪ 12
庚子	五	一七二〇	① ② 3 ④ ⑤ 6 ⑦ 8 9 ⑩ 11 ⑫
辛丑	六	一七二一	1 ② 3 ④ ⑤ 6 ⑦ 閏7 ⑧ 9 ⑩ 11 ⑫
壬寅	七	一七二二	1 ② 3 ④ 5 ⑥ ⑦ 8 ⑨ 10 ⑪ 12
癸卯	八	一七二三	① 2 ③ 4 5 ⑥ ⑦ 8 ⑨ ⑩ 11 ⑫
甲辰	九	一七二四	① 2 3 ④ 閏4 5 ⑥ 7 ⑧ ⑨ ⑩ 11 ⑫
乙巳	十	一七二五	① 2 3 ④ 5 6 ⑦ 8 ⑨ ⑩ 11 ⑫
丙午	十一	一七二六	① 2 ③ 4 ⑤ 6 7 ⑧ 9 ⑩ 11 ⑫
丁未	十二	一七二七	① 閏① 2 ③ 4 ⑤ 6 7 ⑧ 9 ⑩ 11 ⑫
戊申	十三	一七二八	① 2 ③ ④ 5 ⑥ 7 8 ⑨ 10 ⑪ 12
己酉	十四	一七二九	① 2 ③ ④ 5 ⑥ 7 ⑧ 9 閏⑨ 10 ⑪ 12
庚戌	十五	一七三〇	① 2 ③ 4 ⑤ ⑥ 7 ⑧ 9 ⑩ 11 ⑫
辛亥	十六	一七三一	1 ② 3 ④ 5 ⑥ 7 ⑧ ⑨ 10 ⑪ 12
壬子	十七	一七三二	① 2 ③ 4 5 閏⑤ 6 ⑦ ⑧ ⑨ 10 ⑪ 12
癸丑	十八	一七三三	① 2 ③ 4 5 ⑥ 7 ⑧ ⑨ 10 ⑪ ⑫
甲寅	十九	一七三四	1 ② 3 ④ 5 6 ⑦ 8 ⑨ 10 ⑪ ⑫
乙卯	二十	一七三五	① 2 ③ 閏3 ④ 5 6 ⑦ 8 ⑨ 10 ⑪ ⑫
丙辰	元文元（4・28）	一七三六	1 ② ③ 4 ⑤ 6 7 ⑧ 9 10 ⑪ ⑫

ですから、大の月は三十日、小の月は二十九日になるわけです。実際の月の満ち欠けに合うように、三十日の月と二十九日の月を、適宜組み合わせていきました。

これからが、季節との調整の話です。

三十日と二十九日を組み合わせながらいくと、太陰暦の一年間は三五四日になります。一太陽年は約三六五日ですから、十一日ほどの差が出てしまいます。

十一日のずれは、毎年毎年重なっていきます。何もせずに、そのままにしておくと、そのうち、暦の上での季節と自然界の季節が大きくずれてしまい、日常生活にも農作業にも支障をきたします。

そこで、十九年に七度の割合で、一年が十三か月の年をつくり、季節のずれを防ぎました。旧暦（太陰太陽暦）には、このような工夫が施されていました。

干支	年号（改元月日）	西暦	大・小・閏月
丁巳	元文二	一七三七	1 ② ③ ④ 5 ⑥ 7 8 ⑨ 10 ⑪ 閏11 ⑫
戊午	三	一七三八	1 ② ③ 4 ⑤ 6 ⑦ 8 ⑨ 10 ⑪ 12
己未	四	一七三九	① 2 ③ 4 ⑤ ⑥ 7 ⑧ 9 ⑩ 11 ⑫
庚申	五	一七四〇	1 ② 3 4 ⑤ ⑥ 7 閏⑦ ⑧ 9 ⑩ 11 ⑫
辛酉	寛保元（2・27）	一七四一	1 ② 3 4 ⑤ 6 ⑦ ⑧ 9 ⑩ ⑪ 12
壬戌	二	一七四二	① 2 ③ 4 5 ⑥ 7 ⑧ 9 ⑩ ⑪ ⑫
癸亥	三	一七四三	1 ② 3 ④ 閏4 5 ⑥ 7 8 ⑨ ⑩ ⑪ ⑫
甲子	延享元（2・21）	一七四四	1 ② 3 ④ 5 6 ⑦ 8 9 ⑩ ⑪ 12
乙丑	二	一七四五	① ② ③ 4 ⑤ 6 7 ⑧ 9 10 ⑪ ⑫ 閏12
丙寅	三	一七四六	① ② 3 ④ 5 ⑥ 7 ⑧ 9 10 ⑪ ⑫
丁卯	四	一七四七	1 ② 3 ④ ⑤ 6 ⑦ 8 ⑨ 10 ⑪ 12
戊辰	寛延元（7・12）	一七四八	1 ② ③ 4 ⑤ 6 ⑦ ⑧ 9 ⑩ 閏10 ⑪ 12
己巳	二	一七四九	① 2 3 ④ 5 ⑥ ⑦ 8 ⑨ ⑩ 11 ⑫
庚午	三	一七五〇	1 ② 3 4 ⑤ 6 ⑦ 8 ⑨ ⑩ ⑪ 12
辛未	宝暦元（10・27）	一七五一	① 2 ③ 4 5 ⑥ 閏6 ⑦ 8 ⑨ ⑩ 11 ⑫
壬申	二	一七五二	① 2 ③ 4 5 ⑥ 7 8 ⑨ ⑩ 11 ⑫
癸酉	三	一七五三	① ② 3 ④ 5 6 ⑦ 8 9 ⑩ ⑪ 12
甲戌	四	一七五四	① ② 閏2 ③ ④ 5 6 ⑦ 8 9 ⑩ 11 ⑫
乙亥	五	一七五五	① ② 3 ④ 5 ⑥ 7 ⑧ 9 10 ⑪ 12
丙子	六	一七五六	① ② 3 ④ 5 ⑥ ⑦ 8 ⑨ 10 ⑪ 閏11 12
丁丑	七	一七五七	① 2 ③ ④ 5 ⑥ 7 ⑧ ⑨ 10 ⑪ 12
戊寅	八	一七五八	① 2 3 ④ 5 ⑥ 7 ⑧ ⑨ ⑩ 11 ⑫
己卯	九	一七五九	1 ② 3 4 ⑤ 6 ⑦ 閏7 ⑧ ⑨ 10 ⑪ ⑫
庚辰	十	一七六〇	1 ② 3 4 ⑤ 6 7 ⑧ ⑨ 10 ⑪ ⑫

✲閏月の効用

太陰太陽暦で、追加された一か月のことを、閏月と言います。

太陽暦の閏年は、四年に一度、一年に一日だけプラスします。それに対して、閏月は、まるまる一か月プラスされることになります。

上の表からわかるように、閏月はいろいろな月に配置されています。たとえば、元文五年には「閏7月」が、寛保三年には「閏4月」がありました。

しかも、閏月にも三十日の場合と二十九日の場合があったことがわかります。

閏月は、その月と次の月の間に入り込みます。つまり、

元文五年…6月→7月→閏7月→8月

寛保三年…3月→4月→閏4月→5月

このように、暦は進みます。

干支	年号	西暦	月
辛巳	十一	一七六一	① 2 ③ 4 5 ⑥ 7 8 ⑨ 10 ⑪ ⑫
壬午	十二	一七六二	① ② 3 ④ 閏4 5 ⑥ 7 8 ⑨ 10 ⑪ ⑫
癸未	十三	一七六三	① 2 ③ 4 ⑤ 6 ⑦ 8 9 ⑩ 11 ⑫
甲申	明和元（6・2）	一七六四	① 2 ③ ④ 5 ⑥ 7 ⑧ 9 10 ⑪ 12 閏⑫
乙酉	二	一七六五	1 ② ③ 4 ⑤ ⑥ 7 ⑧ 9 ⑩ 11 12
丙戌	三	一七六六	① 2 ③ 4 ⑤ ⑥ 7 ⑧ ⑨ 10 ⑪ 12
丁亥	四	一七六七	1 ② 3 ④ 5 ⑥ 7 ⑧ ⑨ 閏9 ⑩ ⑪ 12
戊子	五	一七六八	① 2 3 ④ 5 6 ⑦ ⑧ 9 ⑩ ⑪ ⑫
己丑	六	一七六九	1 ② 3 4 ⑤ 6 7 ⑧ 9 ⑩ ⑪ ⑫
庚寅	七	一七七〇	① 2 ③ 4 5 ⑥ 閏6 7 ⑧ 9 ⑩ ⑪ ⑫
辛卯	八	一七七一	1 ② 3 ④ 5 ⑥ 7 8 ⑨ 10 ⑪ ⑫
壬辰	安永元（11・16）	一七七二	1 ② ③ 4 ⑤ 6 ⑦ 8 9 ⑩ 11 ⑫
癸巳	二	一七七三	1 ② ③ 閏3 ④ ⑤ 6 ⑦ 8 9 ⑩ 11 ⑫
甲午	三	一七七四	1 ② ③ 4 ⑤ 6 ⑦ 8 ⑨ 10 ⑪ 12
乙未	四	一七七五	① 2 ③ 4 ⑤ 6 ⑦ ⑧ 9 ⑩ ⑪ 12 閏12
丙申	五	一七七六	① 2 ③ 4 ⑤ 6 ⑦ 8 ⑨ ⑩ ⑪ 12
丁酉	六	一七七七	① 2 3 ④ 5 6 ⑦ 8 ⑨ ⑩ ⑪ 12
戊戌	七	一七七八	① ② 3 4 ⑤ 6 7 閏⑦ 8 ⑨ ⑩ ⑪ 12
己亥	八	一七七九	① ② 3 4 ⑤ 6 7 ⑧ 9 ⑩ ⑪ 12
庚子	九	一七八〇	① ② 3 ④ 5 ⑥ 7 8 ⑨ 10 ⑪ 12
辛丑	天明元（4・2）	一七八一	① ② ③ 4 ⑤ 閏5 ⑥ 7 8 ⑨ 10 ⑪ 12
壬寅	二	一七八二	① ② 3 ④ 5 ⑥ 7 ⑧ 9 ⑩ 11 ⑫
癸卯	三	一七八三	1 ② 3 ④ ⑤ 6 ⑦ 8 ⑨ 10 ⑪ 12
甲辰	四	一七八四	① 閏1 ② 3 ④ 5 ⑥ ⑦ 8 ⑨ 10 ⑪ 12
乙巳	五	一七八五	① 2 ③ 4 5 ⑥ ⑦ 8 ⑨ ⑩ 11 ⑫

旅にどのくらいの日数をかけているか、完成までに何か月かかっているか、などの計算をする時、間にこの閏月が入っているのを見落とすと、大変な思い違いや、意味の取り違いをしてしまうことがあります。大の月か、小の月かも含めて、上の表を大いに活用してください。

閏月の効用としては、次のようなこともあります。

古文書には、たとえば「巳三月」とだけ書かれ、年号がないものがたくさんあります。十二年ごとにある「巳三月」では、それが何年の文書なのかわかりません。

しかし、「巳閏三月」であれば、江戸期には安永二年にしかありません。このように、その文書が書かれた年を特定できたり、場合によってはいくつかにしぼることができる閏月に、感謝したい気持ちになります。

干支	年号（改元月日）	西暦	大・小・閏月
丙午	天明六	一七八六	1 ② 3 ④ 5 6 ⑦ 8 ⑨ ⑩ 閏⑩ 11 ⑫
丁未	七	一七八七	① 2 3 ④ 5 6 ⑦ 8 ⑨ ⑩ 11 ⑫
戊申	八	一七八八	① 2 ③ 4 ⑤ 6 7 ⑧ 9 ⑩ 11 ⑫
己酉	寛政元（1・25）	一七八九	① ② 3 ④ 5 ⑥ 閏6 7 ⑧ 9 ⑩ 11 ⑫
庚戌	二	一七九〇	① 2 ③ ④ 5 ⑥ 7 8 ⑨ 10 ⑪ 12
辛亥	三	一七九一	① 2 ③ ④ 5 ⑥ 7 ⑧ 9 ⑩ 11 ⑫
壬子	四	一七九二	1 ② 閏2 ③ 4 ⑤ ⑥ 7 ⑧ 9 ⑩ 11 ⑫
癸丑	五	一七九三	1 ② 3 ④ 5 ⑥ 7 ⑧ ⑨ 10 ⑪ 12
甲寅	六	一七九四	① 2 ③ 4 5 ⑥ 7 ⑧ ⑨ ⑩ 11 閏⑪ 12
乙卯	七	一七九五	① 2 ③ 4 5 ⑥ 7 ⑧ ⑨ 10 ⑪ ⑫
丙辰	八	一七九六	1 ② 3 ④ 5 6 ⑦ 8 ⑨ 10 ⑪ ⑫
丁巳	九	一七九七	① 2 ③ 4 ⑤ 6 7 閏7 ⑧ 9 ⑩ ⑪ ⑫
戊午	十	一七九八	1 ② ③ 4 ⑤ 6 7 ⑧ 9 10 ⑪ ⑫
己未	十一	一七九九	1 ② ③ ④ 5 6 ⑦ 8 ⑨ 10 11 ⑫
庚申	十二	一八〇〇	① 2 ③ ④ 閏4 ⑤ 6 ⑦ 8 ⑨ 10 ⑪ 12
辛酉	享和元（2・5）	一八〇一	① 2 ③ 4 ⑤ 6 ⑦ ⑧ 9 ⑩ 11 ⑫
壬戌	二	一八〇二	1 ② 3 4 ⑤ 6 ⑦ ⑧ ⑨ 10 ⑪ 12
癸亥	三	一八〇三	① 閏1 ② 3 4 ⑤ 6 ⑦ ⑧ 9 ⑩ ⑪ 12
甲子	文化元（2・11）	一八〇四	① 2 ③ 4 5 ⑥ 7 ⑧ 9 ⑩ ⑪ ⑫
乙丑	二	一八〇五	1 ② 3 ④ 5 6 7 ⑧ 閏8 ⑨ ⑩ ⑪ 12
丙寅	三	一八〇六	① ② 3 ④ 5 6 7 ⑧ 9 ⑩ ⑪ 12
丁卯	四	一八〇七	① ② ③ 4 ⑤ 6 7 ⑧ 9 10 ⑪ ⑫
戊辰	五	一八〇八	1 ② ③ 4 ⑤ 6 閏⑥ 7 ⑧ 9 10 ⑪ 12
己巳	六	一八〇九	① ② 3 ④ ⑤ 6 ⑦ 8 ⑨ 10 ⑪ 12

❇西暦は太陽暦

西洋では、一五八二年以前にはユリウス暦が用いられ、それ以降はグレゴリオ暦（現在も使われている太陽暦）が使われるようになりました。

ユリウス暦も、太陽の運行をもとにした暦で、一年を三六五日として、四年に一度閏年を設けて三六六日としたものでした。

グレゴリオ暦は、これに改良を加えたものです。四の倍数の年を閏年とし、その中で、一八〇〇年・一九〇〇年のように、一〇〇の倍数でしかも四〇〇の倍数でない年は平年としました。そうすることによって、ユリウス暦で生じてしまう四〇〇年に三日ほどの誤差を、ほぼ解消できました。

グレゴリオ暦への改暦は、西洋の中でも、各国各地により時期が違います。

庚午	七	一八一〇	1 ② 3 ④ ⑤ 6 ⑦ ⑧ 9 ⑩ 11 ⑫
辛未	八	一八一一	1 2 閏② 3 ④ 5 ⑥ ⑦ 8 ⑨ ⑩ 11 ⑫
壬申	九	一八一二	1 ② 3 4 ⑤ 6 ⑦ 8 ⑨ ⑩ ⑪ 12
癸酉	十	一八一三	① 2 ③ 4 5 6 ⑦ 8 ⑨ ⑩ ⑪ 閏11 ⑫
甲戌	十一	一八一四	① 2 ③ 4 5 6 ⑦ 8 ⑨ ⑩ 11 ⑫
乙亥	十二	一八一五	① ② 3 ④ 5 6 7 ⑧ 9 ⑩ 11 ⑫
丙子	十三	一八一六	① ② 3 ④ 5 ⑥ 7 ⑧ 閏8 9 ⑩ 11 ⑫
丁丑	十四	一八一七	① 2 ③ ④ 5 ⑥ 7 ⑧ 9 10 ⑪ 12
戊寅	文政元（4・22）	一八一八	① ② 3 ④ 5 ⑥ ⑦ 8 ⑨ 10 11 ⑫
己卯	二	一八一九	1 ② 3 ④ 閏4 ⑤ ⑥ 7 ⑧ ⑨ 10 ⑪ 12
庚辰	三	一八二〇	1 ② 3 ④ 5 ⑥ 7 ⑧ ⑨ ⑩ 11 ⑫
辛巳	四	一八二一	1 ② 3 4 ⑤ 6 ⑦ 8 ⑨ ⑩ 11 ⑫
壬午	五	一八二二	① 閏1 ② 3 4 5 ⑥ 7 ⑧ ⑨ 10 ⑪ ⑫
癸未	六	一八二三	① 2 ③ 4 5 6 ⑦ 8 ⑨ 10 ⑪ ⑫
甲申	七	一八二四	① ② 3 4 ⑤ 6 7 ⑧ 閏8 ⑨ 10 ⑪ ⑫
乙酉	八	一八二五	① 2 ③ 4 ⑤ 6 ⑦ 8 9 ⑩ 11 ⑫
丙戌	九	一八二六	① 2 ③ ④ 5 ⑥ 7 ⑧ 9 10 ⑪ 12
丁亥	十	一八二七	① 2 ③ ④ 5 ⑥ 閏6 ⑦ ⑧ 9 10 ⑪ 12
戊子	十一	一八二八	① 2 ③ 4 ⑤ ⑥ 7 ⑧ 9 ⑩ ⑪ 12
己丑	十二	一八二九	1 ② 3 ④ 5 ⑥ 7 ⑧ ⑨ 10 ⑪ ⑫
庚寅	天保元（12・10）	一八三〇	1 2 ③ 閏3 ④ 5 6 ⑦ ⑧ 9 ⑩ ⑪ ⑫
辛卯	二	一八三一	1 ② 3 4 5 ⑥ 7 ⑧ 9 ⑩ ⑪ ⑫
壬辰	三	一八三二	① 2 ③ 4 5 6 ⑦ 8 ⑨ 10 ⑪ 閏⑪ ⑫
癸巳	四	一八三三	1 ② 3 ④ 5 6 ⑦ 8 ⑨ 10 ⑪ ⑫
甲午	五	一八三四	1 ② ③ 4 ⑤ 6 7 ⑧ 9 ⑩ 11 ⑫

✲旧暦から新暦へ

日本で、このグレゴリオ暦（新暦）を採用したのは明治五年です。

明治五年十二月二日の翌日を、明治六年（一八七三）一月一日にしました。

それまでの日本が、太陰太陽暦であったことは、お話してきたとおりです。

江戸時代のはじめは、前の時代から引き続いて唐の宣明暦が使われていました。その後、渋川春海が作った貞享暦が用いられ、宝暦暦・寛政暦・天保暦と実施されてきました。このいずれもが、月の満ち欠けを基準にした太陰太陽暦でした。

明治五年の、天保暦（旧暦・太陰太陽暦）からグレゴリオ暦（新暦・太陽暦）への転換。この時から、欧米の西暦と日本の年号の一年間が重なり、原則的に一致することになります。

干支	年号（改元月日）	西暦	大・小・閏月
乙未	天保六	一八三五	1 ② ③ 4 ⑤ ⑥ 7 閏7 ⑧ 9 ⑩ 11 ⑫
丙申	七	一八三六	1 ② 3 ④ ⑤ 6 ⑦ 8 ⑨ 10 ⑪ 12
丁酉	八	一八三七	① 2 ③ 4 ⑤ 6 ⑦ ⑧ 9 ⑩ 11 ⑫
戊戌	九	一八三八	1 ② 3 ④ 閏4 5 ⑥ ⑦ 8 ⑨ ⑩ 11 ⑫
己亥	十	一八三九	1 ② 3 4 ⑤ 6 ⑦ 8 ⑨ ⑩ ⑪ 12
庚子	十一	一八四〇	① ② 3 4 5 ⑥ 7 ⑧ 9 ⑩ ⑪ ⑫
辛丑	十二	一八四一	1 閏① 2 ③ 4 5 ⑥ 7 ⑧ 9 ⑩ ⑪ 12
壬寅	十三	一八四二	① ② 3 ④ 5 6 ⑦ 8 ⑨ 10 ⑪ 12
癸卯	十四	一八四三	① ② ③ 4 ⑤ 6 7 ⑧ 9 閏⑨ 10 ⑪ 12
甲辰	弘化元（12・2）	一八四四	① ② 3 ④ 5 ⑥ 7 ⑧ 9 ⑩ 11 ⑫
乙巳	二	一八四五	1 ② 3 ④ ⑤ 6 ⑦ 8 ⑨ 10 ⑪ 12
丙午	三	一八四六	① 2 ③ 4 ⑤ 閏5 ⑥ ⑦ 8 ⑨ 10 ⑪ 12
丁未	四	一八四七	① 2 ③ 4 5 ⑥ ⑦ 8 ⑨ ⑩ 11 ⑫
戊申	嘉永元（2・28）	一八四八	1 ② 3 4 ⑤ 6 ⑦ 8 ⑨ ⑩ ⑪ 12
己酉	二	一八四九	① 2 ③ 4 閏4 ⑤ 6 ⑦ 8 ⑨ ⑩ 11 ⑫
庚戌	三	一八五〇	① 2 ③ 4 5 ⑥ 7 ⑧ 9 ⑩ 11 ⑫
辛亥	四	一八五一	① ② 3 ④ 5 6 ⑦ 8 ⑨ 10 ⑪ 12
壬子	五	一八五二	① ② 閏2 ③ ④ 5 6 ⑦ 8 ⑨ 10 ⑪ 12
癸丑	六	一八五三	① 2 ③ ④ 5 ⑥ 7 ⑧ 9 ⑩ 11 ⑫
甲寅	安政元（11・27）	一八五四	1 ② 3 ④ 5 ⑥ ⑦ 閏7 ⑧ 9 ⑩ 11 ⑫
乙卯	二	一八五五	1 ② 3 4 ⑤ ⑥ 7 ⑧ ⑨ 10 ⑪ 12
丙辰	三	一八五六	① 2 3 ④ 5 ⑥ 7 ⑧ ⑨ ⑩ 11 ⑫
丁巳	四	一八五七	1 ② 3 4 ⑤ 閏5 ⑥ 7 ⑧ ⑨ 10 ⑪ ⑫
戊午	五	一八五八	1 ② 3 4 ⑤ 6 7 ⑧ ⑨ 10 ⑪ ⑫

つまり、平成二十一年が西暦二〇〇九年と全く重なるという、現在と同じ状態になったわけです。

ところが明治五年以前は、そうではありませんでした。

たとえば、上の表で嘉永六年を見てみましょう。この年は、ペリーが来航した年です。表では、嘉永六年が西暦一八五三年に当たるとしています。しかし、嘉永六年の一年間と西暦一八五三年の一年間が、ピタリと重なるわけではありません。

嘉永六年のスタートである一月一日は、西暦の一八五三年の二月八日に当たります。そもそも、一年のスタートである一月一日から一致していないのです。嘉永六年の正月朔日（一月一日）時点で、西暦では、すでに一八五三年になってから一か月以上たっているわけです。

己未	六	一八五九	① 2 ③ 4 5 ⑥ 7 8 ⑨ 10 ⑪ ⑫
庚申	万延元（3・18）	一八六〇	① 2 ③ 閏③ 4 5 ⑥ 7 8 ⑨ 10 ⑪ ⑫
辛酉	文久元（2・19）	一八六一	1 ② ③ 4 ⑤ 6 ⑦ 8 ⑨ 10 11 ⑫
壬戌	二	一八六二	① 2 ③ ④ 5 ⑥ 7 ⑧ 閏8 ⑨ 10 ⑪ 12
癸亥	三	一八六三	1 ② ③ 4 ⑤ 6 ⑦ ⑧ 9 ⑩ 11 ⑫
甲子	元治元（2・20）	一八六四	1 2 ③ 4 ⑤ 6 ⑦ ⑧ ⑨ 10 ⑪ 12
乙丑	慶応元（4・7）	一八六五	① 2 3 ④ 5 閏⑤ 6 ⑦ ⑧ 9 ⑩ ⑪ 12
丙寅	二	一八六六	① 2 ③ 4 5 6 ⑦ ⑧ 9 ⑩ ⑪ ⑫
丁卯	三	一八六七	1 ② 3 ④ 5 6 7 ⑧ 9 ⑩ ⑪ ⑫
戊辰	明治元（9・8）	一八六八	1 ② ③ 4 閏4 ⑤ 6 7 ⑧ 9 ⑩ ⑪ 12
己巳	二	一八六九	① ② ③ 4 5 ⑥ 7 8 ⑨ 10 ⑪ ⑫
庚午	三	一八七〇	1 ② ③ 4 ⑤ 6 ⑦ 8 ⑨ 10 閏10 ⑪ 12
辛未	四	一八七一	① ② 3 ④ ⑤ 6 ⑦ 8 ⑨ 10 11 ⑫
壬申	五	一八七二	1 ② 3 ④ ⑤ 6 ⑦ ⑧ 9 ⑩ 11 ⑫

次の年、嘉永七年（安政元年）の正月朔日は、西暦一八五四年一月二十九日に当たります。ということは、嘉永六年の極月晦日（十二月三十日）は、西暦では一八五四年の一月二十八日、ということになります。

つまり、嘉永六年は、西暦一八五三年だけでなく、一八五四年に一か月ほどまたがっているのです。

ですから、本来なら、嘉永六年は一八五三・五四年とすべきですが、それでは煩雑ですので、表では、その大部分が重なっている一八五三年としています。今お話ししたようなことを知って表を見ていただくと、興味深いと思います。

嘉永六年の干支は「癸丑（みずのとうし・キチュウ）」です。次は、旧暦新暦対照表の一段目の「干支」について、その仕組みを詳しくお話しましょう。

◆02 干支順位表

誕生／六〇才 きのえね ①甲 子 コウシ(カッシ)	一〇才 きのえいぬ ⑪甲 戌 コウジュツ	二〇才 きのえさる ㉑甲 申 コウシン	三〇才 きのえうま ㉛甲 午 コウゴ	四〇才 きのえたつ ㊶甲 辰 コウシン	五〇才 きのえとら (51)甲 寅 コウイン
一才 きのとうし ②乙 丑 イッ(オッ)チュウ	一一才 きのとい ⑫乙 亥 イツ(オツ)ガイ	二一才 きのととり ㉒乙 酉 イツ(オツ)ユウ	三一才 きのとひつじ ㉜乙 未 イツ(オツ)ビ	四一才 きのとみ ㊷乙 巳 イッ(オッ)シ	五一才 きのとう (52)乙 卯 イツ(オツ)ボウ
二才 ひのえとら ③丙 寅 ヘイイン	一二才 ひのえね ⑬丙 子 ヘイシ	二二才 ひのえいぬ ㉓丙 戌 ヘイジュツ	三二才 ひのえさる ㉝丙 申 ヘイシン	四二才 ひのえうま ㊸丙 午 ヘイゴ	五二才 ひのえたつ (53)丙 辰 ヘイシン
三才 ひのとう ④丁 卯 テイボウ	一三才 ひのとうし ⑭丁 丑 テイチュウ	二三才 ひのとい ㉔丁 亥 テイガイ	三三才 ひのととり ㉞丁 酉 テイユウ	四三才 ひのとひつじ ㊹丁 未 テイビ	五三才 ひのとみ (54)丁 巳 テイシ
四才 つちのえたつ ⑤戊 辰 ボシン	一四才 つちのえとら ⑮戊 寅 ボイン	二四才 つちのえね ㉕戊 子 ボシ	三四才 つちのえいぬ ㉟戊 戌 ボジュツ	四四才 つちのえさる ㊺戊 申 ボシン	五四才 つちのえうま (55)戊 午 ボゴ
五才 つちのとみ ⑥己 巳 キシ	一五才 つちのとう ⑯己 卯 キボウ	二五才 つちのとうし ㉖己 丑 キチュウ	三五才 つちのとい ㊱己 亥 キガイ	四五才 つちのととり ㊻己 酉 キユウ	五五才 つちのとひつじ (56)己 未 キビ
六才 かのえうま ⑦庚 午 コウゴ	一六才 かのえたつ ⑰庚 辰 コウシン	二六才 かのえとら ㉗庚 寅 コウイン	三六才 かのえね ㊲庚 子 コウシ	四六才 かのえいぬ ㊼庚 戌 コウジュツ	五六才 かのえさる (57)庚 申 コウシン
七才 かのとひつじ ⑧辛 未 シンビ	一七才 かのとみ ⑱辛 巳 シンシ	二七才 かのとう ㉘辛 卯 シンボウ	三七才 かのとうし ㊳辛 丑 シンチュウ	四七才 かのとい ㊽辛 亥 シンガイ	五七才 かのととり (58)辛 酉 シンユウ
八才 みずのえさる ⑨壬 申 ジンシン	一八才 みずのえうま ⑲壬 午 ジンゴ	二八才 みずのえたつ ㉙壬 辰 ジンシン	三八才 みずのえとら ㊴壬 寅 ジンイン	四八才 みずのえね ㊾壬 子 ジンシ	五八才 みずのえいぬ (59)壬 戌 ジンジュツ
九才 みずのととり ⑩癸 酉 キユウ	一九才 みずのとひつじ ⑳癸 未 キビ	二九才 みずのとみ ㉚癸 巳 キシ	三九才 みずのとう ㊵癸 卯 キボウ	四九才 みずのとうし ㊿癸 丑 キチュウ	五九才 みずのとい (60)癸 亥 キガイ

五行	十干	
木の兄え	甲	きのえ・コウ
弟と	乙	きのと・イツ、オツ
火の兄え	丙	ひのえ・ヘイ
弟と	丁	ひのと・テイ
土の兄え	戊	つちのえ・ボ
弟と	己	つちのと・キ
金の兄え	庚	かのえ・コウ
弟と	辛	かのと・シン
水の兄え	壬	みずのえ・ジン
弟と	癸	みずのと・キ

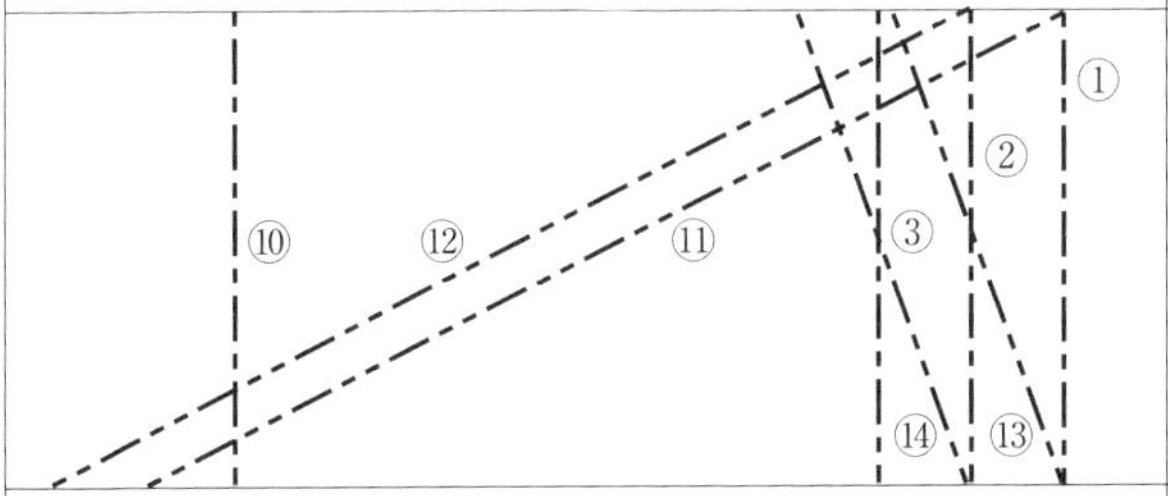

十二支	
子	ね・シ
丑	うし・チュウ
寅	とら・イン
卯	う・ボウ
辰	たつ・シン
巳	み・シ
午	うま・ゴ
未	ひつじ・ビ
申	さる・シン
酉	とり・ユウ
戌	いぬ・ジュツ
亥	い・ガイ

十干・十二支を組み合わせた干支（えと）の仕組みを見てみましょう。「①甲子」からスタートすると、次の組み合わせは「②乙丑」。順次進んで行くと、十番目同士の「⑩癸酉」で十干は一巡しますが、十二支の方は、まだ戌と亥が残ります。そこで、戌は二巡目の甲と組んで「⑪甲戌」、亥は「⑫乙亥」。次は十二支もはじめにもどって「⑬丙子」「⑭丁丑」。

このように進んで、十と十二の最小公倍数、つまり六十通りの干支が終わったところで最初の「甲子」に戻ります。つまり、還暦です。

「甲子」は「コウシ（カッシ）」の他に「きのえね」とも言います。「甲」を「きのえ」と呼ぶのは「木の兄」のこと。陰陽説に基づく五行「木火土金水」のそれぞれに兄弟（えと）があり、それを十干に当てはめています。

戊辰戦争（ぼしんせんそう）、庚申塚（こうしんづか）、甲子園（こうしえん）。気をつけてみると、今でも生活の中で干支を聞くことがあります。干支は、月日・時刻・方位を表す場合にも使われていました（二一頁）。

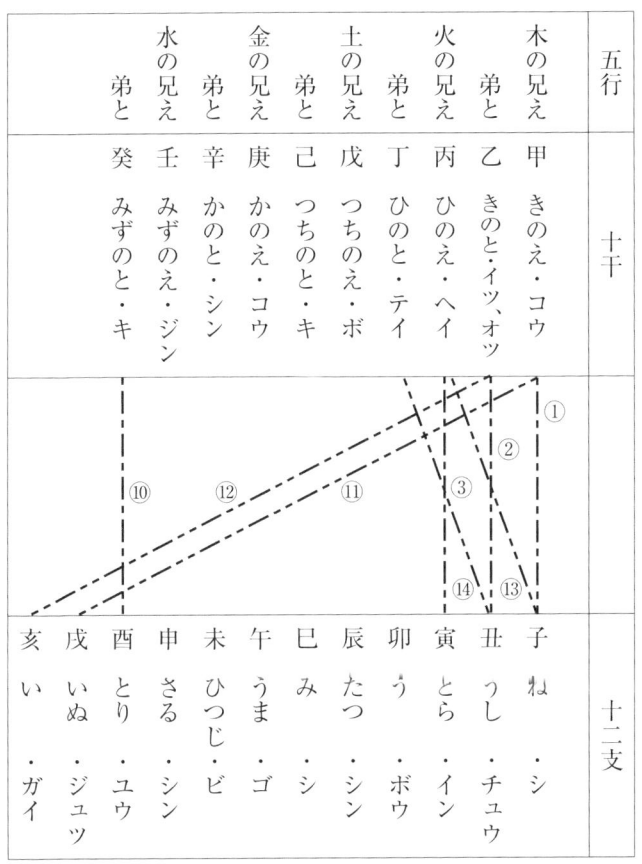

◘ 03　西暦から干支を導き出す方法

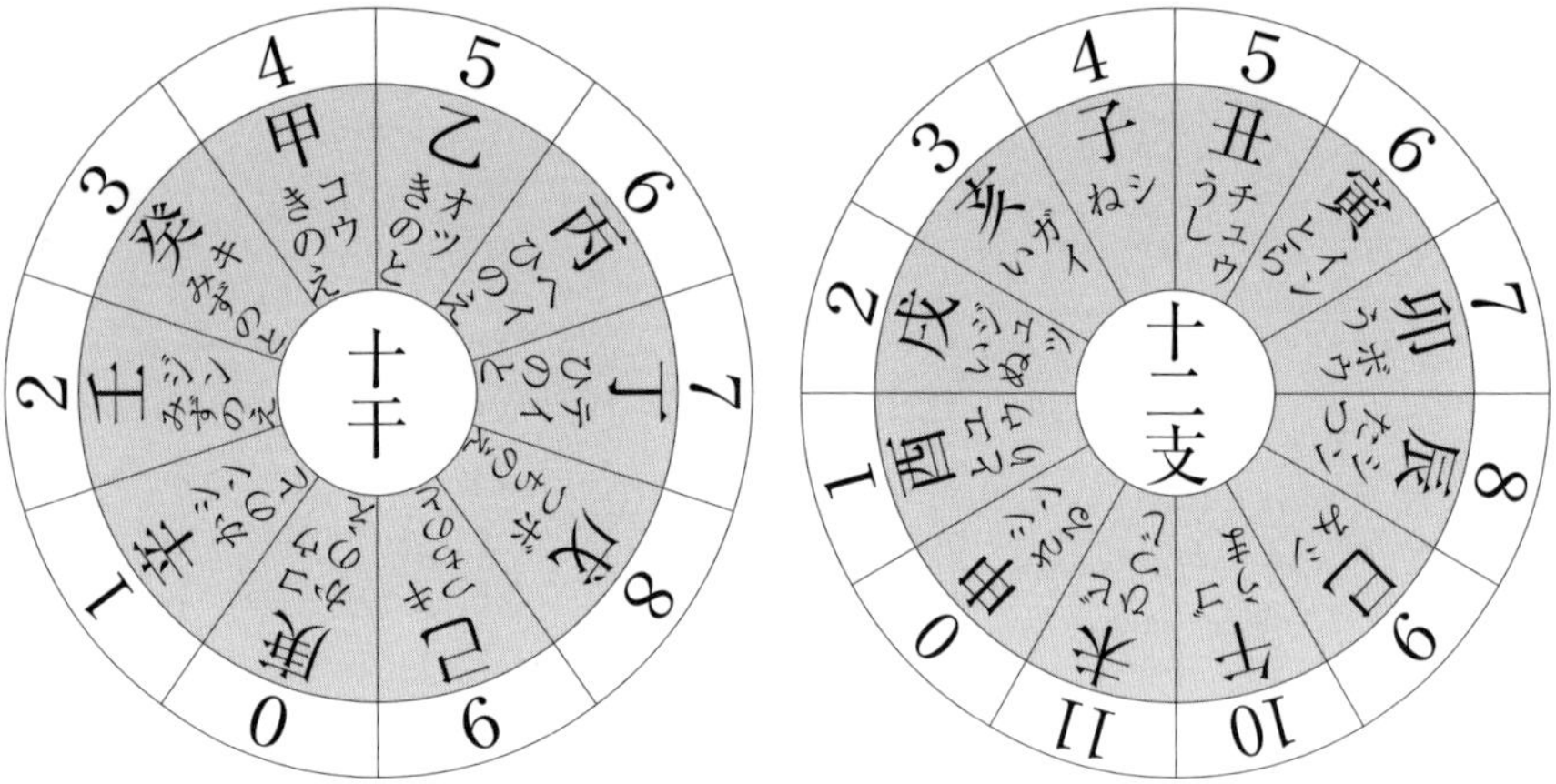

上の２つの円グラフを使うと、西暦から干支を割り出すことができます。例を挙げてみましょう。

＊今年、2009年は丑年です。これを右の表で確かめましょう。

2009÷12（支）＝167**余り５**

この**余りの５**を右の表で見ると確かに「**丑**」です。では、2009年の十干の方は何でしょうか。

2009÷10（干）＝200**余り９**

左の表で**９**には**己**とあります。2009年は「**己丑**（キチュウ・つちのとうし）」とわかりました。

つまり、西暦を10で割り、その余りの数を左の表で見て十干を出す。西暦を12で割り、その余りの数を右の表で見て十二支を知る、というわけです。

＊1868（慶応４）年は、９月８日に改元して明治元年になりました。この年の１月の鳥羽・伏見の戦いから始まった旧幕府側と新政府軍の戦いは、翌年にわたるまで各地で続きます。

1868÷10＝186**余り８**──→**戊**

1868÷12＝155**余り８**──→**辰**

1868年の干支が「**戊辰**」であったため、これらの戦いは総称して「戊辰戦争」と呼ばれました。

＊ハレー彗星の次回の接近は2061年の夏との予想です。

2061÷10＝206**余り１**──→**辛**

2061÷12＝171**余り９**──→**巳**

「**辛巳**（シンシ・かのとみ）」の年の夏空に、彗星の尾が見られることになるのでしょう。

◆04 方位・時刻・不定時法

方位と時刻（定時法）

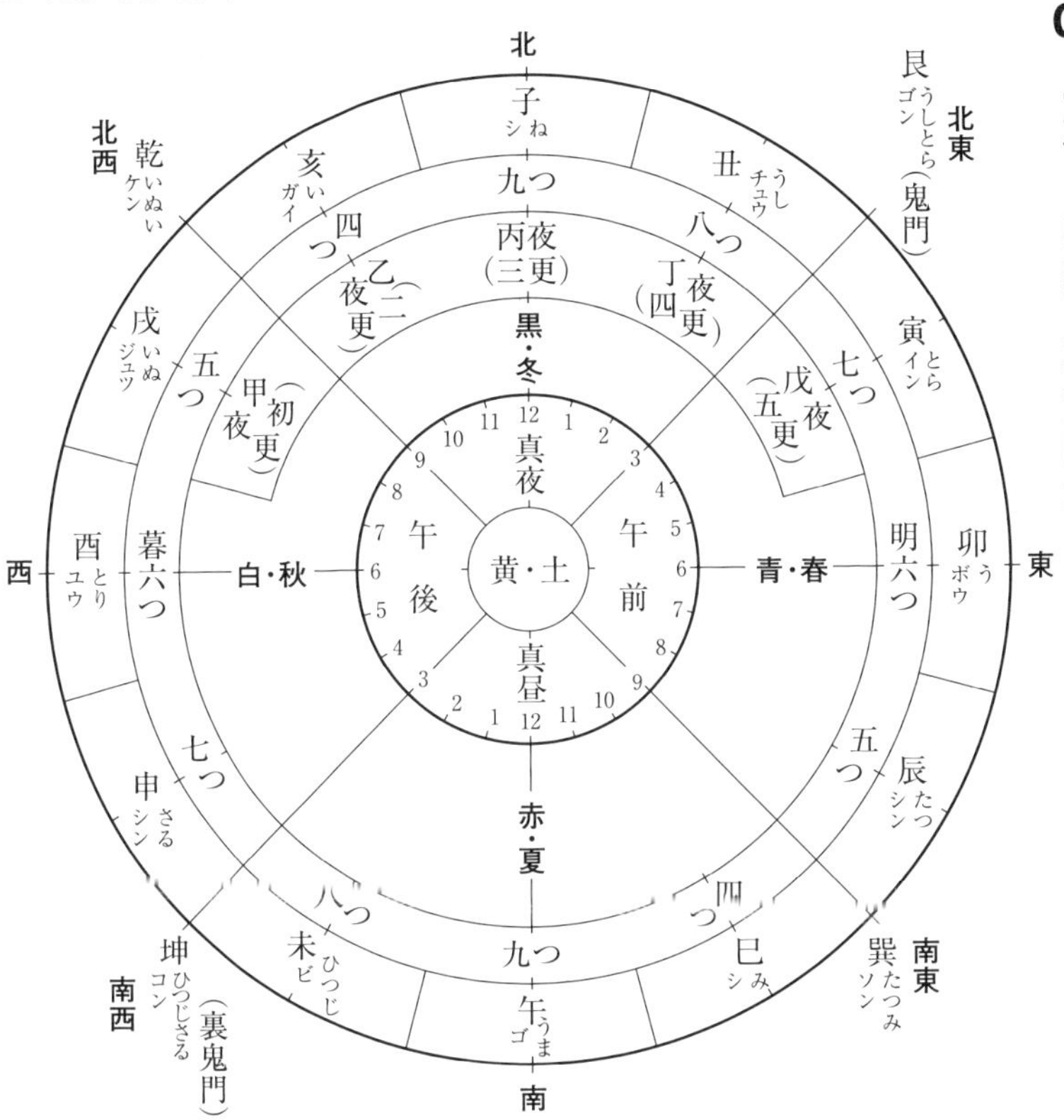

江戸時代の不定時法

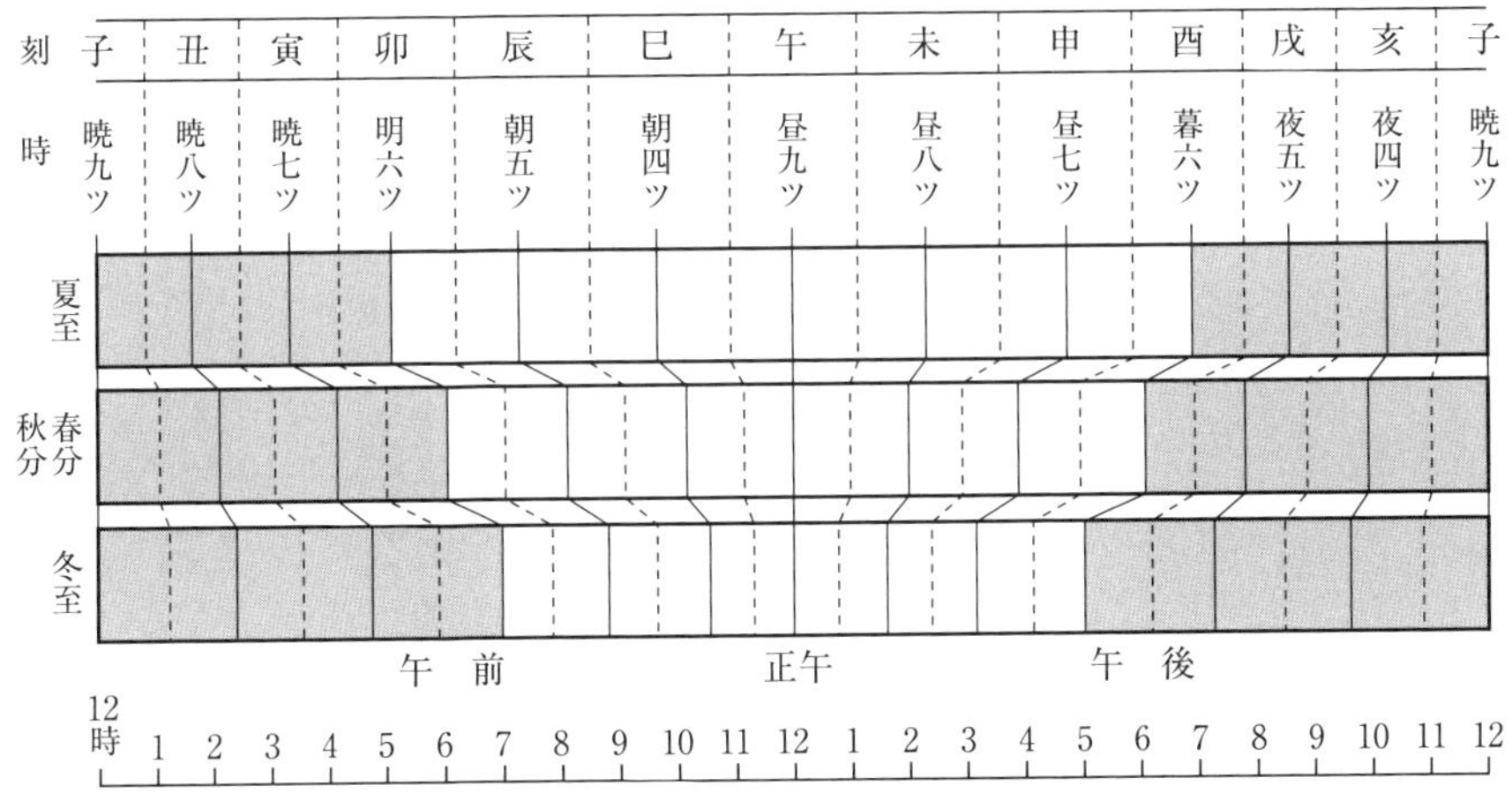

◇05 二十四節気

季節	節気	名称	新暦概算
春	正月節	立春（りっしゅん）	二月四日
	正月中	雨水（うすい）	二月十九日
	二月節	啓蟄（けいちつ）	三月六日
	二月中	春分（しゅんぶん）	三月二十一日
	三月節	清明（せいめい）	四月五日
	三月中	穀雨（こくう）	四月二十日
夏	四月節	立夏（りっか）	五月六日
	四月中	小満（しょうまん）	五月二十一日
	五月節	芒種（ぼうしゅ）	六月六日
	五月中	夏至（げし）	六月二十一日
	六月節	小暑（しょうしょ）	七月七日
	六月中	大暑（たいしょ）	七月二十三日
秋	七月節	立秋（りっしゅう）	八月八日
	七月中	処暑（しょしょ）	八月二十三日
	八月節	白露（はくろ）	九月八日
	八月中	秋分（しゅうぶん）	九月二十三日
	九月節	寒露（かんろ）	十月八日
	九月中	霜降（そうこう）	十月二十三日
冬	十月節	立冬（りっとう）	十一月七日
	十月中	小雪（しょうせつ）	十一月二十二日
	十一月節	大雪（たいせつ）	十二月七日
	十一月中	冬至（とうじ）	十二月二十二日
	十二月節	小寒（しょうかん）	一月五日
	十二月中	大寒（だいかん）	一月二十日

七夕のお供え
（『絵本世都の時』より）

資料編【だれが】

◆06 江戸時代の天皇一覧……24
◆07 徳川家の歴代花押……25
◆08 徳川氏系譜……26
◆09 徳川歴代将軍一覧……27
◆10 江戸幕府の主な職制……28
「歴代在職一覧」の活用のために……30
◆11 歴代大老一覧……32
◆12 歴代老中一覧……32
◆13 歴代寺社奉行一覧……40
◆14 歴代勘定奉行一覧……48
◆15 歴代江戸町奉行一覧……57
◆16 歴代京都所司代一覧……61
◆17 歴代京都町奉行一覧……64
◆18 歴代大坂城代一覧……70
◆19 歴代大坂町奉行一覧……73
◆20 歴代長崎奉行一覧……80
◆21 歴代関東郡代一覧……86
◆22 郡代・代官所別構成表（天保十年）……87
◆23 郡代・代官所配置図（天保十年）……90
◆24 幕府地方行政組織表……90

◆06 江戸時代の天皇一覧

諡号		名	父	在位期間	在位時の将軍
後陽成	●	和仁・周仁	誠仁親王	天正十四年（一五八六）十一月七日—慶長十六年（一六一一）三月二十七日	家康・秀忠
後水尾	●	政仁	後陽成	慶長十六年（一六一一）三月二十七日—寛永六年（一六二九）十一月八日	秀忠・家光
明正	●＊	興子	後水尾	寛永六年（一六二九）十一月八日—寛永二十年（一六四三）十月三日	家光
後光明		紹仁	後水尾	寛永二十年（一六四三）十月三日—承応三年（一六五四）九月二十日	家光・家綱
後西	●	良仁	後水尾	承応三年（一六五四）十一月二十八日—寛文三年（一六六三）一月二十六日	家綱
霊元	●	識仁	後水尾	寛文三年（一六六三）一月二十六日—貞享四年（一六八七）三月二十一日	家綱・綱吉
東山	●	朝仁	霊元	貞享四年（一六八七）三月二十一日—宝永六年（一七〇九）六月二十一日	綱吉・家宣
中御門	●	慶仁	東山	宝永六年（一七〇九）六月二十一日—享保二十年（一七三五）三月二十一日	家宣・家継・吉宗
桜町	●	昭仁	中御門	享保二十年（一七三五）三月二十一日—延享四年（一七四七）五月二日	吉宗・家重
桃園		遐仁	桜町	延享四年（一七四七）五月二日—宝暦十二年（一七六二）七月十二日	家重・家治
後桜町	●＊	智子	桜町	宝暦十二年（一七六二）七月二十七日—明和七年（一七七〇）十一月二十四日	家治
後桃園		英仁	桃園	明和七年（一七七〇）十一月二十四日—安永八年（一七七九）十月二十九日	家治
光格	●	師仁・兼仁	典仁親王	安永八年（一七七九）十一月二十五日—文化十四年（一八一七）三月二十二日	家治・家斉
仁孝		恵仁	光格	文化十四年（一八一七）三月二十二日—弘化三年（一八四六）一月二十六日	家斉・家慶
孝明		統仁	仁孝	弘化三年（一八四六）二月十三日—慶応二年（一八六六）十二月二十五日	家慶・家定・家茂・慶喜
明治		睦仁	孝明	慶応三年（一八六七）一月九日—明治四十五年（一九一二）七月三十日	慶喜

※●は譲位後に太上天皇、＊は女帝を指す。

◇07 徳川家の歴代花押

徳川家康

徳川吉宗

徳川家定

徳川秀忠

徳川家重

徳川慶喜

徳川家光

徳川家治

徳川義直

徳川家綱

徳川家斉

徳川頼宣

徳川綱吉

徳川家慶

徳川頼房

08 徳川氏系譜

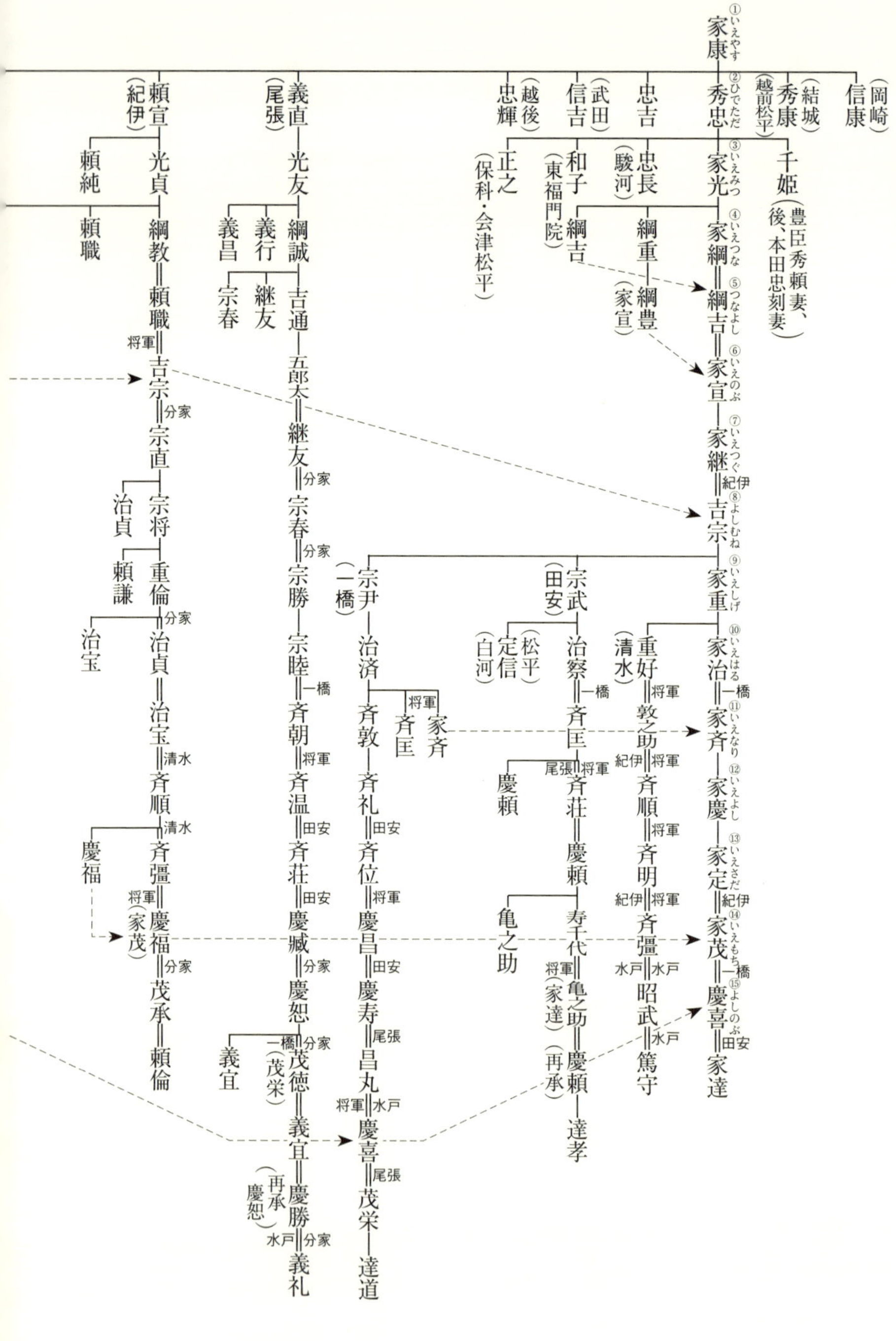

①家康《いえやす》
（岡崎）信康
（結城）秀康（越前松平）
千姫（豊臣秀頼妻、後、本田忠刻妻）
②秀忠《ひでただ》
③家光《いえみつ》
④家綱《いえつな》
⑤綱吉《つなよし》
⑥家宣《いえのぶ》
⑦家継《いえつぐ》
紀伊
⑧吉宗《よしむね》
⑨家重《いえしげ》
⑩家治《いえはる》
一橋
⑪家斉《いえなり》
⑫家慶《いえよし》
⑬家定《いえさだ》
紀伊
⑭家茂《いえもち》
一橋
⑮慶喜《よしのぶ》
田安
家達
忠吉
忠長（駿河）
綱重
綱豊（家宣）
（武田）信吉
和子（東福門院）
綱吉
（越後）忠輝
正之（保科・会津松平）
重好（清水）
将軍 敦之助 紀伊 将軍 斉順 将軍 斉明 紀伊 将軍 斉彊 水戸 水戸 昭武 水戸 篤守
宗武（田安）
治察 一橋 斉匡 尾張 将軍 斉荘 慶頼 寿千代 将軍（家達）（再承） 亀之助 慶頼 達孝
定信（松平）（白河）
慶頼
亀之助
宗尹（一橋）
治済 将軍 家斉 斉匡
斉敦 斉礼 田安 斉位 将軍 慶昌 田安 慶寿 尾張 昌丸 将軍 水戸 慶喜 尾張 茂栄 達道
義直（尾張）
光友 綱誠 吉通 五郎太 継友 分家 宗春 分家 宗勝 宗睦 一橋 斉朝 将軍 斉温 田安 斉荘 田安 慶臧 分家 慶恕 分家 茂徳 義宜 慶勝 分家 義礼
義行 継友
義昌 宗春
一橋（茂栄）
義宜
（再承 慶恕）
水戸
頼宣（紀伊）
光貞 綱教 頼職 将軍 吉宗 分家 宗直 宗将 重倫 分家 治貞 治宝 清水 斉順 清水 斉彊 将軍（家茂） 慶福 分家 茂承 頼倫
頼純 頼職
治貞
頼謙
治宝
慶福

◆09 徳川歴代将軍一覧

代	氏名	在職期間	享年	葬地	諡号など
①	徳川家康	慶長八年（一六〇三）二月十二日—慶長十年（一六〇五）四月十六日	75	久能山・日光山	安国院・東照大権現
②	徳川秀忠	慶長十年（一六〇五）四月十六日—元和九年（一六二三）七月二十七日	54	増上寺	台徳院
③	徳川家光	元和九年（一六二三）七月二十七日—慶安四年（一六五一）四月二十日	48	日光山	大猷院
④	徳川家綱	慶安四年（一六五一）八月十八日—延宝八年（一六八〇）五月八日	40	寛永寺	厳有院
⑤	徳川綱吉	延宝八年（一六八〇）八月二十三日—宝永六年（一七〇九）一月十日	64	寛永寺	常憲院
⑥	徳川家宣	宝永六年（一七〇九）五月一日—正徳二年（一七一二）十月十四日	51	増上寺	文昭院
⑦	徳川家継	正徳三年（一七一三）四月二日—正徳六年（一七一六）年四月三十日	8	増上寺	有章院
⑧	徳川吉宗	享保元年（一七一六）八月十三日—延享二年（一七四五）九月二十五日	68	寛永寺	有徳院
⑨	徳川家重	延享二年（一七四五）十一月二日—宝暦十年（一七六〇）五月十三日	51	増上寺	惇信院
⑩	徳川家治	宝暦十年（一七六〇）九月二日—天明六年（一七八六）九月八日	50	寛永寺	浚明院
⑪	徳川家斉	天明七年（一七八七）四月十五日—天保八年（一八三七）四月二日	69	寛永寺	文恭院
⑫	徳川家慶	天保八年（一八三七）九月二日—嘉永六年（一八五三）七月二十二日	61	増上寺	慎徳院
⑬	徳川家定	嘉永六年（一八五三）十一月二十三日—安政五年（一八五八）八月八日	35	寛永寺	温恭院
⑭	徳川家茂	安政五年（一八五八）十二月一日—慶応二年（一八六六）八月二十日	21	増上寺	昭徳院
⑮	徳川慶喜	慶応二年（一八六六）十二月五日—慶応三年（一八六七）十二月十二日	77	東京・谷中墓地	

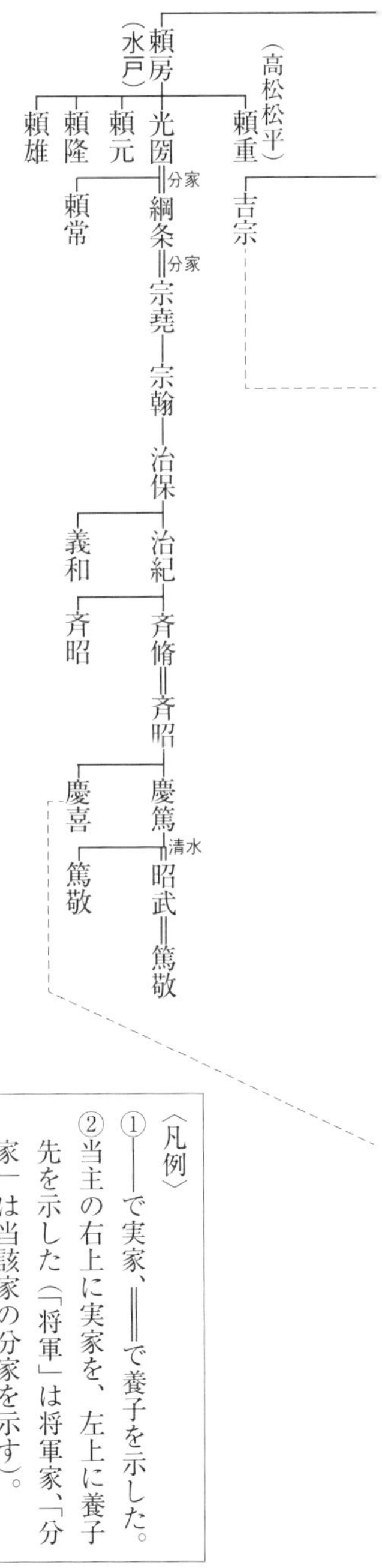

〈凡例〉
①—で実家、‖で養子を示した。
②当主の右上に実家を、左上に養子先を示した（「将軍」は将軍家、「分家」は当該家の分家を示す）。

◆10 江戸幕府の主な職制

（灰色枠）大名職　（白枠）旗本役

将軍

大老　一名
将軍を補佐し、幕政全般を統括する最上位の職。非常の時に、老中の上に一人置かれた。

老中　三～五名
常置としては幕府最高の職。大名支配を軸に全国の政務を統括。年寄、奉書連判などとも呼ばれた。

京都所司代　一名
京都の護衛、朝廷・公家の監察、畿内とその周辺八か国の民政、西国大名の監視などを行った。

側用人　一名
将軍に常時近侍し、その命を老中に伝え、老中や若年寄らの上申を取り次いだ。将軍の恩寵を背景に幕政に権勢を振るった。

側衆　五～八名
将軍側近の重職。交替で宿直して殿中の諸務を処理した。将軍と老中以下の諸役人との取り次ぎを行った。役高五〇〇〇石。

留守居　四～六名
大奥の取り締まり、諸国関所女切手や江戸城諸門の通行証の発行などを行った。役高五〇〇〇石。

大番頭　十二名
江戸城や江戸市中の警備、大坂城や二条城などの上方在番など、軍制組織である大番組を統括した。役高五〇〇〇石。

小普請組支配　六～十二名
無役の旗本である小普請を指揮・掌握した。役高三〇〇〇石。

大目付　四～五名
諸大名の行動の監察をはじめ幕政の監察にあたった。役高三〇〇〇石。

勘定奉行　三～五名
勘定所長官。幕領の租税徴収、財政の運営、幕領と関八州の訴訟をつかさどった。役高三〇〇〇石。

作事奉行　二名
畳奉行や大工頭などを配下に、社殿や寺社などの殿屋の建築と修繕にあたった。役高二〇〇〇石。

高家　二十六名
幕府の儀式典礼や勅使接待、伝奏御用などをつかさどる。吉良・武田・畠山など二十六家の世襲。役高一五〇〇石。

普請奉行　二名
石垣・堀・橋などの普請、基礎土木工事や、上水管理などを統率した。役高二〇〇〇石。

駿府城代　一名
駿府城の管理や駿府勤番の統括などにあたった。役高二〇〇〇石。

勘定吟味役　四～六名
勘定所の事務を検査し、奉行以下諸役人の非法を老中に報告した。勘定所が議定する幕府予算にも賛否を具申した。役高五〇〇石。

関東郡代　一～三名
関東にある幕領を支配。伊奈家が世襲していたが、寛政四年以降は勘定奉行・代官が分治支配した。

甲府勤番支配　二名
甲府勤番士を指揮して甲府城を警衛し甲府民政を行った。役高三〇〇〇石。

伏見奉行　二名
伏見町の行政、宇治川・木津川・淀川などの大川支配にあたった。大名格が任命された。

日光奉行　一名
役高二〇〇〇石。

山田奉行　一名
役高一〇〇〇石。

京都町奉行（東・西）　一～三名
役高一五〇〇石。

浦賀奉行　一名
役高一〇〇〇石。

大坂町奉行（東・西）　二名
役高一五〇〇石。

佐渡奉行　二名
役高一〇〇〇名。

大坂城代　一名

大坂城を防衛した。大坂在勤の幕府諸役人を率いて政務を行い、西国大名の動静を監視した。

寺社奉行　三～五名

全国の寺社および寺社領民を管理。楽人、検校、陰陽師なども支配した。関八州と畿内周辺以外の諸国私領の訴訟を扱った。

奏者番　二十～三十名

大名や旗本が将軍に謁見する時、その姓名や進物を披露し、将軍からの下賜品を伝達した。

若年寄　三～五名

老中支配以外の旗本・御家人を統括した。譜代小藩の大名が任命され、将軍家中を統制した。

町奉行　二名

江戸町方の司法と行政をつかさどった。南北両奉行に分かれ、与力・同心を配下に月番交替で勤務した。役高三〇〇〇石。

禁裏付　二名

天皇や公家の行跡を監督し、朝廷を管理した。役高一〇〇〇石。

役高一五〇〇石。

長崎奉行　二名

役高一〇〇〇石。

堺奉行　一名

役高一〇〇〇石。

奈良奉行　一名

役高一〇〇〇名。

駿府町奉行　二名のち一名

役高一〇〇〇名。

書院番頭　四～十名

江戸城門を警固し、将軍外出の供奉などにあたる軍事組織を率いた。役高四〇〇〇石。

書院番組頭　四～十名

役高一〇〇〇石。

小姓組番頭　十名

書院番同様、将軍供奉など身辺護衛にあたる小姓組を率いた。役高四〇〇〇石。

小姓組組頭　十名

役高一〇〇〇石。

百人組頭　四名

鉄炮隊の甲賀組・伊賀組・根来組、二十五騎組の四組を統率した。役高三〇〇〇石。

新番頭　四名

殿中の警固、将軍外出の先駆けなどに当たる新番を率いた。役高二〇〇〇石。

小普請奉行　二名

江戸城・寛永寺・増上寺・浜御殿などの普請や修復をつかさどった。役高二〇〇〇石。

持弓頭　三名

役高一五〇〇石。

持筒頭　四名

役高一五〇〇石。

先手鉄炮頭　二十名

役高一五〇〇石。

先手弓頭　九名

役高一五〇〇石。

目付　十名以内

旗本・御家人の監察を行った。配下に徒目付組頭・火之番組頭などが置かれた。役高一〇〇〇石。

使番　二十八名

将軍の代替りごとに巡検使の一員として諸国を巡回して監察した。役高一〇〇〇石。

小十人頭　四～十名

将軍の外出に際しての下見や先導を指揮した。役高一〇〇〇石。

徒頭　二十名

本丸十五組・西ノ丸五組を基本とした徒組の頭。将軍身辺の警固役を担った。役高一〇〇〇石。

鷹匠頭　二名

将軍の鷹狩り用の鷹を訓練して育て、鷹狩りに従事する鷹匠たちを率いた。役高一〇〇〇石。

「歴代在職一覧」の活用のために

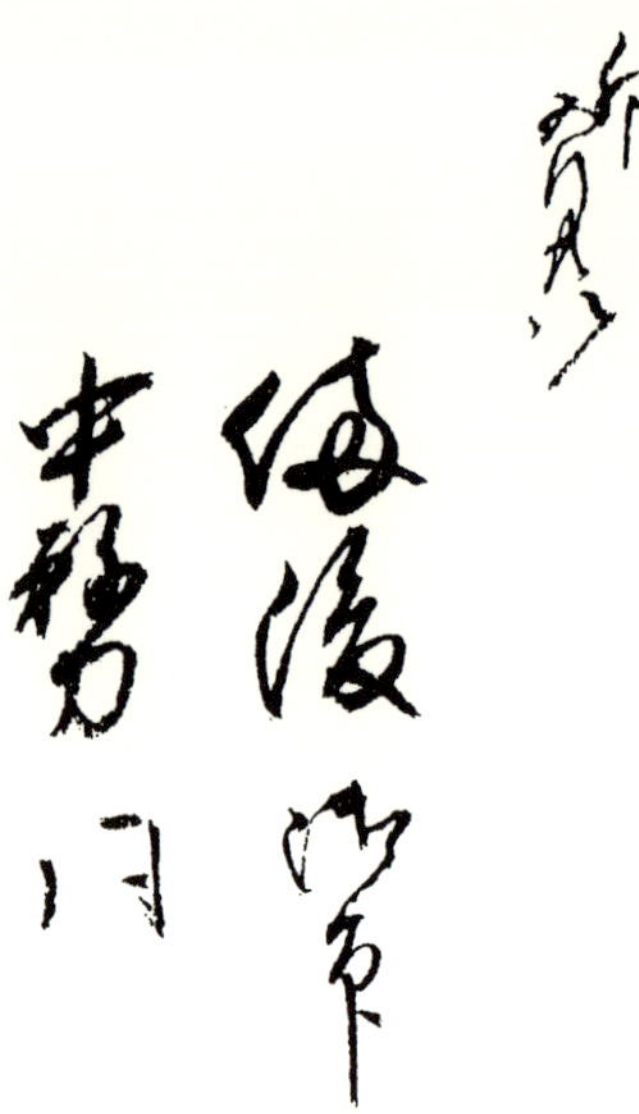

右のくずし字は、何と書かれているのでしょう。

は十二支の中の「卯（う）」（一三五頁参照）。は「五月廿八日」です（一六五頁）。卯年の五月二十八日。これだけでは何年の卯年なのかわかりませんが、前後の文書（もんじょ）から、安政二（一八五五）年の卯年だと確認できました。

さて、次のですが、これは「備後（びんご）」と書かれています（一五五頁）。

は「御印（おんいん）」。

は「中務（なかつかさ）」。

は「同（どう）」。

つまり、こう書かれていることがわかりました。

卯

五月廿八日

備後　御印

中務　同

これは、京都から出された触書の一部です。

「御印」とは、本物にはここに印が押してあった、という覚えのために書いたものです。これは「写（うつし）」の文書なのです。「同」も「御印」のことですから、そこに押印してあったことを示しています。

本物の触書は、順々に次の村に回されました。「村次（むらつぎ）」されていった文書は、最後は支配側に戻されましたが、それが現存していることは少ないのです。各村々でそれを写し取った文書が残ってくれているおかげで、私たちは多くを知ることができます。

ところで、押印したのはだれでしょう。それが、「**備後**」という人物と、「**中務**」という人物です。

これらはいったいだれなのでしょうか。手がかりは、これが京都からの触書だということ、そして、安政二年の文書だということです。

ここで本書の「歴代在職一覧」が手助けになります。六四頁から「歴代京都町奉行一覧」が始まっています。触れを出したと思われる、安政二年ごろの京都町奉行を、さがしてみましょう。

・六八頁の「浅野長祚」は「**中務**少輔」です。
・六九頁の「岡部豊常」は「**備後**守」です。

それぞれ、京都の「西町奉行」と「東町奉行」を務めています。在職期間の中に安政二年が含まれることも確認できます。この二人が、「**備後**」「**中務**」の正体だったことがわかりました。

さらに、表には、「浅野長祚」と「岡部豊常」が京都町奉行に在職していた時の京都所司代と将軍の名前を入れておきました。「**備後**」と「**中務**」から発展して、さらにいろいろなつながりを知ったり、詳しいことを調べたりするためのきっかけにしてください。

もうひとつ例を挙げてみましょう。今度は江戸です。

江戸の大呉服商、白木屋日本橋店（しろきやにほんばしだな）の文書の一節に、次のようにありました。

右之通、南　根岸肥前守様御番所江訴出候所
（みぎのとおり、みなみ、ねぎしひぜんのかみさまごばんしょえ、うったえいでそうろうところ）

「**御番所**」とは、江戸町奉行所のことです。「**南**」とあるからには南町奉行所のことで、「**根岸肥前守様**」なる人物は、南町奉行と推測できます。文書は、文化十一（一八一四）年十月二十四日のものです。

早速、さがしてみましょう。

五九頁にありました。「**根岸**鎮衛」の在職期間と合います。比較的有名な**南**町奉行ですので、お聞きになったことがあるかもしれません。ついでに、次の六〇頁を見てください。先ほどの京都西町奉行の「浅野長祚」が、のちに江戸北町奉行を務めています。

さらに、五一頁を見てみてください。ここにも、「根岸鎮衛」の名前が見えます。寛政十（一七九八）年十一月十一日に、前職の勘定奉行から江戸町奉行に転任したことがわかります。次頁から始まる一覧表を、このように、大いに活用してください。

◆11 歴代大老一覧

氏名	官名・通称	在職期間	在職時の将軍	領地
土井利勝	大炊頭	寛永十五年(一六三八)十一月七日—寛永二十一年(一六四四)七月十日	家光	下総古河
酒井忠勝	讃岐守	寛永十五年(一六三八)十一月七日—明暦二年(一六五六)三月十九日	家光・家綱	若狭小浜
酒井忠清	雅楽頭	寛文六年(一六六六)三月二十九日—延宝八年(一六八〇)十二月九日	家綱	上野厩橋
堀田正俊	筑前守	天和元年(一六八一)十二月十一日—貞享元年(一六八四)八月二十八日	綱吉	下総古河
井伊直該	掃部頭	元禄十年(一六九七)六月十三日—元禄十三年(一七〇〇)三月二日	綱吉	近江彦根
井伊直該	掃部頭	宝永八年(一七一一)二月十三日—正徳四年(一七一四)二月二十三日	家宣・家継	近江彦根
井伊直幸	掃部頭	天明四年(一七八四)十一月二十八日—天明七年(一七八七)九月十一日	家治・家斉	近江彦根
井伊直亮	掃部頭	天保六年(一八三五)十二月二十三日—天保十二年(一八四一)五月十三日	家斉・家慶	近江彦根
井伊直弼	掃部頭	安政五年(一八五八)四月二十三日—万延元年(一八六〇)三月晦日	家定・家茂	近江彦根
酒井忠績	雅楽頭	元治二年(一八六五)二月一日—慶応元年(一八六五)十一月十五日	家茂	播磨姫路

◆12 歴代老中一覧

氏名	官名・通称	在職期間	在職時の将軍	領地
本多正信	佐渡守	—元和二年(一六一六)六月七日	家康・秀忠	相模他
本多正純	上野介	慶長五年(一六〇〇)—元和八年(一六二二)八月二十三日	家康・秀忠	下野小山
成瀬正成	隼人正	慶長五年(一六〇〇)—元和二年(一六一六)四月十七日	家康・秀忠	下総栗原
安藤直次	帯刀	慶長五年(一六〇〇)—元和二年(一六一六)四月十七日	家康・秀忠	遠江他
青山忠成	常陸介	慶長六年(一六〇一)十一月五日—慶長十一年(一六〇六)一月二十五日	家康・秀忠	相模・近江他
内藤清成	修理亮	慶長六年(一六〇一)—慶長十一年(一六〇六)一月二十五日	家康・秀忠	相模・常陸他
大久保忠隣	相模守	慶長十年(一六〇五)—慶長十八年(一六一三)	家康・秀忠	相模小田原

青山成重	図書助	慶長十三年（一六〇八）十二月二十五日—慶長十八年（一六一三）	秀忠	下総
土井利勝	大炊頭	慶長十五年（一六一〇）—寛永十五年（一六三八）十一月七日	秀忠・家光	下総佐倉
安藤重信	対馬守	慶長十六年（一六一一）一月二十一日—元和七年（一六二一）六月二十九日	秀忠	上野他
酒井忠利	備後守	元和二年（一六一六）五月二十九日—寛永四年（一六二七）十一月十四日	秀忠・家光	武蔵川越
内藤清次	若狭守	元和二年（一六一六）五月二十九日—元和三年（一六一七）七月一日	秀忠	常陸・相模他
青山忠俊	伯耆守	元和二年（一六一六）五月二十九日—元和九年（一六二三）十月十九日	秀忠・家光	相模・近江他
酒井忠世	雅楽頭	元和三年（一六一七）七月—寛永十一年（一六三四）閏七月二十三日	秀忠・家光	上野厩橋
井上正就	主計頭	元和八年（一六二二）十二月二十九日—寛永五年（一六二八）八月十日	秀忠・家光	遠江横須賀
永井尚政	信濃守	元和八年（一六二二）—寛永十年（一六三三）三月二十五日	秀忠・家光	上総・常陸他
稲葉正勝	丹後守	元和九年（一六二三）—寛永十一年（一六三四）一月二十五日	家光	常陸柿岡
内藤忠重	伊賀守	元和九年（一六二三）—寛永十年（一六三三）三月	家光	常陸・相模他
酒井忠勝	讃岐守	寛永元年（一六二四）十一月—寛永十五年（一六三八）十一月七日	家光	武蔵深谷
青山幸成	大蔵少輔	寛永五年（一六二八）九月—寛永十年（一六三三）二月	家光	常陸・下総他
森川重俊	出羽守	寛永五年（一六二八）九月—寛永八年（一六三一）六月一日	家光	下総生実
松平信綱	伊豆守	寛永十年（一六三三）五月五日—寛文二年（一六六二）三月十六日	家光・家綱	武蔵忍
阿部忠秋	豊後守	寛永十年（一六三三）五月五日—寛文六年（一六六六）三月二十九日	家光・家綱	下野壬生
堀田正盛	加賀守	寛永十年（一六三三）五月五日—寛永十五年（一六三八）三月八日	家光	武蔵川越
阿部重次	対馬守	寛永十五年（一六三八）十一月七日—慶安四年（一六五一）四月二十日	家光	武蔵岩槻
松平乗寿	和泉守	慶安三年（一六五〇）九月—承応三年（一六五四）一月二十六日	家光・家綱	上野館林
酒井忠清	雅楽頭	承応二年（一六五三）閏六月五日—寛文六年（一六六六）三月二十九日	家綱	上野厩橋
稲葉正則	美濃守	万治元年（一六五八）閏十二月二十九日—天和元年（一六八一）十二月八日	家綱・綱吉	相模小田原
久世広之	大和守	寛文三年（一六六三）八月十五日—延宝七年（一六七九）六月二十五日	家綱	上総・相模他
板倉重矩	内膳正	寛文五年（一六六五）十二月二十三日—寛文八年（一六六八）五月十六日	家綱	三河中島
土屋数直	但馬守	寛文五年（一六六五）十二月二十三日—延宝七年（一六七九）四月二日	家綱	常陸・武蔵他
板倉重矩	内膳正	寛文十年（一六七〇）十一月三日—寛文十三年（一六七三）五月二十九日	家綱	下野烏山

氏名	官名・通称	在職期間	在職時の将軍	領地
阿部正能	播磨守	延宝元年（一六七三）十二月二十三日—延宝四年（一六七六）十月六日	家綱	武蔵忍
大久保忠朝	加賀守	延宝五年（一六七七）七月二十五日—元禄十一年（一六九八）二月十五日	家綱・綱吉	肥前唐津
土井利房	能登守	延宝七年（一六七九）七月十日—延宝九年（一六八一）二月二十一日	家綱・綱吉	下野・常陸他
堀田正俊	備中守	延宝七年（一六七九）七月十日—天和元年（一六八一）十二月十一日	家綱・綱吉	上野安中
板倉重種	内膳正	延宝八年（一六八〇）九月二十一日—天和元年（一六八一）十一月二十五日	綱吉	下野烏山
阿部正武	豊後守	延宝九年（一六八一）三月二十六日—宝永元年（一七〇四）九月十七日	綱吉	武蔵忍
戸田忠昌	山城守	天和元年（一六八一）十一月十五日—元禄十二年（一六九九）九月十日	綱吉	畿内
松平信之	日向守	貞享二年（一六八五）六月十日—貞享三年（一六八六）七月二十二日	綱吉	大和郡山
土屋政直	相模守	貞享四年（一六八七）十月十三日—享保三年（一七一八）三月三日	綱吉・家宣・家継・吉宗	駿河田中
柳沢保明	出羽守	元禄七年（一六九四）十二月九日—元禄十一年（一六九八）七月二十一日	綱吉	武蔵川越
小笠原長重	佐渡守	元禄十年（一六九七）四月十九日—宝永二年（一七〇五）八月二十七日	綱吉	武蔵岩槻
柳沢保明（吉保）	出羽守・美濃守	元禄十一年（一六九八）七月二十一日—宝永六年（一七〇九）六月三日	綱吉・家宣	甲斐府中
秋元喬知	但馬守	元禄十二年（一六九九）十月六日—正徳四年（一七一四）八月十四日	綱吉・家宣・家継	甲斐谷村
稲葉正往	丹後守	元禄十四年（一七〇二）一月十一日—宝永四年（一七〇七）八月二日	綱吉	越後高田
本多正永	伯耆守	宝永元年（一七〇四）九月二十七日—宝永元年（一七〇四）十二月五日	綱吉	上野沼田
大久保忠増	加賀守	宝永二年（一七〇五）九月二十一日—正徳三年（一七一三）七月二十五日	綱吉・家宣・家継	相模小田原
井上正岑	河内守	宝永二年（一七〇五）九月二十一日—享保七年（一七二二）五月十七日	綱吉・家宣・家継・吉宗	常陸笠間
本多正永	伯耆守	宝永六年（一七〇九）一月十日—宝永八年（一七一一）四月二日	綱吉・家宣	上野沼田
小笠原長重	佐渡守	宝永六年（一七〇九）一月十日—宝永七年（一七一〇）五月十八日	綱吉・家宣	武蔵岩槻
阿部正喬	豊後守	宝永八年（一七一一）四月十一日—享保二年（一七一七）九月十九日	家宣・家継・吉宗	武蔵忍
久世重之	大和守	正徳三年（一七一三）八月三日—享保五年（一七二〇）六月二十七日	家継・吉宗	下総関宿

松平信庸	紀伊守	正徳四年(一七一四)九月六日—正徳六年(一七一六)三月五日	家継	丹波篠山
戸田忠真	山城守	正徳四年(一七一四)九月六日—享保十四年(一七二九)十月二十八日	家継・吉宗	下野宇都宮
水野忠之	和泉守	享保二年(一七一七)九月二十七日—享保十五年(一七三〇)六月十二日	吉宗	三河岡崎
安藤信友	対馬守	享保七年(一七二二)五月二十一日—享保十七年(一七三二)七月二十五日	吉宗	美濃加納
松平乗邑	左近将監	享保八年(一七二三)四月二十一日—延享二年(一七四五)十月九日	吉宗	山城淀
松平忠周	伊賀守	享保九年(一七二四)十二月十五日—享保十三年(一七二八)四月三十日	吉宗	信濃上田
大久保常春	佐渡守	享保十三年(一七二八)年五月七日—享保十三年(一七二八)九月九日	吉宗	下野烏山
酒井忠音	讃岐守	享保十三年(一七二八)十月七日—享保二十年(一七三五)五月十九日	吉宗	若狭小浜
松平信祝	伊豆守	享保十五年(一七三〇)七月十一日—延享元年(一七四四)四月十八日	吉宗	遠江浜松
松平輝貞	右京大夫	享保十五年(一七三〇)七月二十一日—延享二年(一七四五)十二月十一日	吉宗・家重	上野高崎
黒田直邦	豊前守	享保十七年(一七三二)七月二十九日—享保二十年(一七三五)三月二十六日	吉宗	上野沼田
本多忠良	中務大輔	享保十九年(一七三四)六月六日—享保二十年(一七三五)閏三月一日	吉宗	下総古河
松平乗賢	能登守	享保二十年(一七三五)五月二十三日—延享三年(一七四六)五月八日	吉宗・家重	美濃岩村
本多忠良	中務大輔	享保二十年(一七三五)五月二十三日—延享三年(一七四六)六月一日	吉宗・家重	下総古河
土岐頼稔	丹後守	寛保二年(一七四二)六月一日—延享元年(一七四四)九月十二日	吉宗	摂津・河内他
酒井忠恭	雅楽頭	延享元年(一七四四)五月一日—寛延二年(一七四九)一月十五日	吉宗・家重	上野厩橋
西尾忠尚	隠岐守	延享二年(一七四五)九月一日—延享四年(一七四七)三月一日	吉宗・家重	遠江横須賀
堀田正亮	相模守	延享二年(一七四五)十一月十三日—宝暦十一年(一七六一)二月八日	家重・家治	出羽山形
松平武元	右近将監	延享三年(一七四六)五月十五日—安永八年(一七七九)七月二十五日	家重・家治	陸奥棚倉
本多正珍	伯耆守	延享三年(一七四六)十月二十五日—宝暦八年(一七五八)九月二日	家重	駿河田中
秋元凉朝	但馬守	延享四年(一七四七)九月三日—宝暦十四年(一七六四)三月二十四日	家重・家治	武蔵川越
酒井忠寄	左衛門尉	寛延二年(一七四九)九月二十八日—宝暦十四年(一七六四)五月十六日	家重・家治	出羽庄内
西尾忠尚	隠岐守	寛延四年(一七五一)七月十二日—宝暦十年(一七六〇)三月十日	家重	遠江横須賀
松平輝高	右京大夫	宝暦八年(一七五八)十月十八日—宝暦十年(一七六〇)五月六日	家重	上野高崎
井上正経	河内守	宝暦十年(一七六〇)十二月三日—宝暦十三年(一七六三)三月十三日	家治	遠江浜松

氏名	官名・通称	在職期間	在職時の将軍	領地
松平輝高	右京大夫	宝暦十一年(一七六一)八月三日―天明元年(一七八一)九月二十五日	家治	上野高崎
松平康福	周防守	宝暦十二年(一七六二)十二月九日―天明八年(一七八八)四月三日	家治・家斉	三河岡崎
阿部正右	伊予守	宝暦十四年(一七六四)五月一日―明和六年(一七六九)七月十二日	家治	備後福山
秋元凉朝	但馬守	明和二年(一七六五)十二月二十二日―明和四年(一七六七)六月二十八日	家治	武蔵川越
板倉勝清	佐渡守	明和四年(一七六七)七月一日―安永九年(一七八〇)六月二十八日	家治	上野安中
田沼意次	主殿頭	明和六年(一七六九)八月十八日―明和九年(一七七二)一月十五日	家治	遠江相良
阿部正允	豊後守	明和六年(一七六九)八月十八日―安永九年(一七八〇)十一月二十四日	家治	武蔵忍
田沼意次	主殿頭	明和九年(一七七二)一月十五日―天明六年(一七八六)八月二十七日	家治	遠江相良
久世広明	大和守	天明元年(一七八一)閏五月十一日―天明五年(一七八五)一月二十四日	家治	下総関宿
鳥居忠意	丹波守	天明元年(一七八一)九月十八日―寛政五年(一七九三)二月二十九日	家治・家斉	下野壬生
水野忠友	出羽守	天明元年(一七八一)九月十八日―天明五年(一七八五)一月二十九日	家治	駿河沼津
牧野貞長	越中守・備後守	天明四年(一七八四)五月十一日―寛政二年(一七九〇)二月二日	家治・家斉	常陸笠間
水野忠友	出羽守	天明五年(一七八五)一月二十九日―天明八年(一七八八)三月二十八日	家治・家斉	駿河沼津
阿部正倫	伊勢守	天明七年(一七八七)三月七日―天明八年(一七八八)年二月二十九日	家斉	備後福山
松平定信	越中守	天明七年(一七八七)六月十九日―寛政五年(一七九三)七月二十三日	家斉	陸奥白河
松平信明	伊豆守	天明八年(一七八八)四月四日―享和三年(一八〇三)十二月二十二日	家斉	三河吉田
松平乗完	和泉守	寛政元年(一七八九)四月十一日―寛政五年(一七九三)八月十九日	家斉	三河西尾
本多忠籌	弾正大弼	寛政二年(一七九〇)四月十六日―寛政十年(一七九八)年十月二十六日	家斉	陸奥泉
戸田氏教	采女正	寛政二年(一七九〇)十一月十六日―文化三年(一八〇六)四月二十五日	家斉	美濃大垣
太田資愛	備中守	寛政五年(一七九三)三月一日―享和元年(一八〇一)六月七日	家斉	遠江掛川
安藤信成	対馬守	寛政五年(一七九三)八月二十四日―文化七年(一八一〇)五月二十四日	家斉	陸奥磐城平
水野忠友	出羽守	寛政八年(一七九六)十一月二十九日―享和二年(一八〇二)九月十九日	家斉	駿河沼津
牧野忠精	備前守	享和元年(一八〇一)七月十一日―文化十三年(一八一六)十月十三日	家斉	越後長岡
土井利厚	大炊頭	享和二年(一八〇二)十月十九日―文政五年(一八二二)七月九日	家斉	下総古河

青山忠裕	下野守	享和四年(一八〇四)一月二十三日—天保六年(一八三五)五月六日	家斉	丹波篠山
松平信明	伊豆守	文化三年(一八〇六)五月二十五日—文化十四年(一八一七)八月二十九日	家斉	三河吉田
松平乗保	能登守	文化七年(一八一〇)六月二十五日—文政九年(一八二六)七月八日	家斉	美濃岩村
酒井忠進	讃岐守・若狭守	文化十二年(一八一五)四月十五日—文政十一年(一八二八)一月二十八日	家斉	若狭小浜
水野忠成	出羽守	文化十四年(一八一七)八月二十三日—文政元年(一八一八)八月二日	家斉	駿河沼津
阿部正精	備中守	文化十四年(一八一七)八月二十五日—文政六年(一八二三)十月十一日	家斉	備後福山
水野忠成	出羽守	文政元年(一八一八)八月二十日—天保五年(一八三四)二月二十八日	家斉	駿河沼津
大久保忠真	加賀守	文政元年(一八一八)八月二日—天保八年(一八三七)三月十九日	家斉	相模小田原
松平乗寛	和泉守	文政五年(一八二二)九月三日—天保十年(一八三九)十二月二日	家斉・家慶	三河西尾
松平輝延	右京大夫	文政六年(一八二三)十一月三日—文政八年(一八二五)二月十七日	家斉	上野高崎
植村家長	駿河守	文政八年(一八二五)四月十八日—文政十一年(一八二八)十一月十二日	家斉	大和高取
松平康任	周防守	文政九年(一八二六)十一月二十三日—天保六年(一八三五)九月二十九日	家斉	石見浜田
牧野忠精	備前守	文政十一年(一八二八)二月五日—天保二年(一八三一)四月十八日	家斉	越後長岡
松平宗発	伯耆守	天保二年(一八三一)五月二十五日—天保十一年(一八四〇)九月十八日	家斉・家慶	丹後宮津
水野忠邦	越前守	天保五年(一八三四)三月一日—天保十四年(一八四三)閏九月十三日	家斉・家慶	遠江浜松
太田資始	備後守	天保五年(一八三四)四月十一日—天保十二年(一八四一)六月三日	家斉・家慶	遠江掛川
脇坂安董	中務大輔	天保七年(一八三六)二月十六日—天保十二年(一八四一)二月二十四日	家斉・家慶	播磨龍野
松平信順	伊豆守	天保八年(一八三七)五月十六日—天保八年(一八三七)八月六日	家慶	三河吉田
堀田正篤	備中守	天保八年(一八三七)七月九日—天保十四年(一八四三)閏九月八日	家慶	下総佐倉
土井利位	大炊頭	天保九年(一八三八)四月十一日—天保十五年(一八四四)十月十二日	家慶	下総古河
間部詮勝	下総守	天保十一年(一八四〇)一月十三日—天保十四(一八四三)閏九月二十一日	家慶	越前鯖江
井上正春	河内守	天保十一年(一八四〇)十一月三日—天保十四年(一八四三)一月二十九日	家慶	上野館林
真田幸貫	信濃守	天保十二年(一八四一)六月十三日—天保十五年(一八四四)五月十三日	家慶	信濃松代
阿部正弘	伊勢守	天保十四年(一八四三)閏九月十一日—安政四年(一八五七)六月十七日	家慶・家定	備後福山
牧野忠雅	備前守	天保十四年(一八四三)十一月三日—安政四年(一八五七)九月十日	家慶・家定	越前長岡

氏名	官名・通称	在職期間	在職時の将軍	領地
戸田忠温	山城守	天保十四年（一八四三）十一月三日―嘉永四年（一八五一）七月二十六日	家慶	下野宇都宮
堀親寚	大和守	天保十四年（一八四三）十二月二十二日―弘化二年（一八四五）四月二十九日	家慶	信濃飯田
水野忠邦	越前守	天保十五年（一八四四）六月二十一日―弘化二年（一八四五）二月二十二日	家慶	遠江浜松
青山忠良	下野守	弘化元年（一八四四）十二月二十八日―嘉永元年（一八四八）九月三日	家慶	丹波篠山
松平乗全	和泉守	弘化二年（一八四五）二月十五日―安政二年（一八五五）八月四日	家慶・家定	三河西尾
松平忠優	伊賀守	嘉永元年（一八四八）十月十八日―安政二年（一八五五）八月四日	家慶・家定	信濃上田
久世広周	大和守	嘉永元年（一八四八）十月十八日―安政五年（一八五八）十月二十七日	家慶・家定	下総関宿
内藤信親	紀伊守	嘉永四年（一八五一）十一月二十一日―文久二年（一八六二）五月二十六日	家慶・家定・家茂	越後村上
堀田正睦	備中守	安政二年（一八五五）十月九日―安政五年（一八五八）六月二十三日	家定	下総佐倉
脇坂安宅	中務大輔	安政四年（一八五七）八月十一日―万延元年（一八六〇）十一月二十九日	家定・家茂	播磨龍野
松平忠固	伊賀守	安政四年（一八五七）九月十三日―安政五年（一八五八）六月二十三日	家定	信濃上田
太田資始	備後守	安政五年（一八五八）六月二十三日―安政六年（一八五九）七月二十三日	家定・家茂	遠江掛川
間部詮勝	下総守	安政五年（一八五八）六月二十三日―安政六年（一八五九）十二月二十四日	家定・家茂	越前鯖江
松平乗全	和泉守	安政五年（一八五八）六月二十三日―万延元年（一八六〇）四月二十八日	家定・家茂	三河西尾
安藤信正	対馬守	安政七年（一八六〇）一月十五日―文久二年（一八六二）四月十一日	家茂	陸奥磐城平
久世広周	大和守	安政七年（一八六〇）閏三月一日―文久二年（一八六二）六月二日	家茂	下総関宿
本多忠民	美濃守	万延元年（一八六〇）六月二十五日―文久二年（一八六二）三月十五日	家茂	三河岡崎
松平信義	豊前守	万延元年（一八六〇）十二月十八日―文久三年（一八六三）九月五日	家茂	丹波亀山
水野忠精	和泉守	文久二年（一八六二）三月十五日―慶応二年（一八六六）六月十九日	家茂	出羽山形
板倉勝静	周防守	文久二年（一八六二）三月十五日―元治元年（一八六四）六月十八日	家茂	備中松山
脇坂安宅	中務大輔	文久二年（一八六二）五月二十三日―文久二年（一八六二）九月六日	家茂	播磨龍野
小笠原長行	図書頭	文久二年（一八六二）九月十一日―文久三年（一八六三）六月九日	家茂	肥前唐津
井上正直	河内守	文久二年（一八六二）十月九日―元治元年（一八六四）七月十二日	家茂	遠江浜松
太田資始	備中守	文久三年（一八六三）四月二十七日―文久三年（一八六三）五月十四日	家茂	遠江掛川

酒井忠績	雅楽頭	文久三年（一八六三）六月十八日―元治元年（一八六四）六月十八日	家茂	播磨姫路
有馬道純	遠江守	文久三年（一八六三）七月五日―元治元年（一八六四）四月十二日	家茂	越前丸岡
牧野忠恭	備前守	文久三年（一八六三）九月十三日―慶応元年（一八六五）四月十九日	家茂	越後長岡
稲葉正邦	美濃守	元治元年（一八六四）四月十一日―慶応元年（一八六五）四月十一日	家茂	山城淀
阿部正外	豊後守	元治元年（一八六四）六月二十四日―慶応元年（一八六五）十月一日	家茂	陸奥白河
諏訪忠誠	因幡守	元治元年（一八六四）六月二十九日―元治元年（一八六四）七月二十三日	家茂	信濃高島
諏訪忠誠	因幡守	元治元年（一八六四）七月二十三日―慶応元年（一八六五）四月十九日	家茂	信濃高島
松前崇広	伊豆守	元治元年（一八六四）七月七日―元治元年（一八六四）十一月十日	家茂	蝦夷松前
松平宗秀	伯耆守	元治元年（一八六四）八月十八日―慶応二年（一八六六）七月二十五日	家茂	丹後宮津
本多忠民	美濃守	元治元年（一八六四）十月十三日―慶応元年（一八六五）十二月十九日	家茂・慶喜	三河岡崎
松前崇広	伊豆守	元治元年（一八六四）十一月十日―慶応元年（一八六五）十月一日	家茂	蝦夷松前
松平康直	周防守	慶応元年（一八六五）四月十二日―慶応元年（一八六五）十月十六日	家茂	陸奥棚倉
小笠原長行	壱岐守	慶応元年（一八六五）九月四日―慶応元年（一八六五）十月九日	家茂	肥前唐津
小笠原長行	壱岐守	慶応元年（一八六五）十月九日―慶応二年（一八六六）十月六日	家茂	肥前唐津
板倉勝静	伊賀守	慶応元年（一八六五）十月二十二日―慶応四年（一八六八）一月二十九日	家茂・慶喜	備中松山
松平康直	周防守	慶応元年（一八六五）十一月二十日―慶応四年（一八六八）二月五日	家茂・慶喜	陸奥棚倉
井上正直	河内守	慶応元年（一八六五）十一月二十六日―慶応三年（一八六七）六月十七日	家茂・慶喜	遠江浜松
稲葉正邦	美濃守	慶応二年（一八六六）四月十三日―慶応四年（一八六八）二月二十一日	家茂・慶喜	山城淀
松平乗謨	縫殿頭	慶応二年（一八六六）六月十九日―慶応四年（一八六八）二月五日	家茂・慶喜	信濃田野口
水野忠誠	出羽守	慶応二年（一八六六）七月十三日―慶応二年（一八六六）十月二十八日	家茂・慶喜	駿河沼津
小笠原長行	壱岐守	慶応二年（一八六六）十一月九日―慶応四年（一八六八）二月十日	慶喜	肥前唐津
稲葉正巳	兵部大輔	慶応二年（一八六六）十二月十六日―慶応四年（一八六八）二月三日	慶喜	安房館山
松平定昭	伊予守	慶応三年（一八六七）九月二十三日―慶応三年（一八六七）十月十九日	慶喜	伊予松山
松平正質	豊前守	慶応三年（一八六七）十二月十五日―慶応四年（一八六八）二月九日	―	上総大多喜
酒井忠惇	雅楽頭	慶応三年（一八六七）十二月三十日―慶応四年（一八六八）二月五日	―	播磨姫路

氏名	官名・通称	在職期間	在職時の将軍	領地
立花種恭	出雲守	慶応四年(一八六八)年一月十日—慶応四(一八六八)二月五日	—	陸奥下手渡

◆13 歴代寺社奉行一覧

氏名	官名・通称	在職期間	在職時の将軍	領地
安藤重長	右京亮	寛永十二年(一六三五)十一月九日—明暦三年(一六五七)九月二十九日	家光・家綱	上野高崎
松平勝隆	出雲守	寛永十二年(一六三五)十一月九日—万治二年(一六五九)三月二十一日	家光・家綱	上総佐貫
堀利重	東市正	寛永十二年(一六三五)十一月十日—寛永十五年(一六三八)四月二十四日	家光	常陸土浦
堀直之	式部少輔	寛永十七年(一六四〇)一月二十三日—寛永十九年(一六四二)七月十日	家光	上総苅谷
板倉重郷	阿波守	明暦四年(一六五八)七月四日—寛文元年(一六六一)十二月十八日	家綱	下総関宿
井上正利	河内守	明暦四年(一六五八)七月四日—寛文七年(一六六七)十二月十八日	家綱	常陸笠間
加々爪直澄	甲斐守	寛文五年(一六六五)十一月十一日—寛文十年(一六七〇)十二月十一日	家綱	武蔵高坂
小笠原長矩	山城守	寛文六年(一六六六)七月十九日—延宝六年(一六七八)二月六日	家綱	三河吉田
戸田忠昌	伊賀守	寛文十一年(一六七一)一月二十五日—延宝四年(一六七六)四月三日	家綱	肥後富岡
本多忠利	長門守	寛文十一年(一六七一)一月二十五日—延宝四年(一六七六)十二月二十八日	家綱	陸奥石川
太田資次	摂津守	延宝四年(一六七六)七月二十六日—延宝六年(一六七八)六月十九日	家綱	遠江浜松
板倉重種	石見守	延宝五年(一六七七)六月二十一日—延宝八年(一六八〇)九月二十一日	家綱・綱吉	下野烏山
松平重治	山城守	延宝六年(一六七八)三月二十二日—天和元年(一六八一)十一月二十八日	家綱・綱吉	上総佐貫
阿部正武	美作守	延宝八年(一六八〇)八月十一日—延宝九年(一六八一)三月二十六日	綱吉	武蔵忍
水野忠春	右衛門大夫	延宝九年(一六八一)二月十六日—貞享二年(一六八五)五月二十一日	綱吉	三河岡崎
稲葉正通	丹後守	延宝九年(一六八一)四月九日—天和元年(一六八一)十一月十五日	綱吉	相模小田原
秋元喬知	摂津守	天和元年(一六八一)十一月二十九日—天和二年(一六八二)十月十六日	綱吉	甲斐谷村
酒井忠国	大和守	天和元年(一六八一)十一月二十九日—天和三年(一六八三)一月十一日	綱吉	安房勝山

坂本重治	右衛門佐	天和二年(一六八二)十月十六日—貞享四年(一六八七)五月十四日	綱吉	相模・常陸他
板倉重形	伊予守	天和三年(一六八三)二月二日—貞享元年(一六八四)七月二十六日	綱吉	上野安中
本田忠周	淡路守	天和三年(一六八三)二月二日—貞享四年(一六八七)五月十四日	綱吉	三河足助
大久保忠増	安芸守	貞享二年(一六八五)七月二十二日—貞享四年(一六八七)十二月十八日	綱吉	下総・常陸
酒井忠挙	河内守	貞享四年(一六八七)三月十日—元禄二年(一六八九)十一月二十一日	綱吉	上野前橋
戸田忠真	能登守	貞享四年(一六八七)五月十八日—元禄十二年(一六九九)閏九月二十三日	綱吉	常陸・下総
米津正武	出羽守	貞享四年(一六八七)五月十八日—元禄元年(一六八八)十月二日	綱吉	武蔵久喜
本多正永	紀伊守	元禄元(一六八八)十一月十四日—元禄九年(一六九六)十月一日	綱吉	丹波・下総
加藤明英	佐渡守	元禄二年(一六八九)年八月三日—元禄三年(一六九〇)十月二十一日	綱吉	近江水口
小笠原長重	佐渡守	元禄三年(一六九〇)十二月三日—元禄四年(一六九一)閏八月二十六日	綱吉	三河吉田
松浦任	壱岐守	元禄四年(一六九一)十一月二十五日—元禄七年(一六九四)十一月三日	綱吉	肥前平戸
永井直敬	伊賀守	元禄七年(一六九四)十一月十五日—宝永元年(一七〇四)十月一日	綱吉	下野烏山
井上正岑	大和守	元禄九年(一六九六)十月一日—元禄十二年(一六九九)十月六日	綱吉	美濃郡上
松平重栄	日向守	元禄九年(一六九六)十月一日—元禄十五年(一七〇二)閏八月十九日	綱吉	豊後木村
阿部正喬	飛騨守	元禄十二年(一六九九)閏九月二十八日—宝永元年(一七〇四)十月二十九日	綱吉	武蔵・相模
青山幸督	播磨守	元禄十二年(一六九九)十月十三日—元禄十五年(一七〇二)六月五日	綱吉	摂津尼崎
本多忠晴	弾正少弼	元禄十五年(一七〇二)六月十日—正徳三年(一七一三)閏五月七日	綱吉・家宣・家継	三河伊保
三宅康雄	備前守	宝永元年(一七〇四)十月一日—宝永七年(一七一〇)九月二十七日	綱吉・家宣	三河田原
久世重之	出雲守	宝永元年(一七〇四)十月九日—宝永二年(一七〇五)九月二十一日	綱吉	三河吉田
鳥居忠栄	伊賀守	宝永二年(一七〇五)九月二十一日—正徳元年(一七一一)六月二十七日	綱吉・家宣	近江水口
堀直利	左京亮	宝永二年(一七〇五)九月二十一日—宝永五年(一七〇八)九月二十一日	綱吉	越前村松
安藤信友	右京亮	宝永六年(一七〇九)十一月二十三日—正徳三年(一七一三)三月十二日	家宣	備中松山
森川俊胤	出羽守	宝永七年(一七一〇)九月二十一日—正徳四年(一七一四)九月六日	家宣・家継	下総生実
松平近禎	対馬守	正徳元年(一七一一)十二月二十三日—享保十年(一七二五)八月二十四日	家宣・家継・吉宗	豊後府内

氏名	官名・通称	在職期間	在職時の将軍	領地
土井利意	山城守	正徳三年(一七一三)三月二十八日—享保九年(一七二四)閏四月十一日	家継・吉宗	三河西尾
建部政宇	内匠頭	正徳四年(一七一四)七月十一日—正徳五年(一七一五)一月二十六日	家継	播磨林田
石川総茂	近江守	正徳四年(一七一四)九月六日—享保二年(一七一七)年九月二十七日	家継・吉宗	伊勢神戸
井上正長	遠江守	正徳五年(一七一五)二月十八日—享保元年(一七一六)九月二十八日	家継・吉宗	常陸下妻
安藤重行	右京亮	享保二年(一七一七)十月五日—享保三年(一七一八)八月四日	吉宗	美濃加納
酒井忠音	修理大夫	享保三年(一七一八)八月四日—享保七年(一七二二)一月二日	吉宗	若狭小浜
牧野英成	因幡守	享保三年(一七一八)八月四日—享保九年(一七二四)十二月十五日	吉宗	丹後田辺
黒田直邦	豊前守	享保八年(一七二三)三月二十五日—享保十七年(一七三二)七月二十九日	吉宗	常陸下館
本多忠統	伊予守	享保九年(一七二四)十二月二十三日—享保十年(一七二五)六月十一日	吉宗	河内西代
小出英貞	信濃守	享保十年(一七二五)六月十一日—享保十七年(一七三二)三月一日	吉宗	丹波園部
太田資晴	備中守	享保十年(一七二五)九月十一日—享保十三年(一七二八)五月七日	吉宗	陸奥棚倉
井上正之	河内守	享保十三年(一七二八)七月六日—元文二年(一七三七)九月十七日	吉宗	常陸笠間
土岐頼稔	丹後守	享保十三年(一七二八)七月六日—享保十五年(一七三〇)七月十一日	吉宗	駿河田中
西尾忠尚	隠岐守	享保十七年(一七三二)三月十五日—享保十九年(一七三四)九月二十五日	吉宗	遠江横須賀
松平忠暁	玄蕃頭	享保十七年(一七三二)八月七日—享保十九年(一七三四)五月二十二日	吉宗	陸奥桑折
仙石政房	信濃守	享保十九年(一七三四)六月六日—享保二十年(一七三五)四月二十三日	吉宗	但馬出石
北条氏朝	遠江守	享保十九年(一七三四)十月十五日—享保二十年(一七三五)七月二十九日	吉宗	河内狭山
牧野貞通	越中守	享保二十年(一七三五)五月二日—寛保二年(一七四二)六月一日	吉宗	日向延岡
板倉勝清	伊予守	享保二十年(一七三五)五月二日—享保二十年(一七三五)六月五日	吉宗	陸奥泉
松平信岑	紀伊守	享保二十年(一七三五)六月二十二日—元文四年(一七三九)三月四日	吉宗	丹波篠山
大岡忠相	越前守	元文元年(一七三六)八月十二日—宝暦元年(一七五一)十一月二日	吉宗・家重	武蔵・上総他
本多正珍	紀伊守	元文四年(一七三九)三月十五日—延享三年(一七四六)十月二十五日	吉宗・家重	駿河田中
山名豊就	因幡守	元文四年(一七三九)三月十五日—延享四年(一七四七)九月二日	吉宗・家重	但馬村岡
堀田正亮	相模守	寛保二年(一七四二)七月一日—延享元年(一七四四)五月一日	吉宗	出羽山形

松平武元	右近将監	延享元年（一七四四）五月十五日―延享三年（一七四六）五月十五日	吉宗・家重	陸奥棚倉
秋元凉朝	摂津守	延享三年（一七四六）五月二十八日―延享四年（一七四七）年六月一日	家重	武蔵川越
小出英持	信濃守	延享三年（一七四六）十二月一日―延享五年（一七四八）七月一日	家重	丹波園部
酒井忠用	修理大夫	延享四年（一七四七）六月一日―延享四年（一七四七）十二月二十三日	家重	若狭小浜
松平忠恒	宮内少輔	延享四年（一七四七）九月十一日―寛延元年（一七四八）閏十月一日	家重	上野篠塚
稲葉正益	丹後守	延享四年（一七四七）十二月二十三日―寛延三年（一七五〇）十二月十八日	家重	山城淀
青山忠朝	因幡守	寛延元年（一七四八）八月三日―宝暦八年（一七五八）十一月二十八日	家重	丹波篠山
酒井忠休	山城守	寛延元年（一七四八）閏十月一日―寛延二年（一七四九）七月六日	家重	出羽松山
本多忠央	兵庫頭	寛延二年（一七四九）七月二十三日―宝暦八年（一七五八）三月二十八日	家重	遠江相良
松平輝高	右京亮	寛延四年（一七五一）一月十五日―宝暦二年（一七五二）四月七日	家重	上野高崎
鳥居忠意	伊賀守	宝暦二年（一七五二）四月二十三日―宝暦十年（一七六〇）三月二十二日	家重	下野壬生
井上正経	河内守	宝暦三年（一七五三）三月二十八日―宝暦六年（一七五六）五月七日	家重	陸奥平
阿部正右	伊予守	宝暦六年（一七五六）五月七日―宝暦十年（一七六〇）十二月三日	家重・家治	備後福山
朽木玄綱	土佐守	宝暦八年（一七五八）四月七日―宝暦九年（一七五九）閏七月十六日	家重	丹波福知山
松平康福	周防守	宝暦九年（一七五九）一月十五日―宝暦十年（一七六〇）八月十五日	家重	下総古河
毛利政苗	讃岐守	宝暦九年（一七五九）閏七月二十八日―宝暦十四年（一七六四）二月四日	家重・家治	長門清末
小堀政方	土佐守	宝暦十年（一七六〇）三月二十二日―宝暦十一年（一七六一）七月十八日	家重・家治	伊豆・武蔵他
松平乗佑	和泉守	宝暦十年（一七六〇）八月十五日―明和元年（一七六四）六月二十二日	家治	出羽山形
太田資俊	摂津守	宝暦十年（一七六〇）十二月三日―宝暦十二年（一七六二）五月十九日	家治	遠江掛川
酒井忠香	飛騨守	宝暦十一年（一七六一）七月二十二日―明和二年（一七六五）八月二十一日	家治	越前鞠山
鳥居忠孝	伊賀守	宝暦十二年（一七六二）五月二十四日―宝暦十二年（一七六二）十二月九日	家治	下野壬生
土井利里	大炊頭	宝暦十三年（一七六三）二月十八日―明和六年（一七六九）八月十八日	家治	下総古河
松平忠順	伊賀守	宝暦十四年（一七六四）二月十一日―安永四年（一七七五）八月二十五日	家治	信濃上田
土岐定経	美濃守	明和元年（一七六四）六月二十一日―天明元年（一七八一）閏五月十一日	家治	上野沼田
久世広明	出雲守	明和二年（一七六五）八月二十一日―明和六年（一七六九）九月二十四日	家治	下総関宿

氏名	官名・通称	在職期間	在職時の将軍	領地
牧野貞長	越中守	明和六年（一七六九）八月二十六日—安永六年（一七七七）九月十五日	家治	常陸笠間
土屋篤直	能登守	明和六年（一七六九）十月一日—安永五年（一七七六）五月二十日	家治	常陸土浦
太田資愛	備後守	安永四年（一七七五）八月二十八日—天明元年（一七八一）閏五月十一日	家治	遠江掛川
戸田忠寛	因幡守	安永五年（一七七六）六月五日—天明二年（一七八二）九月十日	家治	下野宇都宮
牧野惟成	豊前守	安永六年（一七七七）九月十五日—天明三年（一七八三）年七月二十三日	家治	丹後田辺
阿部正倫	備中守	安永八年（一七七九）四月二十三日—天明七年（一七八七）三月七日	家治	備後福山
井上正定	河内守	天明元年（一七八一）閏五月十一日—天明六年（一七八六）三月二十日	家治	遠江浜松
安藤信成	対馬守	天明元年（一七八一）閏五月十一日—天明四年（一七八四）四月十五日	家治	陸奥平
堀田正順	相模守	天明三年（一七八三）七月二十八日—天明七年（一七八七）四月十九日	家治・家斉	下総佐倉
松平輝和	右京亮	天明四年（一七八四）四月二十六日—寛政十年（一七九八）十二月八日	家治・家斉	上野高崎
松平資承	伯耆守	天明四年（一七八四）四月二十六日—天明六年（一七八六）閏十月二日	家治	丹後宮津
土井利和	大炊頭	天明六年（一七八六）三月二十四日—天明八年（一七八八）六月二十六日	家治・家斉	下総古河
松平乗完	和泉守	天明七年（一七八七）三月十二日—天明七年（一七八七）十二月十六日	家斉	三河西尾
稲葉正諶	丹後守	天明七年（一七八七）四月十九日—天明八年（一七八八）六月二十六日	家斉	山城淀
牧野忠精	備後守	天明七年（一七八七）十二月二十三日—寛政四年（一七九二）八月二十八日	家斉	越後長岡
松平信道	紀伊守	天明八年（一七八八）六月二十六日—寛政三年（一七九一）八月十八日	家斉	丹波亀山
板倉勝政	周防守	天明八年（一七八八）六月二十六日—寛政十年（一七九八）五月一日	家斉	備中松山
戸田氏教	采女正	寛政元年（一七八九）十一月二十四日—寛政二年（一七九〇）四月十六日	家斉	美濃大垣
脇坂安董	淡路守	寛政三年（一七九一）八月二十八日—文化十年（一八一三）閏十一月十二日	家斉	播磨龍野
立花種周	出雲守	寛政四年（一七九二）九月二十日—寛政五年（一七九三）八月二十五日	家斉	筑後三池
青山忠裕	下野守	寛政五年（一七九三）八月二十四日—寛政八年（一七九六）十一月二十九日	家斉	丹波篠山
土井利和	大炊頭	寛政八年（一七九六）十二月二十四日—享和元年（一八〇一）七月十一日	家斉	下総古河
松平康定	周防守	寛政十年（一七九八）五月晦日—享和三年（一八〇三）七月二十四日	家斉	石見浜田
植村家長	駿河守	寛政十一年（一七九九）一月十一日—寛政十二年（一八〇〇）十一月一日	家斉	大和高取

堀田正穀	豊前守	寛政十二年（一八〇〇）十一月一日—文化三年（一八〇六）五月二日	家斉	近江宮川
阿部正由	播磨守	享和元年（一八〇一）七月十七日—享和四年（一八〇四）一月二十三日	家斉	武蔵忍
青山幸完	大膳亮	享和二年（一八〇二）一月二十日—享和二年（一八〇二）四月九日	家斉	美濃郡上
松平輝延	右京亮	享和二年（一八〇二）四月二十八日—文化十二年（一八一五）四月二十九日	家斉	上野高崎
水野忠成	出羽守	享和三年（一八〇三）八月九日—文化三年（一八〇六）十月十二日	家斉	駿河沼津
大久保忠真	安芸守	享和四年（一八〇四）一月二十八日—文化七年（一八一〇）六月二十五日	家斉	相模小田原
阿部正精	主計頭	文化三年（一八〇六）五月六日—文化五年（一八〇八）九月十日	家斉	備後福山
酒井忠進	靭負佐	文化五年（一八〇八）九月二十日—文化五年（一八〇八）十二月十日	家斉	若狭小浜
松平乗寛	和泉守	文化六年（一八〇九）一月二十二日—文化十年（一八一三）六月九日	家斉	三河西尾
有馬誉純	左兵衛佐	文化七年（一八一〇）六月二十八日—文化九年（一八一二）四月四日	家斉	越前丸岡
阿部正精	備中守	文化七年（一八一〇）九月二十八日—文化十四年（一八一七）八月二十五日	家斉	備後福山
内藤信敦	豊前守	文化十年（一八一三）六月二十四日—文化十四年（一八一七）七月二十四日	家斉	越前村上
松平武厚	右近将監	文化十年（一八一三）十二月一日—文政五年（一八二二）六月二十八日	家斉	上野館林
青山幸孝	大蔵少輔	文化十二年（一八一五）五月二十八日—文化十二年（一八一五）十一月二十五日	家斉	美濃郡上
松平乗寛	和泉守	文化十二年（一八一五）十二月二十　日—文政元年（一八一八）八月二日	家斉	三河西尾
松平康任	周防守	文化十四年（一八一七）八月二十四日—文政五年（一八二二）七月八日	家斉	石見浜田
水野忠邦	和泉守	文化十四年（一八一七）九月十日—文政八年（一八二五）五月十五日	家斉	肥前唐津
松平宗発	伯耆守	文政元年（一八一八）八月二十四日—文政九年（一八二六）十一月二十三日	家斉	丹後宮津
本多正意	豊前守	文政五年（一八二二）七月十二日—文政八年（一八二五）四月二十八日	家斉	駿河田中
太田資始	摂津守	文政五年（一八二二）七月十七日—文政十一年（一八二八）十一月二十二日	家斉	遠江掛川
松平信順	伊豆守	文政八年（一八二五）五月六日—天保二年（一八三一）五月二十二日	家斉	三河吉田
土井利位	大炊頭	文政八年（一八二五）五月二十四日—文政十二年（一八二九）十二月十六日	家斉	下総古河
堀親審	大和守	文政九年（一八二六）十二月一日—文政十一年（一八二八）十月二十五日	家斉	信濃飯田
土屋彦直	相模守	文政十一年（一八二八）十一月一日—天保五年（一八三四）十二月二十二日	家斉	常陸土浦
松平光年	丹波守	文政十一年（一八二八）十二月十二日—文政十三年（一八三〇）十月二十五日	家斉	信濃松本

氏名	官名・通称	在職期間	在職時の将軍	領地
脇坂安董	中務大輔	文政十二年（一八二九）十月二十四日—天保七年（一八三六）二月十六日	家斉	播磨龍野
土井利位	大炊頭	文政十三年（一八三〇）十一月八日—天保五年（一八三四）四月十一日	家斉	下総古河
間部詮勝	下総守	天保二年（一八三一）五月二十八日—天保八年（一八三七）七月二十日	家斉	越前鯖江
井上正春	河内守	天保五年（一八三四）四月十八日—天保九年（一八三八）四月十一日	家斉・家慶	陸奥棚倉
堀田正篤	相模守	天保五年（一八三四）八月八日—天保八年（一八三七）五月十六日	家斉	下総佐倉
牧野忠雅	備前守	天保七年（一八三六）二月二十六日—天保十一年（一八四〇）一月十三日	家斉・家慶	越後長岡
青山忠良	因幡守	天保八年（一八三七）五月十六日—天保十一年（一八四〇）十一月三日	家慶	丹波篠山
阿部正瞭	能登守	天保八年（一八三七）七月二十日—天保九年（一八三八）五月十二日	家慶	陸奥白河
松平忠優	伊賀守	天保九年（一八三八）四月十四日—天保十四年（一八四三）二月二十二日	家慶	信濃上田
稲葉正守	丹後守	天保九年（一八三八）六月一日—天保十三年（一八四二）四月二十四日	家慶	山城淀
戸田忠温	因幡守	天保十一年（一八四〇）二月十九日—天保十四年（一八四三）十一月三日	家慶	下野宇都宮
阿部正弘	伊勢守	天保十一年（一八四〇）十一月八日—天保十四年（一八四三）閏九月十一日	家慶	備後福山
酒井忠義	若狭守	天保十三年（一八四二）五月二十九日—天保十四年（一八四三）十一月三日	家慶	若狭小浜
松平乗全	和泉守	天保十四年（一八四三）二月二十四日—弘化元年（一八四四）十二月二十八日	家慶	三河西尾
久世広周	大和守	天保十四年（一八四三）十月八日—嘉永元年（一八四八）十月十八日	家慶	下総関宿
青山幸哉	大和守	天保十四年（一八四三）十一月三日—弘化三年（一八四六）十月三十日	家慶	美濃郡上
内藤信親	紀伊守	天保十四年（一八四三）十一月晦日—嘉永元年（一八四八）十月十八日	家慶	越後村上
松平忠優	伊賀守	弘化元年（一八四四）十二月二十八日—弘化二年（一八四五）三月十八日	家慶	信濃上田
脇坂安宅	淡路守	弘化二年（一八四五）年五月九日—嘉永四年（一八五一）十二月二十一日	家慶	播磨龍野
本多忠民	中務大輔	弘化三年（一八四六）十二月十五日—安政四年（一八五七）八月十一日	家慶・家定	三河岡崎
土屋寅直	采女正	嘉永元年（一八四八）十月十八日—嘉永三年（一八五〇）九月一日	家慶	常陸土浦
松平信篤	紀伊守	嘉永元年（一八四八）十月十八日—安政五年（一八五八）十一月二十六日	家慶・家定	丹波亀山
太田資功	摂津守	嘉永三年（一八五〇）九月一日—安政三年（一八五六）九月十八日	家慶・家定	遠江掛川
安藤信睦	長門守・対馬守	嘉永四年（一八五一）十二月二十一日—安政五年（一八五八）八月二日	家慶・家定	陸奥平

松平輝聴	右京亮	安政三年（一八五六）九月二十四日—万延元年（一八六〇）七月二日	家定・家茂	上野高崎
板倉勝静	周防守	安政四年（一八五七）八月十一日—安政六年（一八五九）二月二日	家定・家茂	備中松山
松平宗秀	伯耆守	安政五年（一八五八）十月九日—万延元年（一八六〇）十二月二十八日	家茂	丹後宮津
水野忠精	左近将監	安政五年（一八五八）十一月二十六日—万延元年（一八六〇）十二月十五日	家茂	出羽山形
松平信古	伊豆守	安政六年（一八五九）二月十三日—文久二年（一八六二）六月晦日	家茂	三河吉田
青山幸哉	大膳亮	万延元年（一八六〇）七月八日—文久元年（一八六一）十二月十六日	家茂	美濃郡上
牧野貞明	越中守	万延元年（一八六〇）十二月二十八日—文久三年（一八六三）十一月二十八日	家茂	常陸笠間
板倉勝静	周防守	万延二年（一八六一）二月一日—文久二年（一八六二）三月十五日	家茂	備中松山
井上正直	河内守	文久元年（一八六一）三月八日—文久二年（一八六二）十月九日	家茂	遠江浜松
牧野忠恭	備前守	文久二年（一八六二）三月二十四日—文久二年（一八六二）八月二十四日	家茂	越前長岡
有馬道純	左兵衛佐	文久二年（一八六二）六月晦日—文久三年（一八六三）一月二十二日	家茂	越前丸岡
諏訪忠誠	因幡守	文久二年（一八六二）十月九日—文久二年（一八六二）十一月十一日	家茂	信濃高島
松平忠恕	摂津守	文久二年（一八六二）十一月十一日—元治元年（一八六四）六月十八日	家茂	上野小幡
土井利善	大隅守	文久三年（一八六三）一月十二日—文久三年（一八六三）五月一日	家茂	三河刈谷
松前崇広	伊豆守	文久三年（一八六三）四月二十八日—文久三年（一八六三）八月十三日	家茂	蝦夷松前
堀親義	大和守	文久三年（一八六三）六月二十四日—文久三年（一八六三）十月十四日	家茂	信濃飯田
本多忠紀	能登守	文久三年（一八六三）十月一日—元治元年（一八六四）七月六日	家茂	陸奥泉
水野忠誠	出羽守	文久三年（一八六三）十月二十二日—元治元年（一八六四）十一月十日	家茂	駿河沼津
酒井忠氏	若狭守	文久四年（一八六四）二月七日—慶応二年（一八六六）六月十五日	家茂	若狭小浜
阿部正外	越前守	元治元年（一八六四）六月二十二日—元治元年（一八六四）六月二十四日	家茂	陸奥白河
土屋寅直	采女正	元治元年（一八六四）九月十日—慶応四年（一八六八）年三月	家茂・慶喜	常陸土浦
牧野貞明	越中守	元治元年（一八六四）九月十日—元治元年（一八六四）十一月一日	家茂	常陸笠間
松平近説	左衛門尉	元治元年（一八六四）十一月一日—元治元年（一八六四）十二月二十七日	家茂	豊後府内
松平親良	中務大輔	元治元年（一八六四）十一月十九日—慶応二年（一八六六）六月十五日	家茂	豊後杵築
松平康直	周防守	元治二年（一八六五）一月二十日—慶応元年（一八六五）四月十二日	家茂	陸奥棚倉

氏名	官名・通称	在職期間	在職時の将軍	領地
松平乗秩	主水正	慶応元年(一八六五)四月十五日—慶応二年(一八六六)五月十四日	家茂	三河西尾
永井尚服	肥前守	慶応二年(一八六六)六月十五日—慶応三年(一八六七)六月二十五日	家茂・慶喜	美濃加納
松平近説	左衛門尉	慶応二年(一八六六)六月十五日—慶応三年(一八六七)七月五日	家茂・慶喜	豊後府内
戸田忠友	土佐守	慶応三年(一八六七)七月二十五日—慶応四年(一八六八)二月十六日	慶喜	下野宇都宮
内藤正誠	志摩守	慶応三年(一八六七)十月二十九日—慶応四年(一八六八)二月二十五日	慶喜	信濃岩村田

◆14 歴代勘定奉行一覧

氏名	官名・通称	在職期間	在職時の将軍
松平正綱	右衛門大夫	—慶安元年(一六四八)	家光
伊丹康勝	播磨守	—慶安三年(一六五〇)七月十一日	家光
伊奈忠治	半十郎	—寛永十九年(一六四二)八月十六日	家光
大河内久綱	金兵衛	—寛永十五年(一六三八)十二月五日	家光
曾根吉次	源左衛門	寛永十九年(一六四二)八月十六日—寛文元年(一六六一)十一月十九日	家光・家綱
杉浦正友	内蔵允	寛永十九年(一六四二)—慶安四年(一六五一)七月二十二日	家光・家綱
酒井忠吉	和泉守・紀伊守	寛永十九年(一六四二)八月十六日—慶安四年(一六五一)七月二十二日	家光・家綱
伊丹勝長	播磨守	慶安三年(一六五〇)七月十一日—寛文二年(一六六二)三月二十七日	家光・家綱
村越吉勝	長門守	慶安四年(一六五一)六月十八日—万治二年(一六五九)二月九日	家綱
岡田善政	豊前守	万治三年(一六六〇)五月三十日—寛文十年(一六七〇)二月十三日	家綱
妻木頼熊	彦右衛門	寛文二年(一六六二)四月十二日—寛文十年(一六七〇)十二月二十三日	家綱
松浦信貞	猪右衛門	寛文六年(一六六六)六月十三日—寛文十三年(一六七三)七月三十日	家綱
杉浦正昭	内蔵允	寛文八年(一六六八)六月十日—延宝八年(一六八〇)閏八月二十一日	家綱・綱吉
徳山重政	五兵衛	寛文十年(一六七〇)五月十六日—延宝九年(一六八一)三月二十九日	家綱・綱吉

甲斐庄正親	飛驒守	寛文十二年(一六七二)九月七日―延宝八年(一六八〇)八月三十日	家綱・綱吉
岡部勝重	駿河守	延宝三年(一六七五)五月十三日―延宝六年(一六七八)八月十六日	家綱
大岡清重	備前守	延宝八年(一六八〇)三月二十五日―貞享四年(一六八七)九月十日	綱吉
高木守蔵	伊勢守	延宝八年(一六八〇)十月七日―天和二年(一六八二)十月十六日	綱吉
彦坂重治	壱岐守	延宝八年(一六八〇)十月七日―貞享四年(一六八七)九月十日	綱吉
中山信久	主馬・隠岐守・遠江守	天和二年(一六八二)十一月六日―貞享二年(一六八五)九月三十日	綱吉
松平忠冬	隼人正	貞享二年(一六八五)十月三日―貞享二年(一六八五)十二月七日	綱吉
仙石政勝	和泉守	貞享二年(一六八五)十二月二十九日―貞享四年(一六八七)九月十日	綱吉
小菅正武	遠江守	貞享四年(一六八七)九月十日―元禄元年(一六八八)十月二日	綱吉
佐野正周	長門守	貞享四年(一六八七)九月十日―貞享五年(一六八八)八月二十三日	綱吉
松平重良	美濃守	貞享五年(一六八八)七月二十七日―元禄十一年(一六九八)十二月六日	綱吉
戸田直武	美作守	元禄元年(一六八八)十一月十四日―元禄二年(一六八九)四月十八日	綱吉
稲生正照	伊賀守・下野守	元禄二年(一六八九)五月三日―元禄十二年(一六九九)四月四日	綱吉
井戸良弘	志摩守・対馬守	元禄七年(一六九四)二月十九日―元禄十五年(一七〇二)十一月二十八日	綱吉
荻原重秀	近江守	元禄九年(一六九六)四月十一日―正徳二年(一七一二)九月十一日	綱吉・家宣
久貝正方	因幡守	元禄十二年(一六九九)一月十一日―宝永二年(一七〇五)十二月一日	綱吉
戸田安広	備前守	元禄十二年(一六九九)四月十四日―宝永五年(一七〇八)二月二十九日	綱吉
中山時春	出雲守	元禄十五年(一七〇二)十一月二十八日―正徳四年(一七一四)一月二十八日	綱吉・家宣・家継
石尾氏信	阿波守	宝永二年(一七〇五)十二月一日―宝永五年(一七〇八)十一月二十九日	綱吉
平岩親庸	若狭守	宝永五年(一七〇八)四月一日―正徳三年(一七一三)三月十二日	綱吉・家宣
大久保忠香	大隅守	宝永五年(一七〇八)十二月十五日―正徳六年(一七一六)二月三日	綱吉・家宣・家継
水野忠順	対馬守・因幡守・讃岐守	正徳二年(一七一二)十月三日―享保四年(一七一九)四月一日	家宣・家継・吉宗
水野守美	伯耆守	正徳三年(一七一三)三月二十八日―享保八年(一七二三)三月二十一日	家継・吉宗
伊勢貞勅	伊勢守	正徳四年(一七一四)一月二十八日―享保六年(一七二一)三月十六日	家継・吉宗
大久保忠位	下野守	正徳六年(一七一六)二月十一日―享保八年(一七二三)十一月十五日	家継・吉宗

氏名	官名・通称	在職期間	在職時の将軍
駒木根政方	肥後守	享保四年(一七一九)四月十三日—享保十七年(一七三二)五月七日	吉宗
筧正鋪	播磨守	享保五年(一七二〇)八月二十八日—享保十九年(一七三四)十一月二十八日	吉宗
久松定持	豊前守	享保八年(一七二三)三月二十一日—享保十四年(一七二九)十二月二十八日	吉宗
稲生正武	下野守	享保八年(一七二三)十一月十九日—享保十六年(一七三一)九月十九日	吉宗
松波正春	筑後守	享保十四年(一七二九)十二月二十五日—元文元年(一七三六)八月十二日	吉宗
杉岡能連	佐渡守	享保十六年(一七三一)十月一日—元文三年(一七三八)七月二日	吉宗
細田時以	丹波守	享保十六年(一七三一)十月一日—元文二年(一七三七)九月一日	吉宗
松平政穀	隼人正	享保十七年(一七三二)閏五月一日—享保十九年(一七三四)十二月五日	吉宗
神谷久敬	志摩守	享保十九年(一七三四)十二月一日—寛延二年(一七四九)六月十五日	吉宗・家重
石野範種	筑前守	享保十九年(一七三四)十二月一日—元文二年(一七三七)六月一日	吉宗
河野通喬	豊前守	元文元年(一七三六)八月十二日—寛保二年(一七四二)八月二十八日	吉宗
神尾春央	若狭守	元文二年(一七三七)六月一日—宝暦三年(一七五三)五月三日	吉宗・家重
水野忠伸	対馬守	元文三年(一七三八)七月二十三日—延享元年(一七四四)十二月十五日	吉宗
桜井政英	河内守	元文三年(一七三八)七月二十三日—元文四年(一七三九)十月十五日	吉宗
木下信名	伊賀守	元文四年(一七三九)十月二十八日—延享三年(一七四六)三月一日	吉宗・家重
萩原美雅	伯耆守	寛保三年(一七四三)一月十一日—延享二年(一七四五)四月四日	吉宗
逸見忠栄	出羽守	延享元年(一七四四)十二月十五日—寛延元年(一七四八)十二月二十七日	吉宗・家重
松浦信正	河内守	延享三年(一七四六)四月二十八日—宝暦三年(一七五三)二月二十三日	家重
曲淵英元	豊後守	寛延元年(一七四八)七月二十一日—宝暦七年(一七五七)六月一日	家重
遠藤易続	伊勢守	寛延二年(一七四九)一月十一日—寛延四年(一七五一)八月十一日	家重
三井良龍	下総守	寛延二年(一七四九)七月六日—宝暦元年(一七五一)十一月二十六日	家重
永井尚方	丹波守	宝暦二年(一七五二)一月十一日—宝暦三年(一七五三)九月十九日	家重
一色政沆	周防守	宝暦二年(一七五二)十二月十六日—明和二年(一七六五)二月十五日	家重
松平忠陸	帯刀・玄蕃頭	宝暦三年(一七五三)三月一日—宝暦四年(一七五四)四月二十一日	家重

大井満英	伊勢守	宝暦三年(一七五三)六月十二日—宝暦六年(一七五六)三月一日	家重
大橋親義	近江守	宝暦四年(一七五四)四月九日—宝暦八年(一七五八)九月三日	家重
中山時庸	遠江守	宝暦五年(一七五五)七月二十一日—宝暦七年(一七五七)八月五日	家重
細田時敏	丹波守	宝暦六年(一七五六)三月一日—宝暦九年(一七五九)五月二十二日	家重
菅沼定秀	下野守	宝暦七年(一七五七)六月一日—宝暦八年(一七五八)十二月二十一日	家重
稲生正英	播磨守	宝暦八年(一七五八)十一月十五日—宝暦十年(一七六〇)七月十一日	家重
小幡景利	山城守	宝暦八年(一七五八)十二月二十七日—宝暦十一年(一七六一)九月七日	家重・家治
石谷清昌	備後守	宝暦九年(一七五九)十月四日—安永八年(一七七九)四月十五日	家重・家治
坪内定央	駿河守	宝暦十年(一七六〇)六月二十三日—宝暦十一年(一七六一)十一月二十六日	家治
安藤惟要	弾正少弼	宝暦十一年(一七六一)九月七日—天明二年(一七八二)十一月一日	家治
牧野成賢	大隅守	宝暦十一年(一七六一)十二月九日—明和五年(一七六八)五月二十六日	家治
小野一吉	日向守	宝暦十二年(一七六二)六月六日—明和八年(一七七一)七月十二日	家治
伊奈忠宥	備前守	明和二年(一七六五)二月十五日—明和六年(一七六九)十二月七日	家治
松平忠郷	対馬守	明和五年(一七六八)五月二十六日—安永二年(一七七三)十二月五日	家治
川井久敬	越前守	明和八年(一七七一)二月二十八日—安永四年(一七七五)十月二十六日	家治
大田正房	播磨守	安永二年(一七七三)十二月五日—安永七年(一七七八)七月十六日	家治
新見正栄	加賀守	安永四年(一七七五)十一月四日—安永五年(一七七六)九月二十五日	家治
桑原盛員	能登守	安永五年(一七七六)七月八日—天明八年(一七八八)十一月十五日	家治・家斉
山村良旺	信濃守	安永七年(一七七八)閏七月二十日—天明四年(一七八四)三月十二日	家治
松本秀持	伊豆守	安永八年(一七七九)四月十五日—天明六年(一七八六)閏十月五日	家治
赤井忠皛	越前守	天明二年(一七八二)十一月二十五日—天明六年(一七八六)十一月十五日	家治
久世広民	丹後守	天明四年(一七八四)三月十二日—寛政九年(一七九七)六月五日	家治・家斉
柘植正寔	長門守	天明六年(一七八六)閏十月十一日—天明八年(一七八八)七月二十五日	家斉
青山成存	但馬守	天明六年(一七八六)十二月一日—天明七年(一七八七)十一月十二日	家斉
根岸鎮衛	肥前守	天明七年(一七八七)七月一日—寛政十年(一七九八)十一月十一日	家斉

氏名	官名・通称	在職期間	在職時の将軍
久保田政邦	佐渡守	天明八年(一七八八)五月十日—寛政四年(一七九二)閏二月八日	家斉
柳生久通	主膳正	天明八年(一七八八)九月十日—文化十四年(一八一七)二月二十六日	家斉
曲淵景漸	甲斐守	天明八年(一七八八)十一月二十四日—寛政九年(一七九七)二月十二日	家斉
佐橋佳如	長門守	寛政四年(一七九二)閏二月八日—寛政六年(一七九四)九月十六日	家斉
間宮信好	筑前守	寛政六年(一七九四)九月二十二日—寛政九年(一七九七)九月十日	家斉
中川忠英	飛驒守	寛政九年(一七九七)二月十二日—文化三年(一八〇六)一月三十日	家斉
石川忠房	左近将監	寛政九年(一七九七)八月二十七日—文化三年(一八〇六)十二月十五日	家斉
菅沼定喜	下野守	寛政九年(一七九七)十月十二日—享和二年(一八〇二)五月二十七日	家斉
松平貴強	石見守	寛政十年(一七九八)十二月三日—寛政十一年(一七九九)十一月二十六日	家斉
小笠原長幸	和泉守・伊勢守	寛政十二年(一八〇〇)九月十五日—文化九年(一八一二)九月二十九日	家斉
松平信行	淡路守	享和二年(一八〇二)六月二十一日—文化九年(一八一二)十一月二十四日	家斉
水野忠通	若狭守	文化三年(一八〇六)十二月十四日—文化七年(一八一〇)十二月十四日	家斉
肥田頼常	豊後守	文化七年(一八一〇)十二月十四日—文化十二年(一八一五)六月十七日	家斉
永田正道	備後守	文化七年(一八一〇)十二月十四日—文化八年(一八一一)四月二十六日	家斉
有田貞勝	播磨守	文化八年(一八一一)四月二十六日—文化九年(一八一二)二月十七日	家斉
曲淵景露	甲斐守	文化九年(一八一二)二月十七日—文化十三年(一八一六)七月二十四日	家斉
小長谷政長	和泉守	文化九年(一八一二)十二月十九日—文化十一年(一八一四)十月十六日	家斉
岩瀬氏紀	加賀守	文化十一年(一八一四)十月二十八日—文化十三年(一八一六)十一月二十四日	家斉
榊原忠之	主計頭	文化十二年(一八一五)六月十七日—文政二年(一八一九)閏四月一日	家斉
服部貞勝	伊賀守	文化十三年(一八一六)五月四日—文政二年(一八一九)九月十二日	家斉
土屋廉直	紀伊守	文化十三年(一八一六)七月二十四日—文政二年(一八一九)八月二十四日	家斉
古川氏清	和泉守	文化十三年(一八一六)八月四日—文政三年(一八二〇)六月二十二日	家斉
村垣定行	淡路守	文政元年(一八一八)九月三十日—天保三年(一八三二)三月十日	家斉
石川忠房	主水正	文政二年(一八一九)九月五日—文政十一年(一八二八)八月二十八日	家斉

遠山景晋	左衛門尉	文政二年(一八一九)九月二十四日—文政十二年(一八二九)二月七日	家斉
松浦忠	伊勢守	文政三年(一八二〇)七月二十八日—文政六年(一八二三)九月二十八日	家斉
曾我助弼	豊後守	文政六年(一八二三)十一月八日—天保六年(一八三五)十二月九日	家斉
土方勝政	出雲守	文政十一年(一八二八)九月十日—天保七年(一八三六)八月十日	家斉
内藤矩佳	隼人正	文政十二年(一八二九)三月二十八日—天保十二年(一八四一)六月七日	家斉・家慶
明楽茂村	飛騨守	天保三年(一八三二)三月十五日—天保十二年(一八四一)一月	家斉・家慶
大草高好	能登守	天保六年(一八三五)十二月二十二日—天保七年(一八三六)九月二十日	家斉
矢部定謙	駿河守	天保七年(一八三六)九月二十日—天保九年(一八三八)二月二日	家斉・家慶
神尾元孝	備中守	天保七年(一八三六)九月二十日—天保八年(一八三七)七月八日	家斉
深谷盛房	遠江守	天保八年(一八三七)七月二十日—天保十二年(一八四一)四月二十八日	家慶
遠山景元	左衛門尉	天保九年(一八三八)二月十二日—天保十一年(一八四〇)三月二日	家慶
佐橋佳富	長門守	天保十一年(一八四〇)四月八日—天保十三年(一八四二)二月七日	家慶
梶野良材	土佐守	天保十一年(一八四〇)九月二十四日—天保十四年(一八四三)十月九日	家慶
田口喜行	加賀守	天保十二年(一八四一)四月十五日—天保十二年(一八四一)五月十四日	家慶
土岐頼旨	丹波守	天保十二年(一八四一)五月十三日—天保十三年(一八四二)四月十五日	家慶
松平政周	豊前守	天保十二年(一八四一)六月十日—天保十二年(一八四一)十二月十二日	家慶
跡部良弼	能登守	天保十二年(一八四一)十二月十二日—天保十五年(一八四四)九月十五日	家慶
戸川安清	播磨守	天保十三年(一八四二)二月十七日—天保十五年(一八四四)八月二十八日	家慶
岡本成	近江守	天保十三年(一八四二)五月二十四日—天保十四年(一八四三)五月十日	家慶
井上秀栄	備前守	天保十三年(一八四二)五月二十四日—天保十四年(一八四三)閏九月六日	家慶
佐々木一陽	近江守	天保十四年(一八四三)七月二十八日—天保十四年(一八四三)十月十日	家慶
鳥居忠耀	甲斐守	天保十四年(一八四三)八月十三日—天保十四年(一八四三)十月十七日	家慶
石河政平	土佐守	天保十四年(一八四三)閏九月二十日—安政二年(一八五五)八月九日	家慶・家定
榊原忠義	主計頭	天保十四年(一八四三)十月十日—天保十五年(一八四四)八月二十二日	家慶
中坊広風	駿河守	天保十五年(一八四四)八月二十八日—弘化二年(一八四五)三月二十日	家慶

氏名	官名・通称	在職期間	在職時の将軍
松平近直	河内守	天保十五年（一八四四）八月二十八日—安政四年（一八五七）七月二十四日	家慶・家定
久須美祐明	佐渡守	天保十五年（一八四四）十月二十四日—嘉永三年（一八五〇）七月八日	家慶
牧野成綱	駿河守	弘化二年（一八四五）三月二十日—嘉永元年（一八四八）十一月八日	家慶
池田頼方	播磨守	嘉永元年（一八四八）十一月八日—嘉永五年（一八五二）三月三十日	家慶
伊奈忠告	遠江守	嘉永三年（一八五〇）七月八日—嘉永三年（一八五〇）十一月二十六日	家慶
一色直休	丹後守	嘉永三年（一八五〇）十一月二十九日—嘉永五年（一八五二）七月十日	家慶
本多安英	加賀守	嘉永五年（一八五二）四月二十八日—安政五年（一八五八）十一月二十六日	家慶・家定
川路聖謨	左衛門尉	嘉永五年（一八五二）九月十日—安政五年（一八五八）五月六日	家慶・家定
田村顕影	伊予守	嘉永六年（一八五三）十月八日—安政二年（一八五五）八月九日	家定
水野忠徳	筑後守	安政元年（一八五四）十二月二十四日—安政四年（一八五七）十二月三日	家定
石谷穆清	因幡守	安政二年（一八五五）八月九日—安政五年（一八五八）五月二十四日	家定
土岐朝昌	豊前守	安政四年（一八五七）七月二十四日—安政六年（一八五九）三月九日	家定・家茂
永井尚志	玄蕃頭	安政四年（一八五七）十二月三日—安政五年（一八五八）七月八日	家定
佐々木顕発	信濃守	安政五年（一八五八）五月二十四日—安政六年（一八五九）二月二日	家定・家茂
立田正明	主水正	安政五年（一八五八）七月十一日—安政六年（一八五九）四月十七日	家定・家茂
大沢秉哲	豊後守	安政五年（一八五八）十一月三十日—安政六年（一八五九）九月十日	家茂
山口直信	丹波守	安政六年（一八五九）二月十三日—万延元年（一八六〇）十二月十五日	家茂
松平近韶	式部少輔	安政六年（一八五九）三月九日—万延元年（一八六〇）九月七日	家茂
水野忠徳	筑後守	安政六年（一八五九）四月八日—安政六年（一八五九）十月二十八日	家茂
村垣範正（忠）	淡路守	安政六年（一八五九）四月八日—安政六年（一八五九）十一月一日	家茂
塚越元邦	大蔵少輔	安政六年（一八五九）四月二十二日—万延二年（一八六一）一月二十七日	家茂
松平康正	出雲守	安政六年（一八五九）九月十日—文久二年（一八六二）八月二十四日	家茂
竹田斯綏	豊前守	安政六年（一八五九）十一月二十八日—万延元年（一八六〇）九月十五日	家茂
酒井忠行	隠岐守	万延元年（一八六〇）九月十五日—文久二年（一八六二）十月二十四日	家茂

小笠原長常	長門守	万延元年(一八六〇)十二月十五日—文久二年(一八六二)六月五日	家茂
竹内保徳	下野守	万延二年(一八六一)一月二十日—元治元年(一八六四)八月五日	家茂
一色直温	山城守	万延二年(一八六一)一月二十日—文久元年(一八六一)十月十五日	家茂
根岸衛奮	肥前守	文久元年(一八六一)十月十五日—文久二年(一八六二)十二月十八日	家茂
小栗忠順	豊後守	文久二年(一八六二)六月五日—文久二年(一八六二)閏八月二十五日	家茂
川勝広運	丹波守	文久二年(一八六二)七月五日—文久三年(一八六三)八月十四日	家茂
津田正路	近江守	文久二年(一八六二)閏八月二十五日—文久三年(一八六三)七月十五日	家茂
都筑峯暉	駿河守	文久二年(一八六二)十月二十四日—元治元年(一八六四)三月十四日	家茂
小栗忠順	豊後守	文久二年(一八六二)十二月一日—文久三年(一八六三)四月二十三日	家茂
一色直温	山城守	文久二年(一八六二)十二月十八日—文久三年(一八六三)十二月二十九日	家茂
松平康直	石見守	文久三年(一八六三)八月十四日—元治元年(一八六四)六月二十四日	家茂
立田正直	主水正	文久三年(一八六三)十一月十日—元治元年(一八六四)八月十日	家茂
木村勝教	甲斐守	文久三年(一八六三)十二月二十九日—元治元年(一八六四)七月十三日	家茂
斎藤三理	摂津守	元治元年(一八六四)四月八日—元治元年(一八六四)五月六日	家茂
有馬則篤	出雲守	元治元年(一八六四)五月十四日—元治元年(一八六四)十一月二十二日	家茂
鈴木重嶺	大之進	元治元年(一八六四)七月二日—元治元年(一八六四)七月二十三日	家茂
根岸衛奮	肥前守	元治元年(一八六四)七月二十一日—元治元年(一八六四)十二月二十一日	家茂
大久保忠寛	越中守	元治元年(一八六四)七月二十一日—元治元年(一八六四)七月二十五日	家茂
松平正之	対馬守	元治元年(一八六四)八月三日—慶応元年(一八六五)十月十六日	家茂
駒井朝温	甲斐守	元治元年(一八六四)八月十　日—元治元年(一八六四)十二月十八日	家茂
小栗忠順	上野介	元治元年(一八六四)八月十二日—元治元年(一八六四)十二月十八日	家茂
井上清直	信濃守	元治元年(一八六四)十一月二十二日—慶応二年(一八六六)九月二日	家茂
松平康正	備中守	元治元年(一八六四)十二月十八日—慶応元年(一八六五)十月十五日	家茂
土屋正直	豊前守	元治元年(一八六四)十二月二十一日—慶応元年(一八六五)六月二十七日	家茂
小栗忠順	上野介	慶応元年(一八六五)五月四日—慶応四年(一八六八)一月十五日	家茂・慶喜

氏名	官名・通称	在職期間	在職時の将軍
小笠原政民	志摩守	慶応元年（一八六五）六月二十七日—慶応二年（一八六六）六月十五日	家茂
小栗政寧	下総守	慶応元年（一八六五）十月十六日—慶応四年（一八六八）一月二十八日	家茂・慶喜
井上義斐	備後守	慶応元年（一八六五）十月十六日—慶応二年（一八六六）十二月二十三日	家茂・慶喜
駒井朝温	甲斐守	慶応元年（一八六五）十一月二日—慶応二年（一八六六）七月二日	家茂
小笠原広業	摂津守	慶応二年（一八六六）五月十日—慶応二年（一八六六）十月二十四日	家茂
都筑峯暉	駿河守	慶応二年（一八六六）六月十五日—慶応四年（一八六八）二月二十七日	家茂・慶喜
服部常純	筑前守	慶応二年（一八六六）八月十二日—慶応三年（一八六七）五月	家茂・慶喜
朝比奈昌広	甲斐守	慶応二年（一八六六）八月二十六日—慶応三年（一八六七）三月一日	慶喜
浅野氏祐	美作守	慶応二年（一八六六）十月十五日—慶応三年（一八六七）四月七日	慶喜
塚原昌義	但馬守	慶応二年（一八六六）十月—慶応三年（一八六七）六月二十九日	慶喜
小笠原広業	摂津守	慶応二年（一八六六）十二月三日—慶応三年（一八六七）一月二十三日	慶喜
星野成美	豊後守	慶応二年（一八六六）十二月二十五日—慶応三年（一八六七）十月一日	慶喜
溝口勝如	伊勢守	慶応三年（一八六七）一月十六日—慶応三年（一八六七）十二月二十八日	慶喜
木村勝教	甲斐守	慶応三年（一八六七）一月二十六日—慶応四年（一八六八）二月二十二日	慶喜
河津祐邦	伊豆守	慶応三年（一八六七）一月二十六日—慶応三年（一八六七）八月十五日	慶喜
織田信重	和泉守	慶応三年（一八六七）六月二十四日—慶応四年（一八六八）二月十二日	慶喜
小出秀実	大和守	慶応三年（一八六七）七月二十七日—慶応三年（一八六七）十月二十三日	慶喜
羽田正見	十左衛門	慶応三年（一八六七）八月十七日—慶応三年（一八六七）十一月五日	慶喜
小野広胖	内膳正	慶応三年（一八六七）十月二十三日—慶応四年（一八六八）一月二十八日	慶喜
岡田忠養	安房守	慶応三年（一八六七）十一月五日—慶応四年（一八六八）二月十六日	慶喜
佐藤清五郎	石見守	慶応三年（一八六七）十一月六日—慶応四年（一八六八）一月二十八日	慶喜
星野成美	豊後守	慶応三年（一八六七）十二月九日—慶応四年（一八六八）二月九日	慶喜
加藤余十郎	丹後守	慶応四年（一八六八）一月十二日—	—
朝比奈昌広	甲斐守	慶応四年（一八六八）一月十五日—慶応四年（一八六八）一月二十八日	—

菊池隆吉	丹後守		慶応四年（一八六八）一月十五日—慶応四年（一八六八）一月二十八日	—
松平信敏	大隅守		慶応四年（一八六八）一月十六日—慶応四年（一八六八）二月九日	—
松本寿太夫			慶応四年（一八六八）二月四日—慶応四年（一八六八）三月	—
平岡準	和泉守		慶応四年（一八六八）二月十一日—	—
原弥十郎			慶応四年（一八六八）二月二十六日—慶応四年（一八六八）四月二十五日	—
木村喜毅	兵庫頭		慶応四年（一八六八）三月二十一日—	—

◆15 歴代江戸町奉行一覧

氏名	官名・通称	所在	在職期間	在職時の将軍
板倉勝重	四郎右衛門		天正十八年（一五九〇）八月一日—慶長六年（一六〇一）九月	—
彦坂元成	小刑部		天正十八年（一五九〇）八月一日—慶長五年（一六〇〇）九月	—
青山忠成	常陸介		慶長六年（一六〇一）十二月五日—慶長十一年（一六〇六）一月二十五日	家康・秀忠
内藤清成	修理亮		慶長六年（一六〇一）十二月五日—慶長十一年（一六〇六）一月二十五日	家康・秀忠
米津田政		北	慶長九年（一六〇四）—寛永元年（一六二四）十一月二十二日	秀忠・家光
土屋重成	権左衛門	南	慶長九年（一六〇四）—慶長十六年（一六一一）七月	秀忠・家光
島田利正	弾正忠	南	慶長十八年（一六一三）十二月—寛永十九年（一六四二）九月十五日	家光
加々爪忠澄	民部少輔	北	寛永八年（一六三一）十月五日—寛永十七年（一六四〇）一月二十三日	家光
堀直之	式部少輔	南	寛永八年（一六三一）十月五日—寛永十五年（一六三八）五月十六日	家光
酒井忠知	因幡守	南	寛永十五年（一六三八）五月十六日—寛永十六年（一六三九）五月十八日	家光
朝倉在重	石見守	北	寛永十六年（一六三九）七月十八日—慶安三年（一六五〇）十一月九日	家光
神尾元勝	備前守	南	寛永十七年（一六四〇）五月十六日—万治四年（一六六一）三月八日	家光・家綱
石谷貞清	左近将監	北	慶安四年（一六五一）六月十八日—万治二年（一六五九）一月二十八日	家綱
村越吉勝	長門守	北	万治二年（一六五九）二月九日—寛文七年（一六六七）閏二月十六日	家綱

氏名	官名・通称	所在	在職期間	在職時の将軍
渡辺綱貞	大隅守	南	万治四年(一六六一)四月十二日—寛文十三年(一六七三)一月二十三日	家綱
島田忠政	出雲守	北	寛文七年(一六六七)閏二月二十一日—延宝九年(一六八一)三月二十七日	家綱
宮崎重成	若狭守	南	寛文十三年(一六七三)一月二十三日—延宝八年(一六八〇)二月二十三日	家綱
松平忠冬	隼人正	南	延宝八年(一六八〇)二月二十六日—延宝八年(一六八〇)八月十二日	家綱・綱吉
甲斐庄正親	飛騨守	南	延宝八年(一六八〇)八月三十日—元禄三年(一六九〇)十二月十三日	綱吉
北条氏平	安房守	北	延宝九年(一六八一)四月六日—元禄六年(一六九三)十二月十五日	綱吉
能勢頼相(寛)	出雲守	南	元禄三年(一六九〇)十二月二十三日—元禄十年(一六九七)四月三日	綱吉
川口宗恒	摂津守	北	元禄六年(一六九三)十二月十五日—元禄十一年(一六九八)十二月一日	綱吉
松前嘉広	伊豆守	南	元禄十年(一六九七)四月十四日—元禄十六年(一七〇三)十一月十三日	綱吉
保田宗郷	越前守	北	元禄十一年(一六九八)十二月一日—宝永元年(一七〇四)十月一日	綱吉
丹羽長守	遠江守	中	元禄十五年(一七〇二)閏八月十五日—正徳四年(一七一四)一月二十六日	綱吉・家宣・家継
林忠和(朗)	土佐守・伊豆守	南	元禄十六年(一七〇三)十一月十五日—宝永二年(一七〇五)一月二十八日	綱吉
松野助義	河内守・壱岐守	北	宝永元年(一七〇四)十月一日—享保二年(一七一七)二月二日	綱吉・家宣・家継・吉宗
坪内定鑑	能登守	南	宝永二年(一七〇五)一月二十八日—享保四年(一七一九)一月二十八日	綱吉・家宣・家継・吉宗
中山時春	出雲守	北	正徳四年(一七一四)一月二十八日—享保八年(一七二三)六月二十九日	家継・吉宗
大岡忠相	能登守・越前守	南	享保二年(一七一七)二月三日—元文元年(一七三六)八月十二日	家継・吉宗
諏訪頼篤	美濃守	北	享保八年(一七二三)七月二十四日—享保十六年(一七三一)九月十九日	吉宗
稲生正武	下野守	北	享保十六年(一七三一)九月十九日—元文三年(一七三八)二月十五日	吉宗
松波正春	筑後守	南	元文元年(一七三六)八月十二日—元文四年(一七三九)九月一日	吉宗
石河政朝	土佐守	北	元文三年(一七三八)二月二十八日—延享元年(一七四四)六月十一日	吉宗
水野勝彦	備前守	南	元文四年(一七三九)九月一日—元文五年(一七四〇)十一月四日	吉宗
島正祥	長門守	南	元文五年(一七四〇)十二月二十八日—延享三年(一七四六)六月十五日	吉宗・家重
能勢頼一	肥後守	北	延享元年(一七四四)六月十一日—宝暦三年(一七五三)三月二十八日	吉宗・家重
馬場尚繁	讃岐守	南	延享三年(一七四六)七月二十一日—寛延三年(一七五〇)一月二十六日	家重

山田利延	肥後守・伊豆守	南	寛延三年(一七五〇)三月十一日—宝暦三年(一七五三)十一月二十四日	家重
依田政次	和泉守・豊前守	北	宝暦三年(一七五三)四月七日—明和六年(一七六九)八月十五日	家重・家治
土屋正方	越前守	南	宝暦三年(一七五三)十二月二十四日—明和五年(一七六八)五月十九日	家重・家治
牧野成賢	大隅守	南	明和五年(一七六八)五月二十八日—天明四年(一七八四)三月十二日	家治
曲淵景漸	甲斐守	北	明和六年(一七六九)八月十五日—天明七年(一七八七)六月一日	家治・家斉
山村良旺	信濃守	南	天明四年(一七八四)三月十二日—寛政元年(一七八九)九月七日	家治・家斉
石河政武	土佐守	北	天明七年(一七八七)六月十日—天明七年(一七八七)九月十六日	家斉
柳生久通	主膳正	北	天明七年(一七八七)九月二十七日—天明八年(一七八八)九月十日	家斉
初鹿野信興	河内守	北	天明八年(一七八八)九月十日—寛政三年(一七九一)十二月二十日	家斉
池田長恵	筑後守	南	寛政元年(一七八九)九月七日—寛政七年(一七九五)六月二十八日	家斉
小田切直年	土佐守	北	寛政四年(一七九二)一月十八日—文化八年(一八一一)四月二十日	家斉
坂部広吉(高)	能登守	南	寛政七年(一七九五)六月二十八日—寛政八年(一七九六)九月二十八日	家斉
村上義礼	大学・肥後守	南	寛政八年(一七九六)九月二十八日—寛政十年(一七九八)十月二十七日	家斉
根岸鎮衛	肥前守	南	寛政十年(一七九八)十一月十一日—文化十二年(一八一五)十一月九日	家斉
永田正道	備後守	北	文化八年(一八一一)四月二十六日—文政二年(一八一九)四月二十三日	家斉
岩瀬氏紀	加賀守・伊予守	南	文化十二年(一八一五)十一月二十四日—文政三年(一八二〇)二月八日	家斉
榊原忠之	主計頭	北	文政二年(一八一九)閏四月一日—天保七年(一八三六)九月二十日	家斉
荒尾成章	但馬守	南	文政三年(一八二〇)三月十七日—文政四年(一八二一)一月二十三日	家斉
筒井政憲	和泉守・伊賀守・紀伊守	南	文政四年(一八二一)一月二十九日—天保十二年(一八四一)四月二十八日	家斉・家慶
大草高好	安房守	北	天保七年(一八三六)九月二十日—天保十一年(一八四〇)一月十八日	家斉・家慶
遠山景元	左衛門尉	北	天保十一年(一八四〇)三月十一日—天保十四年(一八四三)二月二十四日	家慶
矢部定謙	左近将監・駿河守	南	天保十二年(一八四一)四月二十八日—天保十二年(一八四一)十二月二十一日	家慶
鳥居忠耀	耀蔵・甲斐守	南	天保十二年(一八四一)十二月二十八日—天保十五年(一八四四)九月六日	家慶
阿部正蔵	遠江守	北	天保十四年(一八四三)二月二十四日—天保十四年(一八四三)十月一日	家慶

氏名	官名・通称	所在	在職期間	在職時の将軍
鍋島直孝	内匠・内匠頭	北	天保十四年（一八四三）十月十日―嘉永元年（一八四八）十一月八日	家慶
跡部良弼	能登守	南	天保十五年（一八四四）九月十五日―弘化二年（一八四五）三月十五日	家慶
遠山景元	左衛門尉	南	弘化二年（一八四五）三月十五日―嘉永五年（一八五二）三月二十四日	家慶
牧野成綱	駿河守	北	嘉永元年（一八四八）十一月八日―嘉永二年（一八四九）七月六日	家慶
井戸覚弘	対馬守	北	嘉永二年（一八四九）八月四日―安政三年（一八五六）十一月十八日	家慶・家定
池田頼方	播磨守	南	嘉永五年（一八五二）三月三十日―安政四年（一八五七）十二月二十八日	家慶・家定
跡部良弼	甲斐守	北	安政三年（一八五六）十一月十八日―安政五年（一八五八）五月二十四日	家定
伊沢正義	美作守	南	安政四年（一八五七）十二月二十八日―安政五年（一八五八）十月九日	家定
石谷穆清	因幡守	北	安政五年（一八五八）五月二十四日―文久二年（一八六二）六月五日	家定・家茂
池田頼方	播磨守	南	安政五年（一八五八）十月九日―文久元年（一八六一）五月二十六日	家茂
黒川盛泰	備中守	南	文久元年（一八六一）五月二十八日―文久二年（一八六二）閏八月二十五日	家茂
小笠原長常	長門守	北	文久二年（一八六二）六月五日―文久二年（一八六二）十月十七日	家茂
小栗忠順	豊前守	南	文久二年（一八六二）閏八月二十五日―文久二年（一八六二）十二月一日	家茂
浅野長祚	備前守	北	文久二年（一八六二）十月十七日―文久三年（一八六三）四月十六日	家茂
井上清直	信濃守	南	文久二年（一八六二）十二月一日―文久三年（一八六三）八月一日	家茂
佐々木顕発	信濃守・飛騨守	北	文久三年（一八六三）四月十六日―文久三年（一八六三）四月二十三日	家茂
阿部正外	越前守	北	文久三年（一八六三）四月二十三日―元治元年（一八六四）三月四日	家茂
佐々木顕発	信濃守・飛騨守	南	文久三年（一八六三）八月二日―元治元年（一八六四）六月二十九日	家茂
都筑峰暉	駿河守	北	元治元年（一八六四）三月十四日―元治元年（一八六四）七月六日	家茂
松平康直	石見守	南	元治元年（一八六四）六月二十九日―元治元年（一八六四）十一月二十日	家茂
池田頼方	播磨守	北	元治元年（一八六四）七月六日―慶応二年（一八六六）六月二十九日	家茂
有馬則篤	出雲守	南	元治元年（一八六四）十一月二十二日―元治元年（一八六四）十二月二十一日	家茂
根岸衛奮	肥前守	南	元治元年（一八六四）十二月二十一日―慶応元年（一八六五）十一月二日	家茂
山口直毅	駿河守	南	慶応元年（一八六五）十一月二日―慶応二年（一八六六）八月五日	家茂

井上清直	信濃守	北	慶応二年（一八六六）六月二十九日—慶応三年（一八六七）十二月二十八日	家茂・慶喜
有馬則篤	阿波守	南	慶応二年（一八六六）八月五日—慶応二年（一八六六）十月二十四日	家茂
駒井信興	相模守	南	慶応二年（一八六六）十月二十四日—慶応四年（一八六八）一月五日	慶喜
朝比奈昌広	甲斐守		慶応三年（一八六七）七月四日—慶応四年（一八六八）一月十五日	慶喜
小出秀実	大和守	北	慶応三年（一八六七）十二月二十七日—慶応四年（一八六八）二月十六日	—
黒川盛泰	近江守	南	慶応四年（一八六八）一月十日—慶応四年（一八六八）三月五日	—
石川利政	河内守	北	慶応四年（一八六八）二月十七日—慶応四年（一八六八）五月十九日	—
松浦信寔	越中守	南	慶応四年（一八六八）三月五日—慶応四年（一八六八）三月十日	—
佐久間信義	幡五郎	南	慶応四年（一八六八）三月二十五日—慶応四年（一八六八）五月十九日	—

◆16 歴代京都所司代一覧

氏名	官名・通称	在職期間	在職時の将軍	領地
板倉勝重	四郎右衛門・伊賀守	慶長八年（一六〇三）三月二十一日—元和六年（一六二〇）	家康・秀忠	
板倉重宗	周防守	元和六年（一六二〇）十一月二十八日—	秀忠・家光	
牧野親成	佐渡守	承応三年（一六五四）十一月二十八日—寛文八年（一六六八）五月二十三日	家綱	下総関宿
板倉重矩	内膳正	寛文八年（一六六八）六月十一日—寛文十年（一六七〇）二月	家綱	三河中嶋
永井尚庸	伊賀守	寛文十年（一六七〇）二月十四日—延宝四年（一六七六）四月三日	家綱	山城・摂津他
戸田忠昌	越前守・山城守	延宝四年（一六七六）四月三日—天和元年（一六八一）十一月十五日	家綱・綱吉	相模・下総他
稲葉正通	丹後守	天和元年（一六八一）十一月十五日—貞享二年（一六八五）九月二十三日	綱吉	河内・摂津他
土屋政直	相模守	貞享二年（一六八五）九月二十三日—貞享四年（一六八七）十月十三日	綱吉	駿河田中
内藤重頼	大和守	貞享四年（一六八七）十月十三日—元禄三年（一六九〇）十一月二十七日	綱吉	下総・常陸他
松平信興	因幡守	元禄三年（一六九〇）十二月二十一日—元禄四年（一六九一）閏八月十二日	綱吉	常陸土浦

氏名	官名・通称	在職期間	在職時の将軍	領地
小笠原長重	佐渡守	元禄四年(一六九一)閏八月二十六日—元禄十五年(一七〇二)四月十九日	綱吉	三河吉田
松平信庸	紀伊守	元禄十五年(一七〇二)四月十九日—正徳四年(一七一四)九月六日	綱吉・家宣・家継	丹波篠山
水野忠之	和泉守	正徳四年(一七一四)九月六日—享保二年(一七一七)九月二十七日	家継・吉宗	三河岡崎
松平忠固	伊賀守	享保二年(一七一七)九月二十七日—享保九年(一七二四)十二月十五日	吉宗	信濃上田
牧野英成	因幡守・佐渡守・河内守	享保九年(一七二四)十二月十五日—享保十九年(一七三四)六月六日	吉宗	丹後田辺
土岐頼稔	丹後守	享保十九年(一七三四)六月六日—寛保二年(一七四二)六月一日	吉宗	摂津・河内他
牧野貞道	越中守・備後守	寛保二年(一七四二)六月一日—寛延二年(一七四九)九月十八日	吉宗・家重	日向延岡
松平資訓	豊後守	寛延二年(一七四九)十月十五日—宝暦二年(一七五二)三月二十六日	家重	遠江浜松
酒井忠用	修理大夫・讃岐守	宝暦二年(一七五二)四月七日—宝暦六年(一七五六)四月七日	家重	若狭小浜
松平輝高	右京大夫	宝暦六年(一七五六)五月七日—宝暦八年(一七五八)十月十八日	家重	上野高崎
井上利容	河内守	宝暦八年(一七五八)十一月二十八日—宝暦十年(一七六〇)十二月三日	家重・家治	摂津・河内他
阿部正右	伊予守	宝暦十年(一七六〇)十二月三日—明和元年(一七六四)五月一日	家治	備後福山
阿部正允	飛騨守	明和元年(一七六四)六月二十一日—明和六年(一七六九)八月十八日	家治	武蔵忍
土井利里	大炊頭	明和六年(一七六九)八月十八日—安永六年(一七七七)八月十八日	家治	下総古河
久世広明	出雲守	安永六年(一七七七)九月十五日—天明元年(一七八一)閏五月十一日	家治	下総関宿
牧野貞長	越中守	天明元年(一七八一)閏五月十一日—天明四年(一七八四)五月十一日	家治	常陸笠間
戸田忠寛	因幡守	天明四年(一七八四)五月十一日—天明七年(一七八七)十二月十六日	家治・家斉	下野宇都宮
松平乗完	和泉守	天明七年(一七八七)十二月十六日—寛政元年(一七八九)四月十八日	家斉	三河西尾
太田資愛	備中守	寛政元年(一七八九)四月十八日—寛政四年(一七九二)四月七日	家斉	遠江掛川
堀田正順	相模守・大蔵大輔	寛政四年(一七九二)八月二十七日—寛政十年(一七九八)十一月六日	家斉	下総佐倉
牧野忠精	備前守	寛政十年(一七九八)十二月八日—享和元年(一八〇一)七月十一日	家斉	越後長岡

資料編【だれが】

土井利厚	大炊頭	享和元年（一八〇一）七月十一日—享和二年（一八〇二）十月十九日	家斉	下総古河
青山忠裕	下野守	享和二年（一八〇二）十月十九日—享和四年（一八〇四）一月二十三日	家斉	丹波篠山
稲葉正諶	丹後守	享和四年（一八〇四）一月二十三日—文化三年（一八〇六）八月二十四日	家斉	山城淀
阿部正由	播磨守	文化三年（一八〇六）十月十二日—文化五年（一八〇八）十一月二十二日	家斉	武蔵忍
酒井忠進	靱負佐・讃岐守	文化五年（一八〇八）十二月十二日—文化十二年（一八一五）四月十五日	家斉	若狭小浜
大久保忠真	加賀守	文化十二年（一八一五）四月六日—文政元年（一八一八）八月六日	家斉	相模小田原
松平乗寛	和泉守	文政元年（一八一八）八月二日—文政五年（一八二二）九月三日	家斉	三河西尾
内藤信敦	紀伊守	文政五年（一八二二）九月三日—文政八年（一八二五）四月八日	家斉	越後村上
松平康任	周防守	文政八年（一八二五）五月十五日—文政九年（一八二六）十一月二十三日	家斉	石見浜田
水野忠邦	左近将監・越前守	文政九年（一八二六）十一月二十三日—文政十一年（一八二八）十一月二十二日	家斉	遠江浜松
松平資始	伯耆守	文政十一年（一八二八）十一月二十二日—天保二年（一八三一）五月二十五日	家斉	丹後宮津
太田資始	備後守	天保二年（一八三一）五月二十五日—天保五年（一八三四）四月十一日	家斉	遠江掛川
松平信順	伊豆守	天保五年（一八三四）四月十一日—天保八年（一八三七）五月十六日	家斉	三河吉田
土井利位	大炊頭	天保八年（一八三七）五月十六日—天保九年（一八三八）四月十一日	家慶	下総古河
間部詮勝	下総守	天保九年（一八三八）四月十一日—天保十一年（一八四〇）一月十三日	家慶	越前鯖江
牧野忠雅	備前守	天保十一年（一八四〇）一月十三日—天保十四年（一八四三）十一月三日	家慶	越後長岡
酒井忠義	若狭守	天保十四年（一八四三）十一月三日—嘉永三年（一八五〇）七月二十八日	家慶	若狭小浜
内藤信親	紀伊守	嘉永三年（一八五〇）九月一日—嘉永四年（一八五一）十二月二十一日	家慶	越後村上
脇坂安宅	淡路守	嘉永四年（一八五一）十二月二十一日—安政四年（一八五七）八月十一日	家慶・家定	播磨龍野
本多忠民	中務大輔・美濃守	安政四年（一八五七）八月十一日—安政五年（一八五八）六月二十六日	家定	三河岡崎
酒井忠義	若狭守	安政五年（一八五八）六月二十六日—文久二年（一八六二）六月三十日	家定・家茂	若狭小浜
松平宗秀	伯耆守	文久二年（一八六二）六月三十日—文久二年（一八六二）八月二十四日	家茂	丹後宮津
牧野忠恭	備前守	文久二年（一八六二）八月二十四日—文久三年（一八六三）六月十一日	家茂	越後長岡
稲葉正邦	長門守	文久三年（一八六三）六月十一日—元治元年（一八六四）四月十一日	家茂	山城淀

氏名	官名・通称	在職期間	在職時の将軍	領地
松平定敬	越中守	元治元年（一八六四）四月十一日—慶応三年（一八六七）十二月九日	家茂・慶喜	伊勢桑名

◆17 歴代京都町奉行一覧

氏名	官名・通称	所在	在職期間	在職時の将軍	在職時の京都所司代
宮崎重成	若狭守	東	寛文五年（一六六五）八月六日—寛文十三年（一六七三）一月二十三日	家綱	牧野親成・板倉重矩・永井尚庸
雨宮正種	権左衛門・対馬守	西	寛文五年（一六六五）八月六日—寛文十一年（一六七一）十月十六日	家綱	牧野親成・板倉重矩・永井尚庸
能勢頼宗	日向守	西	寛文十二年（一六七二）二月十三日—延宝六年（一六七八）十一月十五日	家綱	永井尚庸・戸田忠昌
前田直勝	安芸守	東	寛文十三年（一六七三）二月十三日—元禄五年（一六九二）四月一日	家綱・綱吉	永井尚庸・戸田忠昌・稲葉正通・土屋政直・内藤重頼・松平信興・小笠原長重
井上正貞	太左衛門・志摩守・丹波守	西	延宝七年（一六七九）三月四日—元禄二年（一六八九）十一月十二日	家綱・綱吉	戸田忠昌・稲葉正通・土屋政直・内藤重頼
小出守秀	淡路守	西	元禄三年（一六九〇）一月十一日—元禄九年（一六九六）五月二十五日	綱吉	内藤重頼・松平信興・小笠原長重
松前嘉広	八兵衛・伊豆守	東	元禄五年（一六九二）四月十四日—元禄十年（一六九七）四月十四日	綱吉	小笠原長重
滝川具章	丹後守・山城守	西	元禄九年（一六九六）一月二十五日—元禄十五年（一七〇二）十月二十五日	綱吉	小笠原長重・松平信庸
水野勝直	備前守	西	元禄九年（一六九六）六月十一日—元禄十二年（一六九九）九月二十七日	綱吉	小笠原長重

安藤次行	与十郎・駿河守	東	元禄十年（一六九七）四月十四日―正徳二年（一七一二）十二月二十六日	綱吉・家宣	小笠原長重・松平信庸
水谷勝久	弥之助・信濃守	西	元禄十二年（一六九九）九月二十八日―宝永二年（一七〇五）八月四日	綱吉	小笠原長重・松平信庸
中根正包	宇右衛門・摂津守	西	宝永二年（一七〇五）八月六日―正徳四年（一七一四）八月十五日	綱吉・家宣・家継	松平信庸
山口直重	安房守	東	正徳二年（一七一二）十二月二十九日―享保六年（一七二一）一月二十三日	家継・吉宗	松平信庸・水野忠之・松平忠固
諏訪頼篤	七左衛門・美濃守・肥後守	西	正徳四年（一七一四）八月十五日―享保八年（一七二三）七月二十四日	家継・吉宗	松平信庸・水野忠之・松平忠固
河野通重	勘右衛門・豊前守	東	享保六年（一七二一）二月十五日―享保九年（一七二四）十二月十八日	吉宗	松平忠固・牧野英成
本多忠英	勘右衛門・筑後守	西	享保八年（一七二三）七月二十八日―元文二年（一七三七）三月十日	吉宗	松平忠固・牧野英成・土岐頼稔
小浜久隆	志摩守	東	享保九年（一七二四）一月十一日―享保十二年（一七二七）九月九日	吉宗	松平忠固・牧野英成
長田元隣	三右衛門・越中守	東	享保十二年（一七二七）十月二十二日―享保十七年（一七三二）二月一日	吉宗	牧野英成
向井政暉	兵庫・伊賀守	東	享保十七年（一七三二）五月七日―元文四年（一七三九）七月二日	吉宗	牧野英成・土岐頼稔
嶋正祥	角右衛門・長門守	西	元文二年（一七三七）三月十日―元文五年（一七四〇）十二月二十八日	吉宗	土岐頼稔
馬場尚繁	讃岐守	東	元文四年（一七三九）七月十九日―延享三年（一七四六）七月二十二日	吉宗・家重	土岐頼稔・牧野貞道
三井良恭	采女・下総守	西	元文五年（一七四〇）十二月二十八日―寛延二年（一七四九）七月六日	吉宗・家重	土岐頼稔・牧野貞道
永井直之	監物・丹波守	東	延享三年（一七四六）七月二十二日―宝暦二年（一七五二）一月十一日	家重	牧野貞道・松平資訓
稲垣正武	出羽守	西	寛延二年（一七四九）七月二十三日―宝暦六年（一七五六）十月二十八日	家重	牧野貞道・松平資訓・酒井忠用・松平輝高

氏名	官名・通称	所在	在職期間	在職時の将軍	在職時の京都所司代
土屋正方	長三郎・越前守	東	宝暦二年（一七五二）二月十五日—宝暦三年（一七五三）十二月二十四日	家重	松平資訓・酒井忠用
小林春郷	伊予守・安房守・河内守	東	宝暦三年（一七五三）十二月二十四日—明和三年（一七六六）九月十二日	家重・家治	酒井忠用・松平輝高・井上利容・阿部正右・阿部正允
松前順広	隼人・筑前守	西	宝暦六年（一七五六）十月二十八日—明和元年（一七六四）閏十二月十五日	家重・家治	松平輝高・井上利容・阿部正右・阿部正允
太田正清	三郎兵衛・播磨守	西	明和元年（一七六四）閏十二月十五日—明和九年（一七七二）十月八日	家治	阿部正允・土井利里
石河政武	玄蕃・土佐守	東	明和三年（一七六六）九月十二日—明和七年（一七七〇）閏六月三日	家治	阿部正允・土井利里
酒井忠高	善右衛門・丹波守	東	明和七年（一七七〇）閏六月三日—安永三年（一七七四）三月六日	家治	土井利里
長谷川宣雄	平蔵・備中守	西	明和九年（一七七二）十月十五日—安永二年（一七七三）七月十七日	家治	土井利里
山村良旺	十郎右衛門・信濃守	西	安永二年（一七七三）七月十八日—安永七年（一七七八）閏七月二十日	家治	土井利里・久世広明
赤井忠晶	越前守	東	安永三年（一七七四）三月二十日—天明二年（一七八二）十一月二十五日	家治	土井利里・久世広明・牧野貞長
土屋正延	長三郎・伊予守	西	安永七年（一七七八）閏七月二十日—天明七年（一七八七）七月二十六日	家治・家斉	久世広明・牧野貞長・戸田忠寛
丸毛政良	和泉守	東	天明二年（一七八二）十一月二十五日—天明七年（一七八七）九月二十九日	家治・家斉	牧野貞長・戸田忠寛
山崎正祥	大隅守	西	天明七年（一七八七）七月二十六日—天明八年（一七八八）九月十日	家斉	戸田忠寛・松平乗完
池田長恵	修理・筑後守	東	天明七年（一七八七）十月二日—寛政元年（一七八九）九月七日	家斉	戸田忠寛・松平乗完・太田資愛

井上利恭	助之進・美濃守	西	天明八年(一七八八)九月十日―寛政三年(一七九一)十二月八日	家斉	松平乗完・太田資愛
菅沼定喜	新三郎・下野守	東	寛政元年(一七八九)九月七日―寛政九年(一七九七)十月十二日	家斉	太田資愛・堀田正順
三浦正子	伊勢守	西	寛政三年(一七九一)十二月二十三日―寛政十一年(一七九九)十一月二十七日	家斉	太田資愛・堀田正順・牧野忠精
松下保綱	孫右衛門・信濃守	東	寛政九年(一七九七)十一月二十八日―寛政十二年(一八〇〇)四月二日	家斉	堀田正順・牧野忠精
曲淵景露	和泉守	西	寛政十一年(一七九九)十二月二十七日―文化三年(一八〇六)三月四日	家斉	牧野忠精・土井利厚・青山忠裕・稲葉正諶
森川俊尹	越前守	東	寛政十二年(一八〇〇)閏四月八日―文化五年(一八〇八)十一月二十六日	家斉	牧野忠精・土井利厚・青山忠裕・稲葉正諶・阿部正由
牧野成傑	靫負・大和守	西	文化三年(一八〇六)三月四日―文化八年(一八一一)六月八日	家斉	稲葉正諶・阿部正由・酒井忠進
小長谷政良	和泉守	東	文化五年(一八〇八)十一月二十六日―文化九年(一八一二)十二月二十九日	家斉	酒井忠進
三橋成方	飛騨守	西	文化八年(一八一一)六月八日―文化十二年(一八一五)一月二十二日	家斉	酒井忠進
佐野康貞	肥後守	東	文化十年(一八一三)一月二十八日―文政二年(一八一九)十一月八日	家斉	酒井忠進・大久保忠真・松平乗寛
松浦忠	伊勢守	西	文化十二年(一八一五)三月八日―文政三年(一八二〇)七月二十八日	家斉	酒井忠進・大久保忠真・松平乗寛
牧義珎	助右衛門・備後守	東	文政二年(一八一九)十二月八日―文政八年(一八二五)六月十五日	家斉	松平乗寛・内藤信敦・松平康任
曾我助弼	豊後守	西	文政三年(一八二〇)八月十三日―文政六年(一八二三)十一月八日	家斉	松平乗寛・内藤信敦
須田盛照	与左衛門・大隅守	西	文政六年(一八二三)十一月十五日―文政十年(一八二七)七月二十四日	家斉	内藤信敦・松平康任・水野忠邦
神尾元孝	市左衛門・備中守	東	文政八年(一八二五)六月十七日―文政十二(一八二九)年五月三日	家斉	松平康任・水野忠邦・松平資始

氏名	官名・通称	所在	在職期間	在職時の将軍	在職時の京都所司代
松平定朝	伊勢守	西	文政十年（一八二七）八月九日—天保六年（一八三五）五月二十日	家斉	水野忠邦・松平資始・太田資始・松平信順
小田切直照	土佐守	東	文政十二年（一八二九）五月十五日—天保二年（一八三一）七月十二日	家斉	松平資始・太田資始
深谷盛房	十郎左衛門・遠江守	東	天保二年（一八三一）八月八日—天保七年（一八三六）十月十五日	家斉	太田資始・松平信順
佐橋佳富	市左衛門・長門守	西	天保六年（一八三五）六月八日—天保十一年（一八四〇）四月八日	家斉・家慶	松平信順・土井利位・間部詮勝・牧野忠雅
梶野良材	土佐守	東	天保七年（一八三六）十二月八日—天保九年（一八三八）二月二十四日	家斉・家慶	松平信順・土井利位
石河政平	数馬	東	天保九年（一八三八）二月八日—天保九年（一八三八）三月二十八日	家慶	土井利位
本多紀意	左内・筑前守	東	天保九年（一八三八）四月九日—天保十二年（一八四一）九月二十八日	家慶	土井利位・間部詮勝・牧野忠雅
柴田康道	日向守	西	天保十一年（一八四〇）五月十五日—天保十三年（一八四二）八月二十四日	家慶	牧野忠雅
松平信敏	兵庫頭	東	天保十二年（一八四一）十月十七日—天保十四年（一八四三）五月三十日	家慶	牧野忠雅
田村良顕	伊勢守・伊予守	西	天保十三年（一八四二）九月—弘化三年（一八四六）十一月二十九日	家慶	牧野忠雅・酒井忠義
伊奈斯綏	遠江守	東	天保十四年（一八四三）六月二十八日—嘉永元年（一八四八）十二月二十四日	家慶	牧野忠雅・酒井忠義
水野重明	采女・下総守	西	弘化三年（一八四六）十二月十五日—嘉永五年（一八五二）二月二十日	家慶	酒井忠義・内藤信親・脇坂安宅
明楽茂正	大隅守	東	嘉永二年（一八四九）一月二十日—嘉永三年（一八五〇）八月二十四日	家慶	酒井忠義
河野通訓	対馬守	東	嘉永三年（一八五〇）九月二十三日—嘉永六年（一八五三）十一月九日	家慶	内藤信親・脇坂安宅
浅野長祚	中務少輔・和泉守	西	嘉永五年（一八五二）閏二月十日—安政五年（一八五八）六月五日	家慶・家定	脇坂安宅・本多忠民

岡部豊常	備後守・土佐守	東	嘉永六年（一八五三）十二月二十八日—安政六年（一八五九）二月十三日	家定・家茂	脇坂安宅・本多忠民・酒井忠義
小笠原長常	長門守	西	安政五年（一八五八）六月五日—万延元年（一八六〇）九月十八日	家定・家茂	本多忠民・酒井忠義
大久保忠寛	伊勢守	東	安政六年（一八五九）二月二十六日—安政六年（一八五九）六月二十四日	家茂	酒井忠義
水野忠全	伊勢守	東	安政六年（一八五九）九月十日—安政六年（一八五九）十一月四日	家茂	酒井忠義
関行篤	出雲守	東	安政六年（一八五九）十一月四日—文久元年（一八六一）十一月十六日	家茂	酒井忠義
原思孝	弥十郎・伊予守	西	万延元年（一八六〇）九月十五日—文久二年（一八六二）四月二十二日	家茂	酒井忠義
大久保忠董	喜右衛門・土佐守	東	文久元年（一八六一）十一月十六日—文久二年（一八六二）十月十七日	家茂	酒井忠義・松平宗秀・牧野忠恭
滝川具知	播磨守	西	文久二年（一八六二）七月二十七日—元治元年（一八六四）九月	家茂	松平宗秀・牧野忠恭・稲葉正邦・松平定敬
永井尚志	主水正	東	文久二年（一八六二）八月七日—文久四年（一八六四）二月九日	家茂	松平宗秀・牧野忠恭・稲葉正邦
池田長発	修理	東	文久三年（一八六三）七月十二日—文久三年（一八六三）七月二十九日	家茂	稲葉正邦
小栗政寧	下総守	東	文久四年（一八六四）二月十五日—慶応元年（一八六五）十月十六日	家茂	稲葉正邦・松平定敬
菊地隆吉	伊予守	東	元治元年（一八六四）七月六日—元治元年（一八六四）七月十九日	家茂	松平定敬
滝川元以	讃岐守	西	元治元年（一八六四）九月—慶応二年（一八六六）十月	家茂	松平定敬
長井昌言	筑前守	東	慶応元年（一八六五）十一月—慶応元年（一八六五）十二月	家茂	松平定敬
大久保忠恕	主膳正	東	慶応元年（一八六五）十二月二十一日—慶応三年（一八六七）十二月九日	家茂・慶喜	松平定敬
遠山資尹	隠岐守	西	慶応二年（一八六六）十月—慶応三年（一八六七）六月	慶喜	松平定敬
高力	下総守・主計頭	西	慶応三年（一八六七）六月—慶応三年（一八六七）十二月九日	慶喜	松平定敬

◆18 歴代大坂城代一覧

氏名	官名・通称	在職期間	在職時の将軍	領地
内藤信正	紀伊守	元和五年(一六一九)—寛永三年(一六二六)四月	秀忠・家光	摂津高槻
阿部正次	備中守	寛永三年(一六二六)四月—正保四年(一六四七)十一月十四日	家光	武蔵岩槻
永井直清	日向守	慶安元年(一六四八)—慶安元年(一六四八)九月	家光	山城神足
稲垣重綱	摂津守	慶安元年(一六四八)九月—慶安二年(一六四九)十月二十五日	家光	越後三条
内藤信照	豊前守	慶安二年(一六四九)十月二十五日—承応元年(一六五二)	家光・家綱	陸奥棚倉
水野忠職	出羽守	承応元年(一六五二)—承応三年(一六五四)	家綱	信濃松本
内藤忠興	帯刀	承応三年(一六五四)—明暦二年(一六五六)	家綱	陸奥平
松平光重	丹波守	明暦二年(一六五六)—万治元年(一六五八)	家綱	美濃加納
水野忠職	出羽守	万治元年(一六五八)—万治二年(一六五九)	家綱	信濃松本
内藤忠興	帯刀	万治二年(一六五九)—万治三年(一六六〇)	家綱	陸奥平
松平光重	丹波守	万治三年(一六六〇)—寛文元年(一六六一)	家綱	美濃加納
水野忠職	出羽守	寛文元年(一六六一)—寛文二年(一六六二)	家綱	信濃松本
青山宗俊	因幡守	寛文二年(一六六二)三月二十九日—寛文十三年(一六七三)六月十日	家綱	摂津・河内他
太田資次	摂津守	寛文十三年(一六七三)六月十九日—貞享元年(一六八四)四月六日	家綱・綱吉	摂津・和泉他
水野忠春	右衛門大夫	貞享元年(一六八四)四月十三日—貞享元年(一六八四)七月十三日	綱吉	三河岡崎
土屋政直	相模守	貞享元年(一六八四)七月十日—貞享二年(一六八五)九月二十三日	綱吉	駿河田中
内藤重頼	大和守	貞享二年(一六八五)九月二十七日—貞享四年(一六八七)十月十三日	綱吉	下総・常陸他
松平信興	因幡守	貞享四年(一六八七)十月十三日—元禄三年(一六九〇)十二月二十一日	綱吉	常陸土浦
土岐頼隆	伊予守	元禄四年(一六九一)一月十一日—正徳二年(一七一二)二月二日	綱吉・家宣	出羽上山
内藤弌信	豊前守	正徳二年(一七一二)四月十五日—享保三年(一七一八)八月一日	家宣・家継・吉宗	駿河田中
安藤重行	右京亮・対馬守	享保三年(一七一八)八月四日—享保七年(一七二二)五月二十一日	吉宗	美濃加納

松平乗邑	和泉守・左近将監	享保七年（一七二二）六月一日—享保八年（一七二三）一月十五日	吉宗	山城淀
酒井忠音	修理大夫・讃岐守	享保八年（一七二三）一月十五日—享保十三年（一七二八）七月七日	吉宗	若狭小浜
堀田正虎	伊豆守	享保十三年（一七二八）十月七日—享保十四年（一七二九）一月二十三日	吉宗	出羽山形
松平信祝	伊豆守	享保十四年（一七二九）二月二日—享保十五年（一七三〇）七月十一日	吉宗	三河吉田
土岐頼稔	丹後守	享保十五年（一七三〇）七月十一日—享保十九年（一七三四）六月六日	吉宗	摂津・河内他
稲葉正親	佐渡守	享保十九年（一七三四）六月六日—享保十九年（一七三四）九月十四日	吉宗	山城淀
太田資晴	備中守	享保十九年（一七三四）九月二十五日—元文五年（一七四〇）二月二十四日	吉宗	摂津・河内他
酒井忠知	雅楽頭	元文五年（一七四〇）四月三日—延享元年（一七四四）五月一日	吉宗	上野前橋
堀田正亮	相模守	延享元年（一七四四）五月一日—延享二年（一七四五）十一月十三日	吉宗・家重	出羽山形
阿部正就	伊勢守	延享二年（一七四五）十一月十三日—延享四年（一七四七）十二月二十日	家重	備後福山
酒井忠用	修理大夫・讃岐守	延享四年（一七四七）十二月十三日—宝暦二年（一七五二）四月七日	家重	若狭小浜
松平輝高	右京亮・右京大夫	宝暦二年（一七五二）四月七日—宝暦六年（一七五六）五月七日	家重	上野高崎
井上正賢	河内守	宝暦六年（一七五六）五月七日—宝暦八年（一七五八）十一月二十八日	家重	陸奥平
青山忠朝	因幡守	宝暦八年（一七五八）十一月二十八日—宝暦十年（一七六〇）七月十五日	家重・家治	丹波篠山
松平康福	周防守	宝暦十年（一七六〇）八月十五日—宝暦十二年（一七六二）十二月九日	家治	下総古河
阿部正允	飛驒守	宝暦十二年（一七六二）十二月九日—明和元年（一七六四）六月二十一日	家治	武蔵忍
松平乗祐	和泉守	明和元年（一七六四）六月二十一日—明和六年（一七六九）九月四日	家治	三河西尾
久世広明	出雲守	明和六年（一七六九）九月二十八日—安永六年（一七七七）九月十五日	家治	下総関宿
牧野貞長	越中守	安永六年（一七七七）九月十五日—天明元年（一七八一）閏五月十一日	家治	常陸笠間
土岐定経	美濃守	天明元年（一七八一）五月十一日—天明二年（一七八二）八月	家治	上野沼田
戸田忠寛	因幡守	天明二年（一七八二）九月十日—天明四年（一七八四）五月十一日	家治	下野宇都宮
阿部正殷	能登守	天明四年（一七八四）五月十一日—天明七年（一七八七）四月二日	家治・家斉	武蔵忍
堀田正順	相模守	天明七年（一七八七）四月十九日—寛政四年（一七九二）八月二十七日	家斉	下総佐倉

氏名	官名・通称	在職期間	在職時の将軍	領地
牧野忠精	備前守	寛政四年(一七九二)八月二十七日—寛政十年(一七九八)十二月八日	家斉	越後長岡
松平輝和	右京亮・右京大夫	寛政十年(一七九八)十二月八日—寛政十二年(一八〇〇)九月二十日	家斉	上野高崎
青山忠裕	下野守	寛政十二年(一八〇〇)十月一日—享和二年(一八〇二)十月十九日	家斉	丹波篠山
稲葉正諶	丹後守	享和二年(一八〇二)十月十九日—享和四年(一八〇四)一月二十三日	家斉	山城淀
阿部正苗	播磨守	享和四年(一八〇四)一月二十三日—文化三年(一八〇六)十月十二日	家斉	武蔵忍
松平乗保	能登守	文化三年(一八〇六)十月十二日—文化七年(一八一〇)六月二十五日	家斉	美濃岩村
大久保忠真	安芸守・加賀守	文化七年(一八一〇)六月二十五日—文化十二年(一八一五)四月十六日	家斉	相模小田原
松平輝延	右京亮・右京大夫	文化十二年(一八一五)四月二十九日—文政五年(一八二二)六月一日	家斉	上野高崎
松平康任	周防守	文政五年(一八二二)七月八日—文政八年(一八二五)五月十五日	家斉	石見浜田
水野忠邦	左近将監	文政八年(一八二五)五月十五日—文政九年(一八二六)十一月二十三日	家斉	遠江浜松
松平宗発	伯耆守	文政九年(一八二六)十一月二十三日—文政十一年(一八二八)十一月二十二日	家斉	丹後宮津
太田資好	摂津守・備後守	文政十一年(一八二八)十一月二十二日—天保二年(一八三一)五月二十五日	家斉	遠江掛川
松平信順	伊豆守	天保二年(一八三一)五月二十五日—天保五年(一八三四)四月十一日	家斉	三河吉田
土井利位	大炊頭	天保五年(一八三四)四月十一日—天保八年(一八三七)五月十六日	家斉・家慶	下総古河
堀田正篤	備中守	天保八年(一八三七)五月十六日—天保八年(一八三七)七月九日	家慶	下総佐倉
間部詮勝	下総守	天保八年(一八三七)七月二十日—天保九年(一八三八)四月十一日	家慶	越前鯖江
井上正春	河内守	天保九年(一八三八)四月十一日—天保十一年(一八四〇)十一月三日	家慶	上野館林
青山忠良	因幡守・下野守	天保十一年(一八四〇)十一月三日—弘化元年(一八四四)十二月二十八日	家慶	丹波篠山
松平乗全	和泉守	弘化元年(一八四四)十二月二十八日—弘化二年(一八四五)三月十五日	家慶	三河西尾
松平忠優	伊賀守	弘化二年(一八四五)三月十五日—嘉永元年(一八四八)十月十八日	家慶	信濃上田
内藤信親	紀伊守	嘉永元年(一八四八)十月十八日—嘉永三年(一八五〇)九月一日	家慶	越後村上

土屋寅直	采女正	嘉永三年(一八五〇)九月一日―安政五年(一八五八)十一月二十六日	家慶・家定	常陸土浦
松平信篤	豊前守	安政五年(一八五八)十一月二十六日―万延元年(一八六〇)十二月二十八日	家茂	丹波亀山
松平宗秀	伯耆守	万延元年(一八六〇)十二月二十八日―文久二年(一八六二)六月三十日	家茂	丹後宮津
松平信古	伊豆守・刑部大輔	文久二年(一八六二)六月三十日―元治二年(一八六五)二月	家茂	三河吉田
牧野貞明	越中守	元治元年(一八六四)十一月一日―慶応四年(一八六八)二月二十日	家茂・慶喜	常陸笠間

◆19 歴代大坂町奉行一覧

氏名	官名・通称	所在	在職期間	在職時の将軍	在職時の大坂城代
水野信古	河内守	東	元和五年(一六一九)二月二日―寛永九年(一六三二)十二月七日	秀忠・家光	内藤信正・阿部正次
嶋田直時	治兵衛・越前守	西	元和五年(一六一九)三月五日―寛永五年(一六二八)十一月十日	秀忠・家光	内藤信正・阿部正次
久貝正俊	頼母・忠左衛門・因幡守	東	寛永十年(一六三三)一月十一日―慶安元年(一六四八)十二月二日	家光	阿部正次・永井直清・稲垣重綱
曾我古祐	丹波守	西	寛永十一年(一六三四)七月一日―明暦四年(一六五八)三月十九日	家光・家綱	阿部正次・永井直清・稲垣重綱・内藤信照・水野忠職
松平重綱	孫大夫・隼人正	東	慶安元年(一六四八)十二月二十八日―寛文三年(一六六三)四月十二日	家光・家綱	稲垣重綱・内藤信照・水野忠職・内藤忠興・松平光重・青山宗俊
曾我近祐	又左衛門・丹波守	西	明暦四年(一六五八)三月十九日―寛文元年(一六六一)九月十九日	家綱	水野忠職・内藤忠興・松平光重・水野忠職

氏名	官名・通称	所在	在職期間	在職時の将軍	在職時の大坂城代
彦坂重治	九兵衛・伯耆守	西	寛文元年（一六六一）十一月十五日―延宝五年（一六七七）九月十三日	家綱	水野忠職・青山宗俊・太田資次
石丸定次	石見守	東	寛文三年（一六六三）八月十五日―延宝七年（一六七九）五月十一日	家綱	青山宗俊・太田資次
嶋田重頼	藤十郎・越中守	西	延宝五年（一六七七）九月二十六日―延宝九年（一六八一）六月十九日	家綱・綱吉	太田資次
設楽貞政	市左衛門・肥前守	東	延宝七年（一六七九）六月十四日―貞享三年（一六八六）五月八日	家綱・綱吉	太田資次・水野忠春・土屋政直・内藤重頼
藤堂良直	主馬・伊予守	西	天和元年（一六八一）十月六日―貞享五年（一六八八）四月九日	綱吉	太田資次・水野忠春・土屋政直・内藤重頼・松平信興
小田切直利	喜兵衛・土佐守	東	貞享三年（一六八六）七月十日―元禄五年（一六九二）四月一日	綱吉	内藤重頼・松平信興・土岐頼隆
能勢頼相	出雲守	西	貞享五年（一六八八）五月三日―元禄三年（一六九〇）十二月二十五日	綱吉	松平信興
加藤泰貞	平八郎・大和守	西	元禄四年（一六九一）一月十一日―元禄八年（一六九五）十一月十四日	綱吉	土岐頼隆
松平忠固	五郎左衛門・玄蕃頭	東	元禄五年（一六九二）四月十四日―元禄十三年（一七〇〇）十月二十八日	綱吉	土岐頼隆
永見重直	甲斐守	西	元禄九年（一六九六）一月十一日―元禄十四年（一七〇一）八月十一日	綱吉	土岐頼隆
保田宗易	美濃守	東	元禄九年（一六九六）一月十五日―元禄十一年（一六九八）十二月一日	綱吉	土岐頼隆
中山時春	半右衛門・出雲守	東	元禄十二年（一六九九）四月十四日―元禄十五年（一七〇二）十一月二十八日	綱吉	土岐頼隆
太田好寛	善大夫・和泉守	東	元禄十三年（一七〇〇）十月二十八日―宝永八年（一七一一）四月二十三日	綱吉	土岐頼隆
松野助義	河内守・壱岐守	西	元禄十四年（一七〇一）八月十八日―宝永元年（一七〇四）十月一日	綱吉	土岐頼隆

大久保忠形	甚兵衛・大隅守	西	宝永元年（一七〇四）十一月十五日―宝永五年（一七〇八）十二月十五日	綱吉	土岐頼隆
北条氏英	新蔵・安房守	西	宝永六年（一七〇九）四月六日―享保九年（一七二四）三月七日	家宣・家継・吉宗	土岐頼隆・内藤弌信・安藤重行・松平乗邑・酒井忠音
桑山一慶	甲斐守	東	正徳元年（一七一一）五月一日―正徳二年（一七一二）六月一日	家宣	土岐頼隆・内藤弌信
鈴木利雄	飛驒守	東	正徳二年（一七一二）六月一日―享保十四年（一七二九）二月十五日	家宣・家継・吉宗	内藤弌信・安藤重行・松平乗邑・酒井忠音・堀田正虎・松平信祝
松平勘敬	孫大夫・日向守	西	享保九年（一七二四）三月七日―元文三年（一七三八）二月二十八日	吉宗	酒井忠音・堀田正虎・松平信祝・土岐頼稔・稲葉正親・太田資晴
稲垣種信	求馬・淡路守	東	享保十四年（一七二九）二月十五日―元文五年（一七四〇）三月二十日	吉宗	松平信祝・土岐頼隆・稲葉正親・太田資晴
佐々成意	又四郎・美濃守	西	元文三年（一七三八）二月二十八日―延享元年（一七四四）九月二十八日	吉宗	太田資晴・酒井忠知・堀田正亮
松浦信正	与次郎・河内守	東	元文五年（一七四〇）四月三日―延享三年（一七四六）四月二十八日	吉宗・家重	酒井忠知・堀田正亮・阿部正就
久松定郷	忠次郎・筑後守	西	延享元年（一七四四）九月二十八日―寛延三年（一七五〇）三月一日	吉宗・家重	堀田正亮・阿部正就・酒井忠用
小浜隆品	平右衛門・周防守	東	延享三年（一七四六）四月二十八日―宝暦四年（一七五四）一月十一日	家重	阿部正就・酒井忠用・松平輝高
中山時庸	五郎左衛門・遠江守・出雲守	西	寛延三年（一七五〇）三月十一日―宝暦五年（一七五五）七月二十一日	家重	酒井忠用・松平輝高

氏名	官名・通称	所在	在職期間	在職時の将軍	在職時の大坂城代
細井勝為	佐次右衛門・安芸守	東	宝暦四年(一七五四)一月十一日—宝暦七年(一七五七)八月五日	家重	松平輝高・井上正賢
桜井政甫	丹後守	西	宝暦五年(一七五五)七月二十一日—宝暦七年(一七五七)八月五日	家重	松平輝高・井上正賢
岡部元良	久太郎・対馬守	東	宝暦七年(一七五七)九月六日—宝暦十一年(一七六一)十二月	家重・家治	井上正賢・青山忠朝・松平康福
興津忠通	能登守	西	宝暦七年(一七五七)九月六日—明和二年(一七六五)十一月十七日	家重・家治	井上正賢・青山忠朝・松平康福・阿部正允・松平乗祐
鵜殿長達	十郎左衛門・出雲守	東	宝暦十二年(一七六二)二月十五日—明和五年(一七六八)三月十六日	家治	松平康福・阿部正允・松平乗祐
曲淵景衡	勝次郎・甲斐守	西	明和二年(一七六五)十二月七日—明和六年(一七六九)八月十五日	家治	松平乗祐
室賀正之	源七郎・山城守	東	明和五年(一七六八)三月十九日—安永八年(一七七九)一月十一日	家治	松平乗祐・久世広明・牧野貞長
神谷清俊	与次右衛門・大和守	西	明和六年(一七六九)八月十五日—安永四年(一七七五)二月二十一日	家治	松平乗祐・久世広明
京極高主	伊予守	西	安永四年(一七七五)三月一日—天明元年(一七八一)四月二十八日	家治	久世広明・牧野貞長
土屋守直	帯刀・駿河守	東	安永八年(一七七九)一月十一日—天明三年(一七八三)四月十九日	家治	牧野貞長・土岐定経・戸田忠寛
佐野政親	備後守	西	天明元年(一七八一)五月二十六日—天明七年(一七八七)十月六日	家治・家斉	牧野貞長・土岐定経・戸田忠寛・阿部正殷・堀田正順
小田切直年	喜兵衛・土佐守	東	天明三年(一七八三)四月十九日—寛政四年(一七九二)一月十八日	家治・家斉	戸田忠寛・阿部正殷・堀田正順
松平貴弘	次郎兵衛・石見守	西	天明七年(一七八七)十月十二日—寛政九年(一七九七)三月十四日	家斉	堀田正順・牧野忠精

坂部広吉	十郎右衛門・能登守	東	寛政四年（一七九二）十二月十八日—寛政七年（一七九五）六月十八日	家斉	牧野忠精
山口直清	丹波守	東	寛政七年（一七九五）七月十六日—寛政十年（一七九八）二月八日	家斉	牧野忠精
成瀬正存	因幡守	西	寛政九年（一七九七）四月四日—享和元年（一八〇一）四月三日	家斉	牧野忠精・松平輝和・青山忠裕
水野忠道	若狭守	東	寛政十年（一七九八）三月二十一日—文化三年（一八〇六）八月十二日	家斉	牧野忠精・松平輝和・青山忠裕・稲葉正諶・阿部正苗
佐久間信近	左京・備後守	西	享和元年（一八〇一）四月七日—文化五年（一八〇八）八月二十四日	家斉	青山忠裕・稲葉正諶・阿部正苗・松平乗保
平賀貞愛	式部少輔・信濃守	東	文化三年（一八〇六）八月十二日—文化十三年（一八一六）四月二十四日	家斉	阿部正苗・松平乗保・大久保忠真・松平輝延
斎藤利道	治左衛門・伯耆守	西	文化五年（一八〇八）八月二十四日—文化十年（一八一三）十二月十五日	家斉	松平乗保・大久保忠真
水野忠篤	采女・因幡守	西	文化十年（一八一三）十二月二十四日—文化十二年（一八一五）八月二日	家斉	大久保忠真・松平輝延
荒尾成章	但馬守	西	文化十二年（一八一五）八月十一日—文政三年（一八二〇）三月十七日	家斉	松平輝延
彦坂紹芳	三大夫・和泉守	東	文化十三年（一八一六）五月一日—文政三年（一八二〇）十月十七日	家斉	松平輝延
内藤矩佳	隼人正	西	文政三年（一八二〇）四月一日—文政十二年（一八二九）三月二十八日	家斉	松平輝延・松平康任・水野忠邦・松平宗発・太田資好
高井実徳	山城守	東	文政三年（一八二〇）十一月十五日—文政十三年（一八三〇）十月二十七日	家斉	松平輝延・松平康任・水野忠邦・松平宗発・太田資好
新見正路	伊賀守	西	文政十二年（一八二九）四月十五日—天保二年（一八三一）九月十日	家斉	太田資好・松平信順

氏名	官名・通称	所在	在職期間	在職時の将軍	在職時の大坂城代
曾根次孝	内匠・日向守	東	文政十三年（一八三〇）十一月八日—天保三年（一八三二）六月二十八日	家斉	太田資好・松平信順
久世広正	伊勢守	西	天保二年（一八三一）十月—天保四年（一八三三）六月二十日	家斉	松平信順
戸塚忠栄	備前守	東	天保三年（一八三二）六月二十八日—天保五年（一八三四）七月八日	家斉	松平信順・土井利位
矢部定謙	駿河守	西	天保四年（一八三三）七月八日—天保七年（一八三六）九月二十日	家斉	松平信順・土井利位
大久保忠実	讃岐守	東	天保五年（一八三四）七月八日—天保七年（一八三六）三月八日	家斉	土井利位
跡部良弼	山城守	東	天保七年（一八三六）四月二十四日—天保十年（一八三九）九月十日	家斉・家慶	土井利位・堀田正篤・間部詮勝・井上正春
堀利堅	伊賀守	西	天保七年（一八三六）十一月八日—天保十二年（一八四一）六月二十日	家斉・家慶	土井利位・堀田正篤・間部詮勝・井上正春・青山忠良
徳山秀起	五兵衛・石見守	東	天保十年（一八三九）九月十日—天保十三年（一八四二）八月六日	家慶	井上正春・青山忠良
阿部正蔵	遠江守	西	天保十二年（一八四一）六月二十四日—天保十四年（一八四三）二月二十四日	家慶	青山忠良
水野道一	若狭守	東	天保十三年（一八四二）八月—弘化四年（一八四七）九月三日	家慶	青山忠良・松平乗全・松平忠優
久須美祐明	佐渡守	西	天保十四年（一八四三）三月八日—天保十五年（一八四四）十月二十四日	家慶	青山忠良
永井尚徳	能登守	西	弘化元年（一八四四）十二月二十七日—嘉永二年（一八四九）十一月二十八日	家慶	青山忠良・松平乗全・松平忠優・内藤信親
柴田康直	日向守	東	弘化四年（一八四七）九月—嘉永四年（一八五一）五月二十六日	家慶	松平忠優・内藤信親・土屋寅直
中野長胤	石見守	西	嘉永二年（一八四九）十二月—嘉永三年（一八五〇）五月十一日	家慶	内藤信親

本多安英	隼之助・加賀守	西	嘉永三年（一八五〇）八月二十四日—嘉永五年（一八五二）四月二十八日	家慶	内藤信親・土屋寅直
川路聖謨	左衛門尉	東	嘉永四年（一八五一）六月二十四日—嘉永五年（一八五二）九月十日	家慶	土屋寅直
石谷穆清	因幡守	西	嘉永五年（一八五二）五月十九日—嘉永七年（一八五四）五月二十日	家慶・家定	土屋寅直
佐々木顕発	信濃守	東	嘉永五年（一八五二）十月八日—安政四年（一八五七）二月二十四日	家慶・家定	土屋寅直
川村修就	対馬守	西	嘉永七年（一八五四）五月二十九日—安政二年（一八五五）五月一日	家定	土屋寅直
久須美祐雋	六郎左衛門・佐渡守	西	安政二年（一八五五）五月二十一日—文久元年（一八六一）十二月十五日	家定・家茂	土屋寅直・松平信篤・松平宗秀
戸田氏栄	伊豆守	東	安政四年（一八五七）二月二十四日—安政五年（一八五八）八月二十一日	家定・家茂	土屋寅直
一色直温	山城守	東	安政五年（一八五八）九月十五日—万延二年（一八六一）一月二十日	家茂	土屋寅直・松平信篤・松平宗秀
川村修就	壱岐守	東	万延二年（一八六一）一月二十三日—文久三年（一八六三）五月六日	家茂	松平宗秀・松平信古
鳥居忠善	越前守	西	文久元年（一八六一）十二月十五日—文久三年（一八六三）五月二十二日	家茂	松平宗秀・松平信古
有馬則篤	出雲守	東	文久三年（一八六三）五月六日—元治元年（一八六四）五月十四日	家茂	松平信古
松平信敏	勘太郎・大隅守	西	文久三年（一八六三）五月二十二日—慶応三年（一八六七）一月	家茂・慶喜	松平信古・牧野貞明
堀利孟	伊賀守	東	元治元年（一八六四）六月二十九日—元治元年（一八六四）七月十九日	家茂	松平信古
竹内保徳	下野守	東	元治元年（一八六四）八月五日—元治元年（一八六四）八月十三日	家茂	松平信古
古賀謹一郎		東	元治元年（一八六四）八月十三日—元治元年（一八六四）九月四日	家茂	松平信古
松平乗樸	駿河守	東	元治元年（一八六四）九月十日—慶応元年（一八六五）七月十七日	家茂	松平信古・牧野貞明
井上義斐	元七郎・主水正・備後守	東	慶応元年（一八六五）七月—慶応二年（一八六六）四月八日	家茂	牧野貞明
中川忠道	備中守	東	慶応二年（一八六六）四月八日—慶応二年（一八六六）五月七日	家茂	牧野貞明

氏名	官名・通称	所在	在職期間	在職時の将軍	在職時の大坂城代
竹内	日向守・大隅守	東	慶応二年(一八六六)六月—慶応三年(一八六七)十二月二日	慶喜	牧野貞明
平岡準	越中守	西	慶応三年(一八六七)一月—慶応三年(一八六七)一月	慶喜	牧野貞明
小笠原長功	刑部・伊勢守	西	慶応三年(一八六七)一月二十九日—慶応四年(一八六八)二月二十三日	慶喜	牧野貞明
柴田剛中	日向守		慶応三年(一八六七)五月十三日—	慶喜	牧野貞明
松本寿太夫		東	慶応三年(一八六七)十二月—慶応四年(一八六八)二月四日	(慶喜)	牧野貞明
松平信敏	大隅守	東	慶応三年(一八六七)十二月—慶応四年(一八六八)一月十六日	(慶喜)	牧野貞明
貝塚典直	彦之丞	西	慶応三年(一八六七)—慶応四年(一八六八)二月二十三日	(慶喜)	牧野貞明

20 歴代長崎奉行一覧

氏名	官名・通称	在職期間	在職時の将軍(領地)
鍋島直茂(信生)	飛驒守	天正十六年(一五八八)四月二日—天正十九年(一五九一)	—(肥前佐賀)
毛利吉成	壱岐守	—天正十九年(一五九一)	—(豊前小倉)
寺沢広高	志摩守	文禄元年(一五九二)—慶長七年(一六〇二)	—(肥前唐津)
小笠原為宗	一庵	慶長八年(一六〇三)—慶長十一年(一六〇六)	家康・秀忠
長谷川重吉	波右衛門	慶長十年(一六〇五)—慶長十一年(一六〇六)七月二十六日	秀忠
長谷川藤広	左兵衛	慶長十一年(一六〇六)—元和三年(一六一七)十月二十六日	秀忠
長谷川藤正	権六	元和四年(一六一八)—寛永二年(一六二五)	秀忠・家光
水野守信	半左衛門・河内守	寛永三年(一六二六)—寛永五年(一六二八)	家光
竹中重義	采女正	寛永六年(一六二九)—寛永十年(一六三三)二月十一日	家光

曾我古祐	又左衛門	寛永十年（一六三三）二月十四日—寛永十年（一六三三）	家光
今村正長	伝四郎	寛永十年（一六三三）二月十四日—寛永十年（一六三三）	家光
神尾元勝	内記	寛永十一年（一六三四）五月十八日—寛永十一年（一六三四）	家光
榊原職直	左衛門佐・飛驒守	寛永十一年（一六三四）五月十八日—寛永十五年（一六三八）六月二十九日	家光
仙石久隆	右近・大和守	寛永十二年（一六三五）五月二十日—寛永十二年（一六三五）十二月二十五日	家光
馬場利重	三郎左衛門	寛永十三年（一六三六）五月十九日—慶安五年（一六五二）一月二十八日	家光・家綱
大河内正勝	善兵衛	寛永十五年（一六三八）十一月十日—寛永十七年（一六四〇）六月十三日	家光
柘植正時	平右衛門	寛永十七年（一六四〇）六月十二日—寛永十九年（一六四二）十二月九日	家光
山崎正信	権八郎	寛永十九年（一六四二）十月二十六日—慶安三年（一六五〇）十月十七日	家光
黒川正直	与兵衛	慶安三年（一六五〇）十一月十九日—寛文四年（一六六四）十二月二十三日	家光・家綱
甲斐庄正述	喜右衛門	慶安五年（一六五二）一月二十八日—万治三年（一六六〇）六月五日	家綱
妻木頼熊	彦右衛門	万治三年（一六六〇）六月二十一日—寛文二年（一六六二）四月十二日	家綱
島田利木	久太郎	寛文二年（一六六二）五月一日—寛文六年（一六六六）一月三十日	家綱
稲生正倫	七郎右衛門	寛文五年（一六六五）三月十三日—寛文六年（一六六六）二月十七日	家綱
松平隆見	甚三郎	寛文六年（一六六六）三月十九日—寛文十一年（一六七一）五月三日	家綱
河野通定	権右衛門	寛文六年（一六六六）三月十九日—寛文十二年（一六七二）三月十七日	家綱
牛込重忝	忠左衛門	寛文十一年（一六七一）五月六日—延宝九年（一六八一）四月九日	家綱・綱吉
岡野貞明	孫九郎	寛文十二年（一六七二）三月三十日—延宝八年（一六八〇）三月十二日	家綱
川口宗恒	源左衛門	延宝八年（一六八〇）三月二十五日—元禄六年（一六九三）十二月十五日	家綱・綱吉
宮城和充	監物	延宝九年（一六八一）五月十二日—貞享三年（一六八六）十一月四日	綱吉
大沢基哲	左兵衛	貞享三年（一六八六）八月二十一日—貞享四年（一六八七）五月二十八日	綱吉
山岡景助	十兵衛	貞享四年（一六八七）二月十八日—元禄七年（一六九四）十二月十四日	綱吉
宮城和澄	主殿	貞享四年（一六八七）八月十一日—元禄九年（一六九六）二月二十四日	綱吉
近藤用高	五左衛門	元禄七年（一六九四）一月十一日—元禄十四年（一七〇一）十二月一日	綱吉
丹羽長守	五左衛門	元禄八年（一六九五）二月五日—元禄十五年（一七〇二）閏八月十五日	綱吉

氏名	官名・通称	在職期間	在職時の将軍（領地）
諏訪頼蔭	兵部	元禄九年（一六九六）三月二十八日―元禄十一年（一六九八）九月二十六日	綱吉
大島義也	雲八	元禄十二年（一六九九）六月二十八日―元禄十六年（一七〇三）七月二十八日	綱吉
林忠和	藤五郎	元禄十二年（一六九九）六月二十八日―元禄十六年（一七〇三）十一月十五日	綱吉
永井直允	采女	元禄十五年（一七〇二）一月十一日―宝永六年（一七〇九）九月二十九日	綱吉・家宣
別所常治	孫右衛門	元禄十五年（一七〇二）十月十五日―宝永八年（一七一一）四月十一日	綱吉・家宣
石尾氏信	織部	元禄十六年（一七〇三）七月二十八日―宝永二年（一七〇五）十二月一日	綱吉
佐久間信就	主膳正・安芸守	元禄十六年（一七〇三）十一月十五日―正徳三年（一七一三）三月十二日	綱吉・家宣
駒木根政方	長三郎	宝永三年（一七〇六）一月十一日―正徳四年（一七一四）十一月十八日	綱吉・家宣・家継
久松定持	忠次郎	宝永七年（一七一〇）一月二十九日―正徳五年（一七一五）十一月七日	綱吉・家宣・家継
大岡清相	五郎右衛門・備前守	宝永八年（一七一一）四月十二日―享保二年（一七一七）四月十一日	家宣・家継・吉宗
石河政郷	三右衛門	正徳五年（一七一五）十一月七日―享保十一年（一七二六）五月二十五日	家継・吉宗
日下部博貞	作十郎	享保二年（一七一七）五月二十一日―享保十二年（一七二七）閏一月十二日	吉宗
三宅康敬	大学	享保十一年（一七二六）五月二十八日―享保十七年（一七三二）八月七日	吉宗
渡辺永倫	外記	享保十二年（一七二七）閏一月十五日―享保十四年（一七二九）五月十三日	吉宗
細井安明	藤左衛門・因幡守	享保十四年（一七二九）六月二十八日―元文元年（一七三六）九月十八日	吉宗
大森時長	半七郎	享保十七年（一七三二）八月七日―享保十九年（一七三四）二月四日	吉宗
窪田忠任	弥十郎・肥前守	享保十九年（一七三四）二月八日―寛保二年（一七四二）三月二十八日	吉宗
萩原美雅	源左衛門	元文元年（一七三六）十月二十八日―寛保三年（一七四三）一月十一日	吉宗
田付景厖	又四郎	寛保二年（一七四二）三月二十八日―延享五年（一七四八）六月二十日	吉宗・家重
松波正房	平右衛門	寛保三年（一七四三）一月十一日―延享三年（一七四六）三月二十七日	吉宗・家重
安部一信	又四郎・主計頭	延享三年（一七四六）五月一日―寛延四年（一七五一）二月十三日	家重
松浦信正	与次郎・河内守	延享五年（一七四八）六月二十日―宝暦二年（一七五二）二月十五日	家重
菅沼定秀	新三郎	寛延四年（一七五一）二月二十五日―宝暦七年（一七五七）六月一日	家重

大橋親義	五左衛門	宝暦二年（一七五二）二月十五日―宝暦四年（一七五四）四月九日	家重
坪内定央	権之助	宝暦四年（一七五四）四月九日―宝暦十年（一七六〇）六月二十三日	家重
正木康恒	大膳	宝暦七年（一七五七）六月十五日―宝暦十三年（一七六三）五月十日	家重・家治
大久保忠与	荒之助	宝暦十年（一七六〇）六月二十三日―宝暦十二年（一七六二）五月二十九日	家治
石谷清昌	左内・備後守	宝暦十二年（一七六二）六月六日―明和七年（一七七〇）六月十七日	家治
大岡忠移	吉次郎・美濃守	宝暦十三年（一七六三）六月一日―明和元年（一七六四）六月十二日	家治
新見正栄	又四郎・加賀守	明和二年（一七六五）一月二十六日―安永三年（一七七四）十一月二十六日	家治
夏目信政	藤四郎・和泉守	明和七年（一七七〇）六月十七日―安永二年（一七七三）六月十二日	家治
桑原盛員	善兵衛	安永二年（一七七三）七月十八日―安永四年（一七七五）十一月十七日	家治
柘植正寔	三蔵	安永四年（一七七五）六月八日―天明三年（一七八三）三月二十日	家治
久世広民	平九郎	安永四年（一七七五）十二月三日―天明四年（一七八四）三月十二日	家治
土屋守直	菊三郎・駿河守	天明三年（一七八三）四月十九日―天明四年（一七八四）五月十八日	家治
戸田氏孟	主膳	天明四年（一七八四）三月十二日―天明五年（一七八五）十月四日	家治
土屋正延	長三郎・伊予守	天明四年（一七八四）七月二十六日―天明五年（一七八五）七月十二日	家治
松浦信程	与次郎・和泉守	天明五年（一七八五）七月二十四日―天明七年（一七八七）三月十二日	家治
水野忠通	要人	天明六年（一七八六）二月二十日―寛政四年（一七九二）七月一日	家治・家斉
末吉利隆	善左衛門・摂津守	天明七年（一七八七）三月十二日―寛政元年（一七八九）閏六月三日	家斉
永井直廉	伊織	寛政元年（一七八九）閏六月十二日―寛政四年（一七九二）閏二月六日	家斉
平賀貞愛	鉄之助・式部少輔	寛政四年（一七九二）三月一日―寛政九年（一七九七）十一月二十二日	家斉
高尾信福	惣十郎・伊賀守	寛政五年（一七九三）二月二十四日―寛政七年（一七九五）二月五日	家斉
中川忠英	勘三郎	寛政七年（一七九五）二月五日―寛政九年（一七九七）二月十二日	家斉
松平貴強	次郎兵衛・石見守	寛政九年（一七九七）三月十四日―寛政十一年（一七九九）十一月二十五日	家斉
朝比奈昌始	次左衛門	寛政十年（一七九八）五月十六日―寛政十二年（一八〇〇）一月二十八日	家斉
肥田頼常	十郎兵衛	寛政十一年（一七九九）十二月二十四日―文化三年（一八〇六）一月三十日	家斉
成瀬正定	吉右衛門・因幡守	享和元年（一八〇一）四月三日―文化三年（一八〇六）四月十四日	家斉
曲淵景露	勝次郎・甲斐守	文化三年（一八〇六）三月四日―文化九年（一八一二）二月十七日	家斉

氏名	官名・通称	在職期間	在職時の将軍（領地）
松平康英	伊織・図書頭	文化四年（一八〇七）三月三十日―文化五年（一八〇八）八月二十六日	家斉
土屋廉直	帯刀・紀伊守	文化六年（一八〇九）三月五日―文化十年（一八一三）五月九日	家斉
遠山景晋	金四郎・左衛門尉	文化九年（一八一二）二月十七日―文化十三年（一八一六）七月二十四日	家斉
牧野成傑	靫負・大和守	文化十年（一八一三）五月十四日―文化十二年（一八一五）六月十七日	家斉
松山直義	惣右衛門	文化十二年（一八一五）六月十七日―文化十四年（一八一七）六月三十日	家斉
金沢千秋	瀬兵衛	文化十三年（一八一六）七月二十四日―文政元年（一八一八）四月二十八日	家斉
筒井政憲	左次右衛門	文化十四年（一八一七）七月二十一日―文政四年（一八二一）一月二十九日	家斉
間宮信興	諸左衛門	文政元年（一八一八）四月二十八日―文政五年（一八二二）六月十四日	家斉
土方勝政	八十郎	文政四年（一八二一）三月十七日―文政十年（一八二七）閏六月二十四日	家斉
高橋重賢	三平・越前守	文政五年（一八二二）六月十四日―文政九年（一八二六）五月二十四日	家斉
本多正収	駒之助・佐渡守	文政九年（一八二六）六月十七日―文政十三年（一八三〇）五月十日	家斉
大草高好	主膳	文政十年（一八二七）閏六月二十四日―天保四年（一八三三）五月二十日	家斉
牧野成文	式部・長門守	文政十三年（一八三〇）五月二十八日―天保七年（一八三六）六月七日	家斉
久世広正	政吉・伊勢守	天保四年（一八三三）六月二十日―天保十年（一八三九）四月七日	家斉・家慶
戸川安清	雄三郎・播磨守	天保七年（一八三六）七月―天保十三年（一八四二）二月十七日	家斉・家慶
田口喜行	五郎左衛門	天保十年（一八三九）四月七日―天保十二年（一八四一）四月十五日	家慶
柳生久包	健次郎・伊勢守	天保十二年（一八四一）四月二十八日―天保十四年（一八四三）七月一日	家慶
伊沢政義	助二郎・美作守	天保十三年（一八四二）三月二十八日―弘化二年（一八四五）十二月二日	家慶
井戸覚弘	大内蔵・対馬守	弘化二年（一八四五）十二月三日―嘉永二年（一八四九）八月四日	家慶
平賀勝定	三五郎	弘化三年（一八四六）閏五月六日―嘉永元年（一八四八）五月二十六日	家慶
稲葉正申	清次郎	嘉永元年（一八四八）五月二十六日―嘉永元年（一八四八）十月三日	家慶
大屋明啓	右京・遠江守	嘉永元年（一八四八）十一月一日―嘉永三年（一八五〇）五月二十五日	家慶
内藤忠明	長十郎・安房守	嘉永二年（一八四九）九月二十四日―嘉永五年（一八五二）五月十五日	家慶
一色直休	清三郎・丹後守	嘉永三年（一八五〇）七月八日―嘉永三年（一八五〇）十一月二十九日	家慶

牧義制	鉄五郎・志摩守	嘉永三年(一八五〇)十一月二十九日—嘉永六年(一八五三)四月二十八日	家慶
大沢秉哲	仁十郎	嘉永五年(一八五二)五月十五日—嘉永七年(一八五四)五月九日	家慶・家定
水野忠徳	甲子二郎・筑後守	嘉永六年(一八五三)四月二十八日—安政元年(一八五四)十二月二十四日	家慶・家定
荒尾成允	土佐守	嘉永七年(一八五四)五月九日—安政六年(一八五九)九月十日	家定
川村修就	対馬守	安政二年(一八五五)五月一日—安政四年(一八五七)一月二十二日	家定
大久保忠寛	右近将監	安政四年(一八五七)一月二十二日—安政四年(一八五七)四月十五日	家定
水野忠徳	甲子二郎・筑後守	安政四年(一八五七)四月十五日—安政四年(一八五七)十二月三日	家定
岡部長常	彦十郎・駿河守	安政四年(一八五七)十二月二十八日—文久元年(一八六一)十一月十六日	家定・家茂
朝比奈昌寿	八左衛門・甲斐守	文久元年(一八六一)三月二十二日—文久元年(一八六一)五月十二日	家茂
高橋和貫	平作・美作守	文久元年(一八六一)五月十二日—文久二年(一八六二)八月十六日	家茂
大久保忠恕	嘉平次	文久二年(一八六二)六月五日—文久三年(一八六三)六月十二日	家茂
服部常純	平太・長門守	文久三年(一八六三)四月二十六日—慶応二年(一八六六)八月八日	家茂
大村純熙	丹後守	文久三年(一八六三)六月—元治元年(一八六四)九月二十一日	家茂
杉浦勝静	正一郎	文久三年(一八六三)七月二十三日—文久三年(一八六三)七月二十九日	家茂
京極高朗	能登守	文久三年(一八六三)九月八日—文久三年(一八六三)十一月二十八日	家茂
朝比奈昌広	八太郎・伊賀守	元治元年(一八六四)十月十一日—慶応二年(一八六六)六月十五日	家茂
合原義直	猪三郎・伊勢守	慶応元年(一八六五)閏五月一日—慶応元年(一八六五)六月十九日	家茂
川勝広運	縫殿助・美作守	慶応元年(一八六五)七月十日—慶応元年(一八六五)七月三十日	家茂
能勢頼之	金之助・大隈守	慶応元年(一八六五)八月十日—慶応三年(一八六七)十二月十二日	家茂・慶喜
徳永昌新	主税・石見守	慶応二年(一八六六)三月七日—慶応三年(一八六七)十二月十二日	家茂・慶喜
河津祐邦	三郎太郎・伊豆守	慶応三年(一八六七)八月十五日—慶応四年(一八六八)一月二十三日	慶喜
中台信太郎		慶応四年(一八六八)一月二十五日—慶応四年(一八六八)二月二十三日	—

◆21 歴代関東郡代一覧

関東郡代は寛政四年までは伊奈氏が世襲していたが、その後は勘定奉行が兼任し、文化三年に廃止。元治元年に復活。

氏名	官名・通称	在職期間	在職時の将軍
伊奈忠次	備前守	天正十八年（一五九〇）八月―慶長十五年（一六一〇）六月十三日	家康・秀忠
伊奈忠政	筑後守	慶長十五年（一六一〇）六月十三日―元和四年（一六一八）三月十日	秀忠
伊奈忠治	半十郎	元和四年（一六一八）三月十一日―承応二年（一六五三）六月二十七日	秀忠・家光・家綱
伊奈忠克（忠勝）	半左衛門	承応二年（一六五三）十二月二十二日―寛文五年（一六六五）八月十四日	家綱
伊奈忠常	半十郎	寛文六年（一六六六）三月十九日―延宝八年（一六八〇）一月四日	家綱
伊奈忠篤	半十郎	延宝八年（一六八〇）九月七日―元禄十年（一六九七）十月十九日	綱吉
伊奈忠順	半左衛門	元禄十年（一六九七）十二月十日―正徳二年（一七一二）二月二十九日	綱吉・家宣
伊奈忠逵	半左衛門	正徳二年（一七一二）五月二十六日―寛延三年（一七五〇）七月三十日	家宣・家継・吉宗・家重
伊奈忠辰	半左衛門	寛延三年（一七五〇）七月三十日―宝暦四年（一七五四）九月五日	家重
伊奈忠宥	備前守	宝暦四年（一七五四）九月五日―明和六年（一七六九）十二月七日	家重・家治
伊奈忠敬	半左衛門	明和六年（一七六九）十二月七日―安永七年（一七七八）三月十二日	家治
伊奈忠尊	右近将監	安永七年（一七七八）六月六日―寛政四年（一七九二）三月九日	家治・家斉
久世広民	丹後守	寛政四年（一七九二）三月十日―寛政九年（一七九七）六月五日	家斉
中川忠英	飛驒守	寛政九年（一七九七）六月六日―文化三年（一八〇六）一月三十日	家斉
松平正之	対馬守	元治元年（一八六四）十一月二十二日―慶応元年（一八六五）十月十六日	家茂
花房職補	近江守	元治元年（一八六四）十一月二十二日―元治元年（一八六四）十二月二十七日	家茂
杉浦正尹	左衛門尉	元治元年（一八六四）十一月二十二日―慶応元年（一八六五）十二月七日	家茂
藪忠良	益次郎	元治二年（一八六五）一月二十八日―慶応元年（一八六五）十二月七日	家茂
小出有常	順之助	元治二年（一八六五）一月二十八日―慶応元年（一八六五）十二月七日	家茂
木村勝教	甲斐守	慶応元年（一八六五）十二月一日―慶応三年（一八六七）一月二十六日	家茂・慶喜
根岸衛奮	備前守	慶応元年（一八六五）十二月七日―慶応二年（一八六六）八月十四日	家茂

井上清直	信濃守	慶応二年（一八六六）一月二十四日―慶応二年（一八六六）六月二十九日	家茂
小栗政寧	下総守	慶応二年（一八六六）七月二日―慶応三年（一八六七）二月	家茂・慶喜
河津祐邦	伊豆守	慶応二年（一八六六）八月二十六日―慶応三年（一八六七）一月二十六日	慶喜

◆22 郡代・代官所別構成表（天保十年）

代官所		代官（郡代）	支配地	支配高	出張陣屋
陸奥	川俣	野村彦右衛門	陸奥	八万六二三九石	陸奥小名浜 陸奥梁川
	桑折	嶋田帯刀政富	陸奥	八万三七八三石	
	塙	篠田藤四郎	陸奥	五万七二九七石	陸奥浅川
出羽	柴橋	添田一郎次	出羽	六万九九五七石	出羽寒河江 出羽幸生銅山
	尾花沢	大貫次右衛門光証	出羽	七万八〇九九石	出羽東根 出羽大石田船役所
下野	真岡	川崎平右衛門	常陸・下野・上野・下総	九万四六三四石	常陸上郷
	東郷	伊奈友之助	常陸・下野・下総	八万八五三一石	武蔵小菅納屋 下野宇都宮貫目改所
上野	岩鼻	山本大膳雅直	下野・上野・武蔵	一三万四九九一石	下野足尾銅山 武蔵板橋貫目改所
府内	江戸	伊奈半左衛門忠信	武蔵	一〇万五〇〇七石	
	江戸	林金五郎	常陸・下総	八万五一七二石	
	江戸	羽倉外記用九	下野・上野・下総・伊豆国付島々	八万五七六三石	下野今市御蔵所
	江戸	山田茂左衛門	下総・武蔵	一一万五四四七石	

代官所		代官（郡代）	支配地	支配高	出張陣屋
府内	江戸	中村八太夫	武蔵・相模	一三万四九二四石	浦賀御蔵所 城ヶ嶋篝屋 品川貫目改所 千住貫目改所
	江戸	森覚蔵	下総・上総・安房	八万七五四五石	江戸御備場 上総富津 上総竹ヶ岡
越後	脇野町	平岡熊太郎	越後・信濃	五万三七四八石	越後川浦
	出雲崎	青山九八郎	越後	七万一二八九石	
越後	水原	平岡文次郎	陸奥・越後	一〇万六一四九石	陸奥田嶋
甲斐	甲府	松坂三郎左衛門	甲斐	八万四五四〇石	
	市川	小林藤之助	甲斐	七万九六八三石	
	石和	篠本彦次郎	甲斐	五万七八二九石	
信濃	中之条	大原左近	上野・信濃	六万九五七五石	信濃御影 信濃追分宿貫目改所
	中野	岡本忠次郎成	信濃	五万四二九八石	
飛騨	高山	大井帯刀永昌	加賀・越前・飛騨・美濃	一一万四〇五二石	越前本保 美濃下川辺
美濃	笠松	柴田善之丞	美濃・伊勢	一〇万〇一五五石	
伊豆	韮山	江川太郎左衛門英竜	武蔵・相模・甲斐・伊豆・駿河	八万四一一八石	伊豆三嶋 相模荒川番所 甲斐谷村

駿河	駿府	岸本十輔荘美	信濃・駿河・遠江	八万〇一〇四石	信濃飯嶋 駿河松岡 駿河嶋田
遠江	中泉	小笠原信助	遠江・三河	六万三九五九石	三河赤坂
近江	大津	石原清左衛門	近江・大和・摂津・河内・和泉・播磨	一〇万一八八四石	
	信楽	多羅尾織之助純門	美濃・近江・伊勢	五万五三五五石	伊勢四日市
山城 京都	(二条)	小堀主税	山城・河内・摂津・和泉・丹波・播磨	九万六四七〇石	
		角倉帯刀	山城	二四六石	
		木村惣左衛門	大和・河内	三万〇八〇七石	
	宇治	上林六郎	山城・河内	二万〇五三二石	
大和	五条	竹垣三右衛門直道	大和	六万一七三二石	
大坂	谷町	池田岩之丞	摂津・河内・播磨	七万九四一七石	
	鈴木町	築山茂左衛門	摂津・河内・播磨	七万二六〇八石	
丹後	久美浜	和田主馬	丹後・但馬	六万七七四五石	
但馬	生野	大草太郎左衛門政修	但馬・美作	七万四一八四石	
石見	大森	岩田鍬三郎	石見・備後	七万八六九六石	備後上下
備中	倉敷	高山又蔵	美作・備中	六万三七〇三石	美作下町
豊後	日田	寺西蔵太元栄	筑前・豊前・豊後・日向	一一万七五三四石	豊前四日市 日向富高
肥前	長崎	高木作右衛門忠篤	筑前・肥前・肥後	三万六六七七石	肥後(天草)富岡
合計				三二八万四四七八石	

11歴代大老一覧から22郡代・代官所別構成表までは、『柳営補任』『寛政重修諸家譜』『徳川実紀』『続徳川実紀』および『国史大辞典』などを参照して作成した。

◆23 郡代・代官所配置図（天保十年）

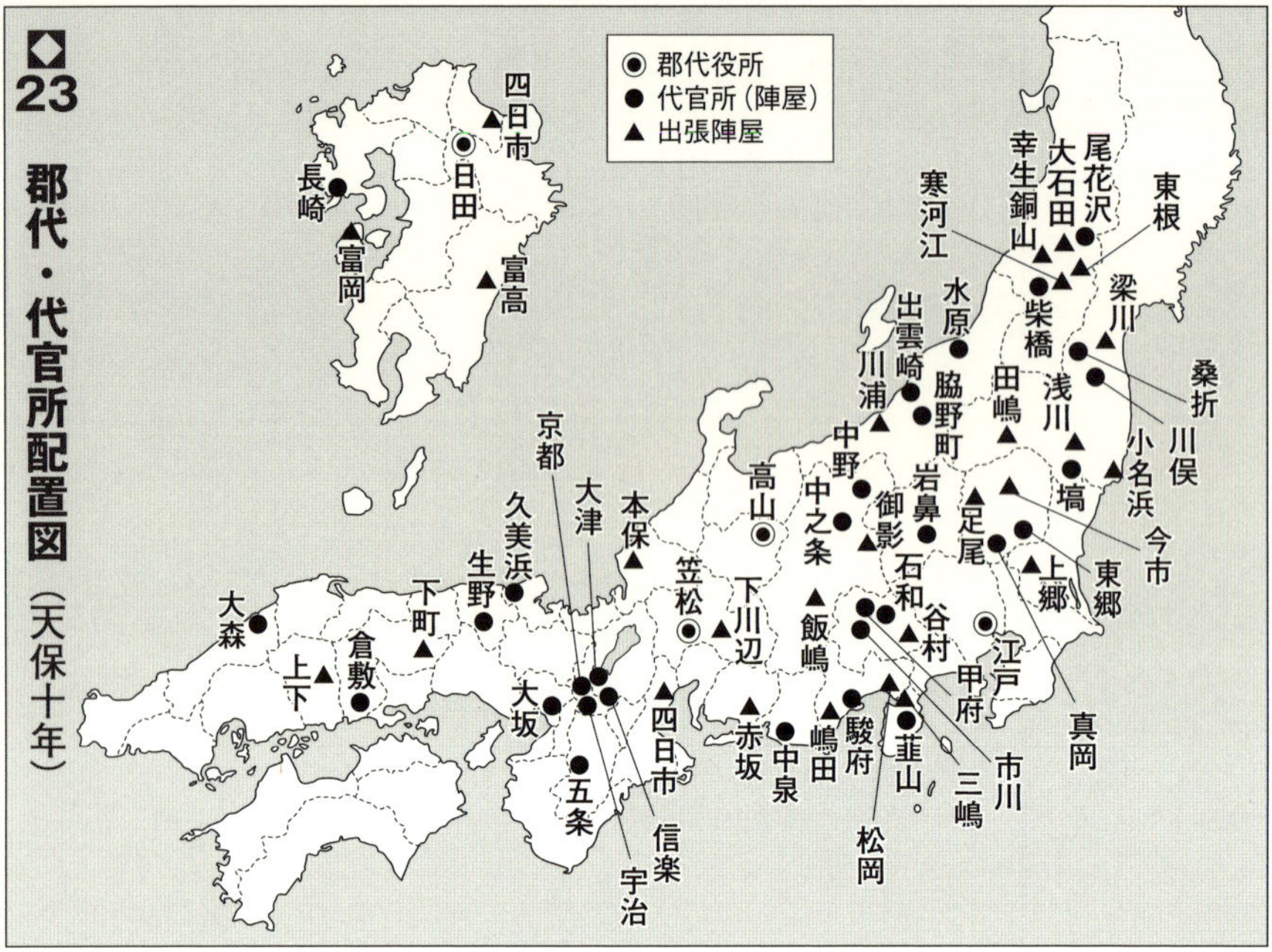

◆24 幕府地方行政組織表

- 将軍
  - 大老
  - 老中
    - 町奉行
    - 勘定奉行
      - 美濃郡代
      - 西国筋郡代
      - 飛騨郡代
      - 諸国代官
    - 勘定吟味役
    - 関東郡代
    - 道中奉行
    - 二条城代
    - 二条定番
    - 大坂定番
    - 駿府城代
    - 駿府定番
    - 甲府勤番支配
    - 京都町奉行
    - 大坂町奉行
    - 駿府町奉行
    - 堺奉行
    - 奈良奉行
    - 山田奉行
    - 日光奉行
    - 下田奉行
    - 伏見奉行
    - 神奈川奉行
    - 羽田奉行
    - 浦賀奉行
    - 長崎奉行
    - 新潟奉行
    - 佐渡奉行
    - 箱館奉行（蝦夷奉行
      箱館奉行―松前奉行）
  - 若年寄
  - 寺社奉行
  - 京都所司代
  - 大坂城代
  - 京都守護職

資料編【どこで】

◆25 江戸城主要城門……92
◆26 旧国配置図……94
◆27 旧国名と都道府県対照表……96
◆28 江戸時代の国名と郡名……98
◆29 江戸時代の海上交通図……108
◆30 江戸時代の主要交通路……110
◆31 五街道……112
◆32 三国・北国・伊勢・熊野街道……114
◆33 山陰・山陽道……116
◆34 奥州・羽州街道……118
◆35 長崎街道……119
◆36 江戸時代の関所一覧（延享二年）……120

◆25 江戸城主要城門

	城門名	別名	現在地（枡形）
1	浅草橋門		中央区日本橋馬喰町二丁目
2	筋違橋門	筋替門・神田見附	千代田区神田須田町一丁目
3	小石川門	水戸前の門・小石川口・礫川門	千代田区三崎町三丁目
4	牛込門		千代田区富士見町二丁目
5	市ヶ谷門	市ヶ谷口・一ヶ谷口	千代田区五番町
6	四谷門	外麹町口・四谷口門・山ノ手口・山ノ手御門	千代田区麹町六丁目
7	喰違門	伊賀町新土橋・喰違土橋	千代田区紀尾井町
8	赤坂門	北斗郭	千代田区永田町二丁目
9	虎ノ門		千代田区霞が関三丁目
10	幸橋門	御成橋門・御成門	千代田区内幸町一丁目
11	山下橋門	喰違小枡形・南鍋町喰違門・土岐前の門・田姫御門・外日比谷御門・鍋島御門	千代田区内幸町一丁目

12	浜大手門	浜御殿大手町	中央区浜離宮庭園
13	数寄屋橋門	芝口門	千代田区有楽町二丁目
14	鍛冶橋門		千代田区丸の内三丁目
15	呉服橋門	舟口・御服橋・後藤橋門	千代田区丸の内一丁目
16	常磐橋門	浅草口・追手口	千代田区大手町二丁目
17	神田橋門	芝崎口・神田口・大炊殿橋の門	千代田区大手町一丁目
18	一橋門		千代田区一ツ橋一丁目
19	雉子橋門		千代田区一ツ橋一丁目
20	清水門	清水門口・清水口	千代田区北の丸公園
21	田安門	田安口・飯田町口	千代田区北の丸公園
22	半蔵門	半蔵町口・麴町口・麴町口門	千代田区千代田（皇居）
23	外桜田門	桜田口・小田原口	千代田区皇居外苑
24	日比谷門		千代田区日比谷公園
25	馬場先門	兵庫橋・朝鮮馬場の門・不明御門	千代田区皇居外苑
26	和田倉門	蔵の御門	千代田区皇居外苑
27	大手門		千代田区千代田（皇居）
28	平河門	平川門・三ノ丸の正門	千代田区千代田（皇居）
29	竹橋門	すの子橋・御内方通行橋	千代田区千代田（皇居）
30	内桜田門	桔梗門・泊船門・吉慶門・吉祥門・三ノ丸南大手門	千代田区千代田（皇居）
31	坂下門		千代田区千代田（皇居）
32	西ノ丸大手門	下馬門虎口（二重橋）	千代田区千代田（皇居）

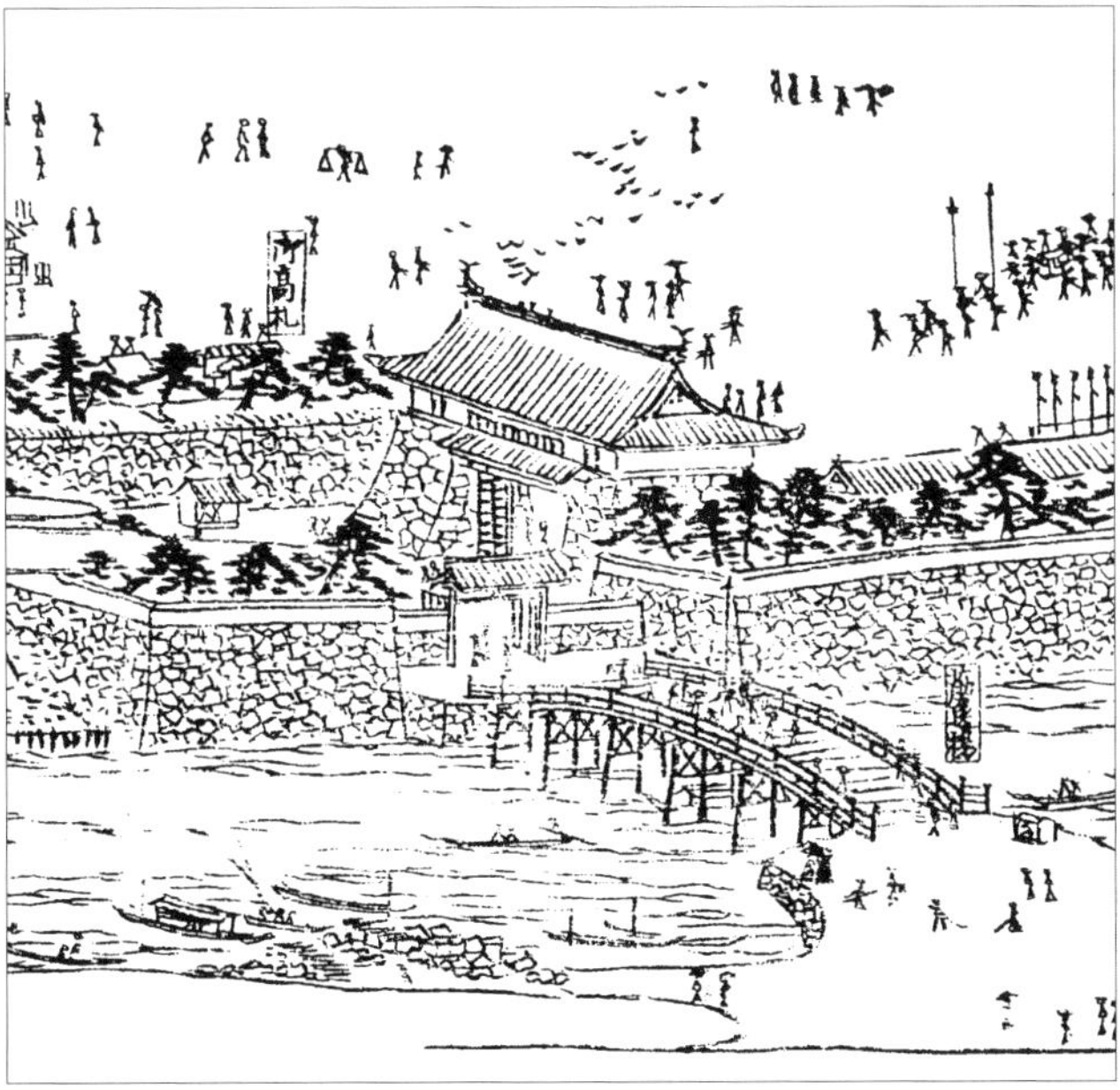

筋違橋と筋違橋門（『江戸名所図会』より）

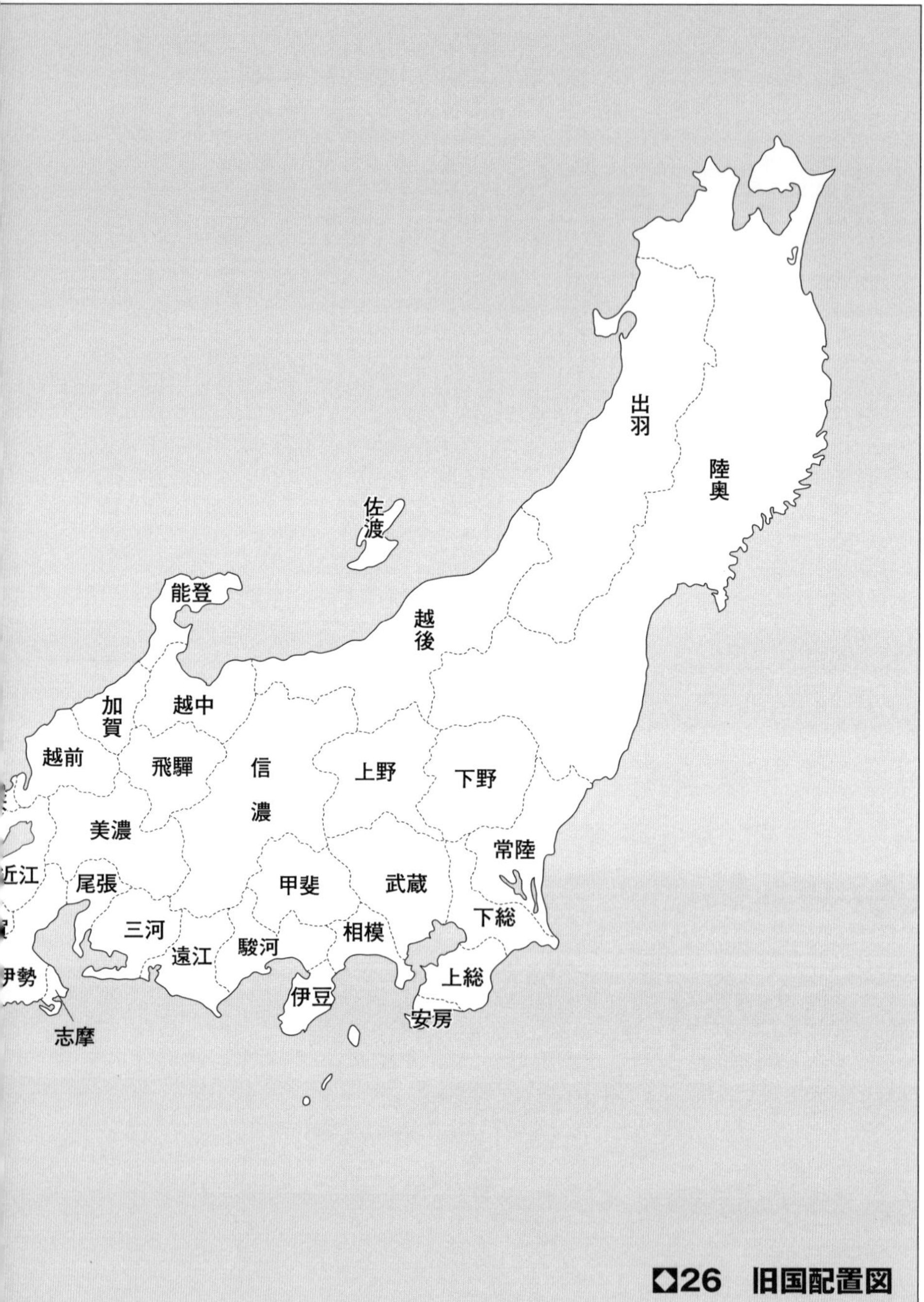
出羽
陸奥
佐渡
能登
越後
加賀
越中
越前
飛騨
信濃
上野
下野
美濃
常陸
近江
尾張
甲斐
武蔵
下総
三河
相模
遠江
駿河
伊勢
上総
伊豆
安房
志摩

◆26　旧国配置図

（蝦夷地）
隠岐
対馬
壱岐
出雲
伯耆
石見
因幡
但馬
丹後
長門
安芸
備後
備中
美作
播磨
丹波
周防
備前
筑前
豊前
肥前
筑後
摂津
山城
淡路
讃岐
和泉
河内
伊予
大和
豊後
阿波
土佐
肥後
紀伊
日向
薩摩
大隅

◇27 旧国名と都道府県対照表

区分	国名	廃藩置県	都道府県名
（蝦夷地《えぞち》）	（蝦夷地《えぞち》）	北海道 根室	北海道
（蝦夷地《えぞち》）	（蝦夷地《えぞち》）	北海道 札幌	北海道
（蝦夷地《えぞち》）	（蝦夷地《えぞち》）	北海道 函館	北海道
東山道	陸奥《むつ》 陸奥《むつ》	青森	青森
東山道	陸奥《むつ》 陸中《りくちゅう》	（秋田）	（秋田）
東山道	陸奥《むつ》 陸中《りくちゅう》	盛岡	岩手
東山道	陸奥《むつ》 陸前《りくぜん》	水沢	宮城
東山道	陸奥《むつ》 陸前《りくぜん》	仙台	宮城
東山道	陸奥《むつ》 磐城《いわき》	磐前《いわさき》	福島
東山道	陸奥《むつ》 岩代《いわしろ》	福島	福島
東山道	陸奥《むつ》 岩代《いわしろ》	若松	福島
東山道	出羽《でわ》 羽後《うご》	秋田	秋田
東山道	出羽《でわ》 羽前《うぜん》	酒田	山形
東山道	出羽《でわ》 羽前《うぜん》	山形	山形
東山道	出羽《でわ》 羽前《うぜん》	置賜《おきたま》	山形

区分	国名	廃藩置県	都道府県名
東山道	下野《しもつけ》	宇都宮《うつのみや》	栃木
東山道	下野《しもつけ》	栃木	栃木
東山道	上野《こうずけ》	群馬	群馬
東山道	信濃《しなの》	長野	長野
東山道	飛驒《ひだ》	筑摩	岐阜
東山道	美濃《みの》	岐阜	岐阜
東山道	近江《おうみ》	長浜	滋賀
東山道	近江《おうみ》	大津	滋賀
北陸道	越後《えちご》	（若松）	新潟
北陸道	越後《えちご》	新潟	新潟
北陸道	越後《えちご》	柏崎	新潟
北陸道	佐渡《さど》	相川《あいかわ》	新潟
北陸道	越中《えっちゅう》	新川	富山
北陸道	能登《のと》	七尾	石川
北陸道	加賀《かが》	金沢	石川
北陸道	越前《えちぜん》	足羽《あすわ》	福井
北陸道	若狭《わかさ》	敦賀《つるが》	福井

区分	国名	廃藩置県	都道府県名
東海道	安房《あわ》	木更津《きさらづ》	千葉
東海道	上総《かずさ》	木更津《きさらづ》	千葉
東海道	下総《しもうさ》	印旛（新治）	千葉
東海道	常陸《ひたち》	新治《にいはり》	茨城
東海道	常陸《ひたち》	茨城《いばらき》	茨城
東海道	武蔵《むさし》	埼玉	埼玉
東海道	武蔵《むさし》	入間《いるま》	埼玉
東海道	武蔵《むさし》	東京	東京
東海道	相模《さがみ》	神奈川	神奈川
東海道	伊豆《いず》	足柄《あしがら》	静岡（東京）
東海道	駿河《するが》	静岡	静岡
東海道	遠江《とおとうみ》	浜松	静岡
東海道	甲斐《かい》	山梨	山梨
東海道	三河《みかわ》	額田《ぬかた》	愛知
東海道	尾張《おわり》	名古屋	愛知

区分	国名	廃藩置県	都道府県名
東海道	伊賀《いが》	安濃津《あのつ》	三重
	伊勢《いせ》		
	志摩《しま》	度会《わたらい》	
南海道	紀伊《きい》	和歌山	和歌山
	淡路《あわじ》	名《めい》東《とう》	（兵庫）
	阿波《あわ》		徳島
	土佐《とさ》	高知	高知
	伊予《いよ》	宇和島 松山	愛媛
	讃岐《さぬき》	香川	香川
畿内	大和《やまと》	奈良	奈良
	山城《やましろ》	京都	京都
	河内《かわち》	堺	大阪
	和泉《いずみ》		
	摂津《せっつ》	大阪 兵庫	兵庫

区分	国名	廃藩置県	都道府県名
山陰道	但馬《たじま》	豊岡（京都）	兵庫
	丹波《たんば》		
	丹後《たんご》		（京都）
	因幡《いなば》	鳥取	鳥取
	伯耆《ほうき》		
	隠岐《おき》	島根	島根
	出雲《いずも》		
	石見《いわみ》	浜田	
山陽道	播磨《はりま》	飾磨《しかま》	（兵庫）
	美作《みまさか》	北条《ほうじょう》	岡山
	備前《びぜん》	岡山	
	備中《びっちゅう》	深津《ふかつ》	
	備後《びんご》		広島
	安芸《あき》	広島	
	周防《すおう》	山口	山口
	長門《ながと》		

区分	国名	廃藩置県	都道府県名
西海道	筑前《ちくぜん》	福岡	福岡
	筑後《ちくご》	三潴《みづま》	
	豊前《ぶぜん》	小倉《こくら》	
	豊後《ぶんご》	大分《おおいた》	大分
	肥前《ひぜん》	伊万里《いまり》	佐賀
	壱岐《いき》	長崎	長崎
	対馬《つしま》	（伊万里）	
	肥後《ひご》	八代 熊本	熊本
	日向《ひゅうが》	美々津《みみつ》	宮崎
	大隅《おおすみ》	都城《みやこのじょう》	鹿児島
	薩摩《さつま》	鹿児島	
（琉球国）		琉球	沖縄

◇28 江戸時代の国名と郡名

【凡例】

◉の下は江戸時代の国名、次行はその別称である。……以下は現行の都府県名を指す。

なお明治元（一八六八）年十二月に、陸奥国が陸奥・磐城・岩代・陸前・陸中の五カ国に、出羽国が羽前・羽後の二カ国に分けられたため、陸奥・出羽国に限っては、その七カ国について当該の郡名・県名を記した。

また、例えば下総国の場合、現行の県に当てはめると千葉・埼玉・茨城の三県の一部に相当するが、茨城県域のみに相当する郡名（四つ）、千葉県域にのみ相当する郡名（六つ）、千葉・埼玉・茨城県域のいずれにも相当する郡名（葛飾郡一つ）といった具合に、郡名を基準として現行の県別に一国を複数に分けて表示している（他に武蔵・丹波・摂津・豊前・肥前などの国を、複数の都府県に分けている）。

◉陸奥（むつ）
奥州（おうしゅう）
↓陸奥（むつ）**……青森**
北（きた）
三戸（さんのへ）
津軽（つがる）
↓陸奥（むつ）**……岩手**
二戸（にのへ）
↓磐城（いわき）**……宮城**
伊具（いぐ）
刈田（かった）
亘理（わたり）
↓磐城（いわき）**……福島**
石川（いしかわ）
磐前（いわさき）
磐城（いわき）
宇多（うだ）
菊多（きくた）
標葉（しねは）
白河（しらかわ）
白川（しらかわ）
田村（たむら）
行方（なめかた）
楢葉（ならは）
↓岩代（いわしろ）**……福島**
会津（あいづ）
安積（あさか）
安達（あだち）
岩瀬（いわせ）
大沼（おおぬま）
河沼（かわぬま）
信夫（しのぶ）
伊達（だて）
耶麻（やま）
↓陸前（りくぜん）**……宮城**
牡鹿（おしか）
加美（かみ）
黒川（くろかわ）
栗原（くりはら）
気仙（けせん）
志田（しだ）
柴田（しばた）
玉造（たまつくり）
遠田（とおだ）
登米（とめ）
名取（なとり）
宮城（みやぎ）
本吉（もとよし）
桃生（ものう）
↓陸中（りくちゅう）**……岩手**
胆沢（いさわ）
磐井（いわい）

岩手（いわて）
江刺（えさし）
九戸（くのへ）
紫波（しわ）
稗貫（ひえぬき）
閉伊（へい）
和賀（わが）
↓陸中（りくちゅう）……秋田
鹿角（かづの）
◉出羽（でわ）
羽州（うしゅう）
↓羽前（うぜん）……山形
置賜（おきたま）
田川（たかわ）
村山（むらやま）
最上（もがみ）
↓羽後（うご）……秋田
秋田（あきた）
雄勝（おかち）
河辺（かわべ）
仙北（せんぼく）
平鹿（ひらか）
山本（やまもと）
由利（ゆり）
↓羽後（うご）……山形
飽海（あくみ）
◉上野（こうずけ）**……群馬**
上州（じょうしゅう）
吾妻（あがつま）
碓氷（うすい）
邑楽（おうら）
片岡（かたおか）
甘楽（かんら）
群馬（ぐんま）
佐位（さい）
勢多（せた）
多胡（たこ）
利根（とね）
那波（なわ）
新田（にった）
緑野（みどの）
山田（やまだ）
◉下野（しもつけ）**……栃木**
野州（やしゅう）
足利（あしかが）
安蘇（あそ）
河内（かわち）
寒川（さむかわ）
塩谷（しおや）
都賀（つが）
那須（なす）
芳賀（はが）
梁田（やなだ）
◉常陸（ひたち）**……茨城**
常州（じょうしゅう）
常陸（ひたち）
鹿島（かしま）
河内（かわち）
久慈（くじ）
信太（しだ）
多賀（たが）
筑波（つくば）
那珂（なか）
行方（なめかた）
新治（にいはり）
真壁（まかべ）
◉下総（しもうさ）**……茨城**
総州（そうしゅう）
猿島（さしま）
相馬（そうま）
豊田（とよだ）
結城（ゆうき）
◉下総（しもうさ）**……千葉**
総州（そうしゅう）
印旛（いんば）
海上（うなかみ）
香取（かとり）
匝瑳（そうさ）
千葉（ちば）
埴生（はぶ）
◉下総（しもうさ）
総州（そうしゅう）
……千葉・埼玉・茨城
葛飾（かつしか）

◉上総（かずさ）……千葉
総州（そうしゅう）
天羽（あまは）
夷隅（いすみ）
市原（いちはら）
周准（周淮・すす）
長柄（ながら）
埴生（はぶ）
武射（むしゃ）
望陀（もうだ）
山辺（やまべ）

◉安房（あわ）……千葉
房州（ぼうしゅう）
朝夷（あさい）
安房（あわ）
長狭（ながさ）
平（へい）

◉武蔵（むさし）
武州（ぶしゅう）
……東京・埼玉
足立（あだち）
葛飾（かつしか）

◉武蔵（むさし）……埼玉
武州（ぶしゅう）
入間（いるま）
大里（おおさと）
男衾（おぶすま）
賀美（かみ）
児玉（こだま）
高麗（こま）
埼玉（さいたま）
秩父（ちちぶ）
那珂（なか）
新座（にいくら・にいざ）
幡羅（はたら）
榛沢（はんさわ）
比企（ひき）
横見（よこみ）

◉武蔵（むさし）……東京
武州（ぶしゅう）
荏原（えばら）
多摩（たま）
豊島（としま）

◉武蔵（むさし）……神奈川
武州（ぶしゅう）
久良岐（くらき）
橘樹（たちばな）
都筑（つづき）

◉相模（さがみ）……神奈川
相州（そうしゅう）
愛甲（あいこう）
足柄上（あしがらかみ）
足柄下（あしがらしも）
大住（おおすみ）
鎌倉（かまくら）
高座（こうざ）
津久井県（つくいがた）
三浦（みうら）
淘綾（ゆるぎ）

◉甲斐（かい）……山梨
甲州（こうしゅう）
巨摩（こま）
都留（つる）
八代（やつしろ）
山梨（やまなし）

◉信濃（しなの）……長野
信州（しんしゅう）
安曇（あづみ）
伊那（いな）
佐久（さく）
更科（さらしな）
諏訪（すわ）
高井（たかい）
小県（ちいさがた）
筑摩（ちくま）
埴科（はにしな）
水内（みのち）

◉越後（えちご）……新潟
越州（えっしゅう）
岩船（いわふね）
魚沼（うおぬま）
刈羽（かりわ）
蒲原（かんばら）
頸城（くびき）

古志（こし）
三島（さんとう）

◉佐渡（さど）……新潟
佐州（さしゅう）
加茂（かも）
雑太（さわた）
羽茂（はもち）

◉越中（えっちゅう）……富山
越州（えっしゅう）
射水（いみず）
礪波（となみ）
新川（にいかわ）
婦負（ねい）

◉加賀（かが）……石川
加州（かしゅう）
石川（いしかわ）
江沼（えぬま）
河北（かほく）
能美（のみ）

◉能登（のと）……石川
能州（のうしゅう）
鹿島（かしま）
珠洲（すず）
羽咋（はくい）
鳳至（ふげし）

◉越前（えちぜん）……福井
越州（えっしゅう）
足羽（あしは・あすわ）
今立（いまだて）
大野（おおの）
坂井（さかい）
敦賀（つるが）
南条（なんじょう）
丹生（にゅう）
吉田（よしだ）

◉若狭（わかさ）……福井
若州（じゃくしゅう）
大飯（おおい）
遠敷（おにゅう）
三方（みかた）

◉伊豆（いず）……静岡
豆州（ずしゅう）
賀茂（かも）
君沢（きみさわ）
田方（たがた）
那賀（なか）

◉駿河（するが）……静岡
駿州（すんしゅう）
安倍（あべ）
庵原（いはら）
有渡（うど）
志太（しだ）
駿東（すんとう）
富士（ふじ）
益津（ましづ）

◉遠江（とおとうみ）……静岡
遠州（えんしゅう）
麁玉（あらたま）
引佐（いなさ）
磐田（いわた）
城東（きとう）
佐野（さや）
周智（しゅうち）
豊田（とよだ）
長上（ながかみ）
榛原（はいばら）
浜名（はまな）
敷知（ふち）
山名（やまな）

◉三河（みかわ）……愛知
三州（さんしゅう）
渥美（あつみ）
加茂（かも）
設楽（したら）
額田（ぬかた）
幡豆（はず）
碧海（へきかい）
宝飯（ほい）
八名（やな）

◉尾張（おわり）……愛知
尾州（びしゅう）
愛知（あいち）
海西（かいさい）
海東（かいとう）

春日井（かすがい）
知多（ちた）
中島（なかしま）
丹羽（にわ）
葉栗（はぐり）

◉美濃（みの）……岐阜
濃州（のうしゅう）
厚見（あつみ）
安八（あんぱち）
池田（いけだ）
石津（いしづ）
恵那（えな）
大野（おおの）
海西（かいさい）
各務（かかみ）
方県（かたがた）
可児（かに）
加茂（かも）
郡上（ぐじょう）
席田（むしろだ）
多芸（たぎ）
土岐（とき）
中島（なかしま）
羽栗（はぐり）
不破（ふわ）
本巣（もとす）
武儀（むぎ）
山県（やまがた）

◉飛騨（ひだ）……岐阜
飛州（ひしゅう）
大野（おおの）
益田（ました）
吉城（よしき）

◉伊勢（いせ）……三重
勢州（せいしゅう）
安芸（あげ）
朝明（あさけ）
安濃（あのう）
飯高（いいたか）
飯野（いいの）
一志（いちし）
員弁（いなべ）
河曲（かわわ）
桑名（くわな）
鈴鹿（すずか）
多気（たき）
三重（みえ）
度会（わたらい）

◉志摩（しま）……三重
志州（ししゅう）
英虞（あご）
答志（とうし）

◉伊賀（いが）……三重
伊州（いしゅう）
阿拝（あはい）
伊賀（いが）
名張（なばり）
山田（やまだ）

◉近江（おうみ）……滋賀
江州（ごうしゅう）
浅井（あざい）
伊香（いか）
犬上（いぬかみ）
愛知（えち）
蒲生（がもう）
神崎（かんざき）
栗太（くりた）
甲賀（こうか）
坂田（さかた）
滋賀（しが）
高島（たかしま）
野洲（やす）

◉山城（やましろ）……京都
城州（じょうしゅう）
宇治（うじ）
愛宕（おたぎ）
乙訓（おとくに）
葛野（かどの）
紀伊（きい）
久世（くせ）
相楽（そうらく）
綴喜（つづき）

◉丹波（たんば）……京都
丹州（たんしゅう）

天田（あまだ）
何鹿（いかるが）
桑田（くわた）
船井（ふない）
◉丹波（たんば）……**兵庫**
丹州（たんしゅう）
多紀（たき）
氷上（ひかみ）
◉丹後（たんご）……**京都**
丹州（たんしゅう）
熊野（くまの）
加佐（かさ）
竹野（たけの）
中（なか）
与謝（与佐・よさ）
◉河内（かわち）……**大阪**
河州（かしゅう）
安宿部（あすかべ）
石川（いしかわ）
大県（おおがた）
交野（かたの）
河内（かわち）
讃良（ささら）
志紀（しき）
渋川（しぶかわ）
高安（たかやす）
丹南（たんなん）
丹北（たんぼく）
錦部（にしごり）
古市（ふるいち）
茨田（まった）
八上（やかみ）
若江（わかえ）
◉和泉（いずみ）……**大阪**
泉州（せんしゅう）
泉（いずみ）
大鳥（おおとり）
日根（ひね）
南（みなみ）
◉摂津（せっつ）……**大阪**
摂州（せっしゅう）
嶋上（しまかみ）
嶋下（しましも）
住吉（すみよし）
豊島（てしま）
西成（にしなり）
能勢（のせ）
東成（ひがしなり）
◉摂津（せっつ）……**兵庫**
摂州（せっしゅう）
有馬（ありま）
菟原（うはら）
川辺（かわべ）
武庫（むこ）
八部（やたべ）
◉大和（やまと）……**奈良**
和州（わしゅう）
宇陀（うだ）
宇智（うち）
忍海（おしみ）
葛下（かつげ）
葛上（かつじょう）
式上（しきじょう）
式下（しきげ）
添上（そえかみ）
添下（そえじも）
高市（たかいち）
十市（といち）
広瀬（ひろせ）
平群（へぐり）
山辺（やまべ）
吉野（よしの）
◉紀伊（きい）……**和歌山**
紀州（きしゅう）
海部（あま）
在田（有田・ありだ）
伊都（いと）
那賀（なが）
名草（なぐさ）
日高（ひだか）
◉紀伊（きい）
紀州（きしゅう）……**和歌山・三重**
牟婁（むろ）

◉播磨(はりま)……兵庫

播州(ばんしゅう)

明石(あかし)
赤穂(あこう)
揖西(いっさい)
揖東(いっとう)
印南(いんなみ)
加古(かこ)
加西(かさい)
加東(かとう)
佐用(さよう)
飾西(しきさい)
飾東(しきとう)
宍粟(しそう)
神西(じんさい)
神東(じんとう)
多可(たか)
美嚢(みのう)

◉但馬(たじま)……兵庫

但州(たんしゅう)

朝来(あさご)
出石(いずし)
城崎(きのさき)
気多(けた)
七美(しつみ)
二方(ふたかた)
美含(みくみ)
養父(やぶ)

◉淡路(あわじ)……兵庫

淡州(たんしゅう)

津名(つな)
三原(みはら)

◉備前(びぜん)……岡山

備州(びしゅう)

赤坂(あかさか)
磐梨(いわなし)
邑久(おく)
児島(こじま)
上道(じょうとう)
津高(つだか)
御野(みの)
和気(わけ)

◉備中(びっちゅう)……岡山

備州(びしゅう)

阿賀(あか・あが)
浅口(あさくち)
小田(おだ)
賀陽(かや・かよう)
川上(かわかみ)
窪屋(くぼや)
後月(しつき)
下道(しもつみち)
上房(じょうぼう)
都宇(つう)
哲多(てった・てた)

◉美作(みまさか)……岡山

作州(さくしゅう)

英田(あいだ)
大庭(おおば・おおにわ)
久米南条(くめなんじょう)
久米北条(くめほくじょう)
西西条(さいさいじょう)
西北条(さいほくじょう)
勝南(しょうなん)
勝北(しょうほく)
東南条(とうなんじょう)
東北条(とうほくじょう)
真島(ましま)
吉野(よしの)

◉備後(びんご)……広島

備州(びしゅう)

芦田(蘆田・葦田・あしだ)
恵蘇(えそ)
甲奴(こうぬ)
神石(じんせき)
世羅(世良・せら)
奴可(ぬか)
沼隈(ぬまくま)
深津(ふかつ)
品治(ほんじ・ほんち)
三上(みかみ)
三谿(三谷・みたに)
御調(みつぎ)
三次(三吉・みよし)

安那（やすな）

◉安芸（あき）……**広島**

芸州（げいしゅう）

安芸（あき）
賀茂（かも）
佐伯（さえき）
高田（たかた）
高宮（たかみや）
豊田（とよた）
沼田（ぬまた）
山県（やまがた）

◉因幡（いなば）……**鳥取**

因州（いんしゅう）

岩井（いわい）
邑美（おうみ）
気多（けた）
高草（たかくさ）
智頭（ちず）
八東（はっとう）
法美（ほうみ）
八上（やかみ）

◉伯耆（ほうき）……**鳥取**

伯州（はくしゅう）

会見（あいみ）
汗入（あせり）
河村（かわむら）
久米（くめ）
日野（ひの）
八橋（やばせ）

◉出雲（いずも）……**島根**

雲州（うんしゅう）

秋鹿（あいか）
飯石（いいし）
出雲（いずも）
意宇（おう）
大原（おおはら）
神門（かんど）
島根（しまね）
楯縫（たてぬい）
仁多（にた）
能義（のぎ）

◉石見（いわみ）……**島根**

石州（せきしゅう）

安濃（あの）
邑智（おおち）
鹿足（かのあし）
那賀（なか）
邇摩（にま）
美濃（みの）

◉隠岐（おき）……**島根**

隠州（おんしゅう）

海士（あま）
穏地（おち）
周吉（すき）
知夫（ちぶ）

◉周防（すおう）……**山口**

防州（ぼうしゅう）

大島（おおしま）
玖珂（くが）
熊毛（くまげ）
佐波（さば）
都濃（つの）
吉敷（よしき）

◉長門（ながと）……**山口**

長州（ちょうしゅう）

厚狭（あさ）
阿武（あぶ）
大津（おおつ）
豊浦（とようら）
見島（みしま）
美禰（みね）

◉讃岐（さぬき）……**香川**

讃州（さんしゅう）

阿野（あや）
鵜足（うた・うたり）
大内（おおち・おうち）
香川（かがわ）
寒川（さんがわ）
小豆（しょうず）
多度（たど）
豊田（とよた）
那珂（なか）
三木（みき）
三野（みの）

山田（やまだ）

◉阿波（あわ）……**徳島**

阿州（あしゅう）

阿波（あわ）
板野（いたの）
麻植（おえ）
海部（かいふ）
勝浦（かつうら）
那賀（なか）
美馬（みま）
三好（みよし）
名西（みょうざい）
名東（みょうどう）

◉伊予（いよ）……**愛媛**

予州（よしゅう）

伊予（いよ）
浮穴（うけな）
宇摩（うま）
宇和（うわ）
越智（おち）
温泉（おんせん）
風早（かざはや）
喜多（きた）
久米（くめ）
桑村（くわむら）
周敷（周布・しゅうふ）
新居（にい）
野間（のま）
和気（わけ）

◉土佐（とさ）……**高知**

土州（どしゅう）

吾川（あがわ）
安芸（あき）
香美（かみ）
高岡（たかおか）
土佐（とさ）
長岡（ながおか）
幡多（はた）

◉筑前（ちくぜん）……**福岡**

筑州（ちくしゅう）

怡土（いと）
遠賀（おんが）
糟屋（かすや）
嘉麻（かま）
鞍手（くらて）
下座（げざ）
早良（さわら）
志摩（しま）
上座（じょうざ）
那珂（なか）
穂波（ほなみ）
御笠（みかさ）
席田（むしろだ）
宗像（むなかた）
夜須（やす）

◉筑後（ちくご）……**福岡**

筑州（ちくしゅう）

生葉（いくは）
上妻（かみつま）
下妻（しもつま）
竹野（たけの）
御井（みい）
三池（みいけ）
三潴（みずま）
御原（みはら）
山門（やまと）
山本（やまもと）

◉肥前（ひぜん）……**佐賀**

肥州（ひしゅう）

小城（おぎ）
神埼（かんざき）
基肄（きい）
杵島（きしま）
佐賀（佐嘉・さか）
藤津（ふじつ）
三根（みね）
養父（やぶ）

◉肥前（ひぜん）……**長崎**

肥州（ひしゅう）

彼杵（そのき）
高来（たかく）
松浦（まつら・まつうら）

◉壱岐（いき）……**長崎**

壱州（いっしゅう）

壱岐（いき）
石田（いしだ）

◉対馬（つしま）……**長崎**
対州（たいしゅう）
上県（かみあがた）
下県（しもあがた）

◉肥後（ひご）……**熊本**
肥州（ひしゅう）
飽田（あきた）
葦北（芦北・あしきた）
阿蘇（あそ）
天草（あまくさ）
宇土（うと）
菊池（きくち）
球磨（球麻・くま）
合志（ごうし）
託麻（たくま）
玉名（たまな）
益城（ましき）
八代（やつしろ）
山鹿（やまが）
山本（やまもと）

◉豊前（ぶぜん）……**福岡**
豊州（ほうしゅう）
上毛（こうげ）
企救（きく）
田川（たがわ）
築城（ついき）
仲津（なかつ）
京都（みやこ）

◉豊前（ぶぜん）……**大分**
豊州（ほうしゅう）
宇佐（うさ）
下毛（しもげ）

◉豊後（ぶんご）……**大分**
豊州（ほうしゅう）
海部（あまべ）
大分（おおいた）
大野（おおの）
玖珠（くす）
国東（くにさき）
直入（なおいり）
速見（はやみ）
日田（ひた）

◉日向（ひゅうが）……**宮崎**
日州（にっしゅう）
向州（こうしゅう）
臼杵（うすき）
児湯（こゆ）
那珂（なか）
宮崎（みやざき）
諸県（もろかた）

◉大隅（おおすみ）……**鹿児島**
隅州（ぐうしゅう）
大隅（おおすみ）
肝属（きもつき）
馭謨（ごむ）
熊毛（くまげ）
桑原（くわばら）
始羅（しら）
囎唹（そお）
菱刈（ひしかり）

◉薩摩（さつま）……**鹿児島**
薩州（さっしゅう）
阿多（あた）
伊佐（いさ）
伊作（いざく）
出水（いずみ）
揖宿（いぶすき）
頴娃（えい）
鹿児島（かごしま）
河辺（川辺・かわなべ）
給黎（きいれ）
甑島（こしきじま）
薩摩（さつま）
高城（たき）
谿山（たにやま）
日置（ひおき）

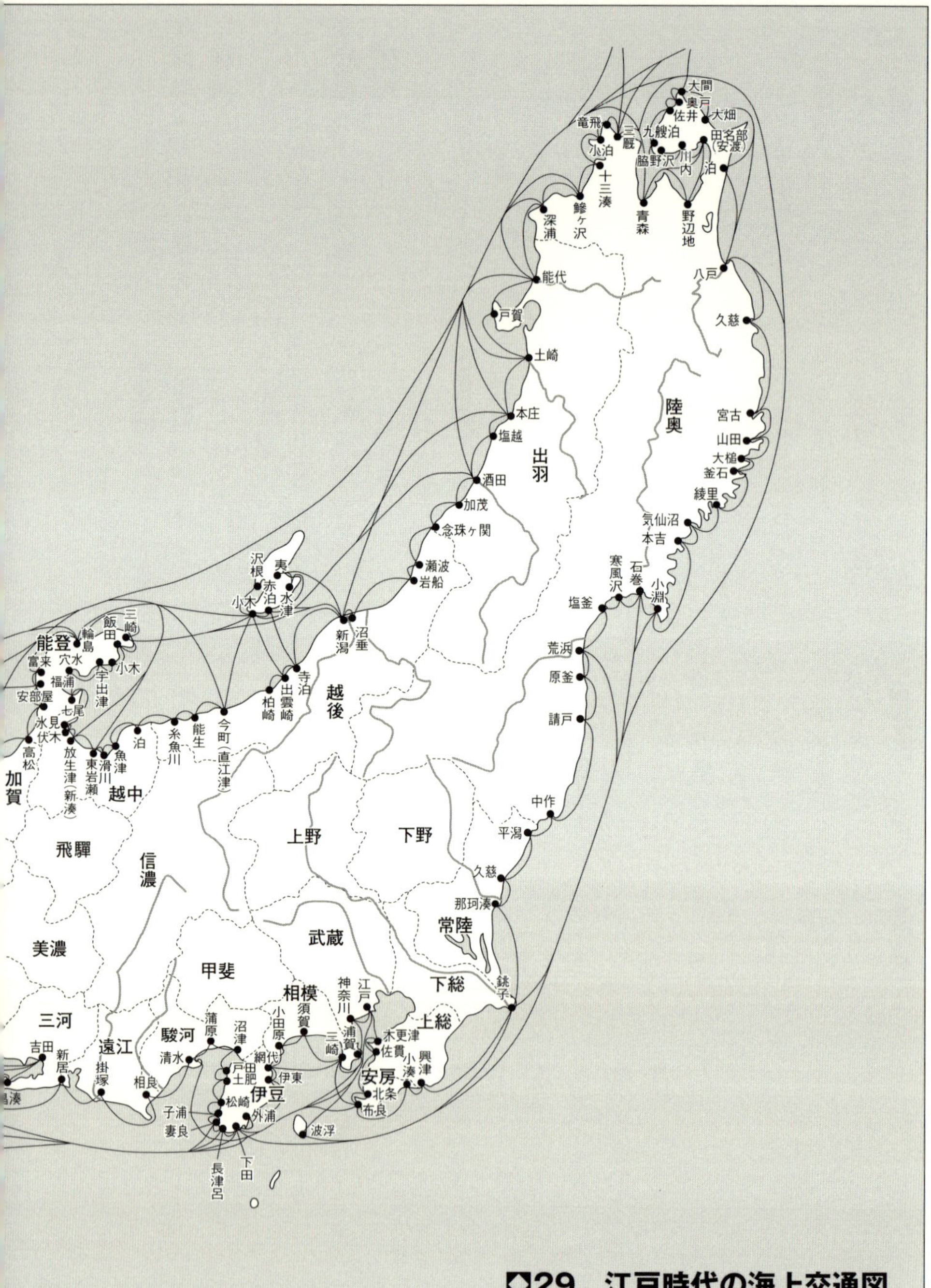

◆29　江戸時代の海上交通図

資料編【どこで】

◆29 江戸時代の海上交通図

◆30　江戸時代の主要交通路

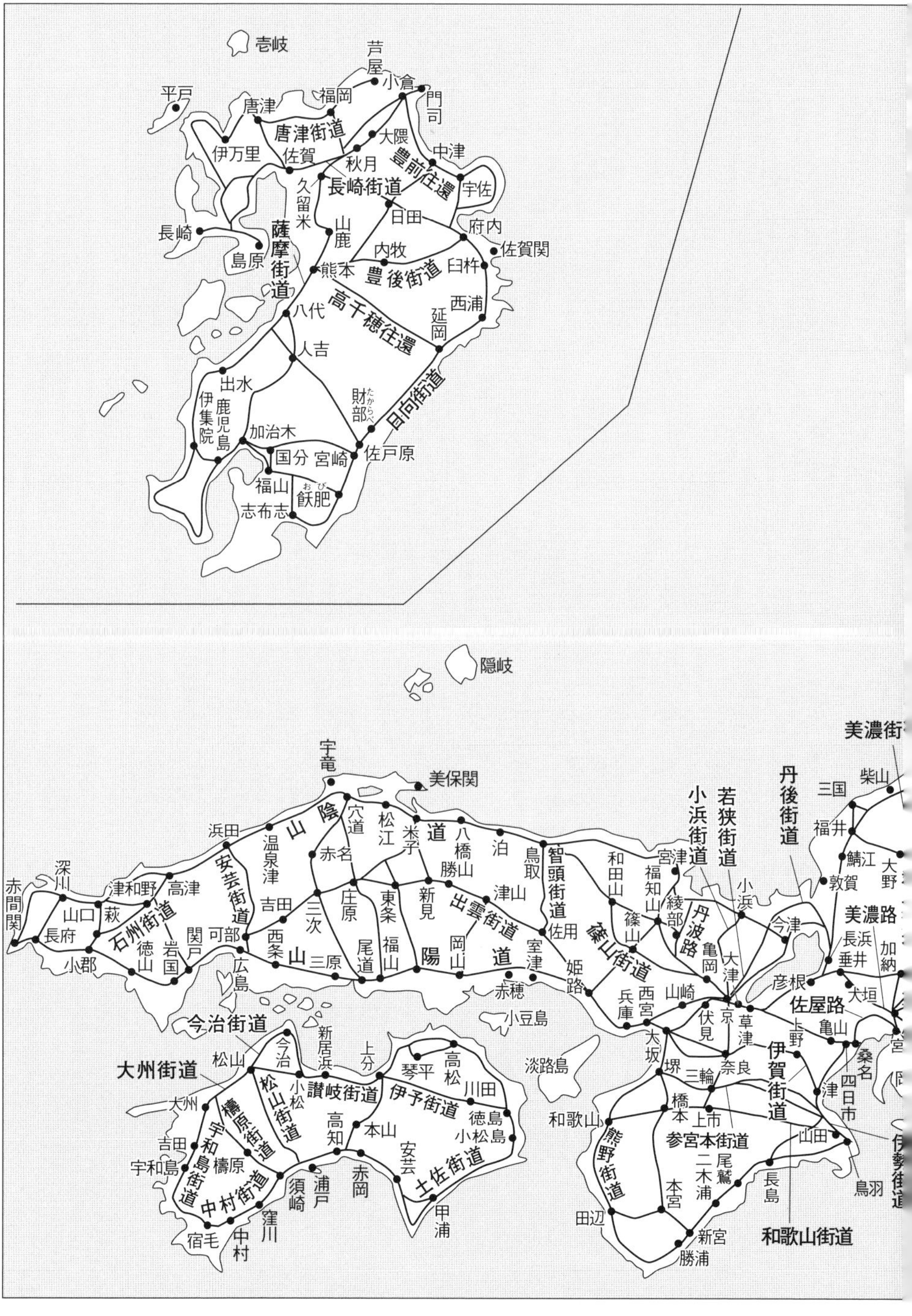

壱岐
平戸
芦屋
小倉
門司
福岡
唐津
唐津街道
伊万里
大隈
佐賀
中津
秋月
豊前往還
宇佐
久留米
長崎街道
日田
府内
長崎
山鹿
薩摩街道
島原
内牧
佐賀関
熊本
豊後街道
臼杵
八代
高千穂往還
西浦
延岡
人吉
出水
財部《たからべ》
日向街道
伊集院
鹿児島
加治木
国分
宮崎
佐戸原
福山
飫肥《おび》
志布志
隠岐
宇竜
美保関
美濃街
浜田
山陰道
穴道
松江
米子
八橋
泊
鳥取
智頭街道
宮津
和田山
福知山
小浜街道
若狭街道
丹後街道
三国
柴山
福井
鯖江
大野
敦賀
深川
赤間関
津和野
高津
萩
山口
長府
石州街道
小郡
徳山
岩国
関戸
安芸街道
可部
広島
温泉津
赤名
吉田
三次
西条
三原
庄原
尾道
東条
福山
新見
勝山
出雲街道
津山
岡山
山陽道
室津
赤穂
姫路
佐用
篠山
篠山街道
綾部
丹波路
亀岡
小浜
今津
大津
美濃路
長浜
垂井
加納
彦根
大垣
佐屋路
兵庫
西宮
山崎
伏見
京
草津
上野
亀山
宮
桑名
四日市
大坂
堺
三輪
奈良
伊賀街道
津
小豆島
淡路島
今治街道
今治
新居浜
上分
松山
大州街道
大州
琴平
高松
小松
讃岐街道
伊予街道
川田
徳島
小松島
檮原街道
松山街道
高知
本山
安芸
土佐街道
宇和島街道
吉田
宇和島
檮原
中村街道
須崎
浦戸
赤岡
甲浦
窪川
宿毛
中村
和歌山
橋本
上市
参宮本街道
山田
伊勢街道
熊野街道
尾鷲
二木浦
本宮
長島
鳥羽
田辺
新宮
勝浦
和歌山街道

奥州道中
白河
白坂
芦野
越堀
鍋掛
大田原
佐久山
喜連川
氏家
白沢
宇都宮
日光宮
鉢石
今市
大沢
徳次郎
日光道中
雀宮
石橋
小金井
新田
小山
間々田
野木
古河
中田
栗橋関
栗橋
幸手
杉戸
粕壁
越ヶ谷
草加
千住
江戸(日本橋)
中山道
和田
長久保
芦田
望月
八幡
塩名田
岩村田
小田井
追分
沓掛
軽井沢
坂本
碓氷関
松井田
安中
板鼻
高崎
倉賀野
新町
本庄
深谷
熊谷
鴻巣
桶川
上尾
大宮
浦和
蕨
板橋
甲州道中
内藤新宿
下高井戸
上高井戸
国領
布田
石原
府中
日野
八王子
横山
駒木野
小仏関
小仏
小原
与瀬
吉野
関野
上野原
鶴川
野田尻
犬目
鳥沢
猿橋
駒橋
大月
花咲
初狩
白野
阿弥陀海道
黒野田
鶴瀬
駒飼
勝沼
栗原
石和
甲府柳町
韮崎
台ヶ原
来石
蔦木
金沢
東海道
品川
川崎
神奈川
保土ヶ谷
戸塚
藤沢
平塚
大磯
小田原
箱根
箱根関
三島
沼津
原
吉原
蒲原
由比
興津
江尻
府中
鞠子(丸子)
岡部
藤枝
島田
金谷

◆31　五街道

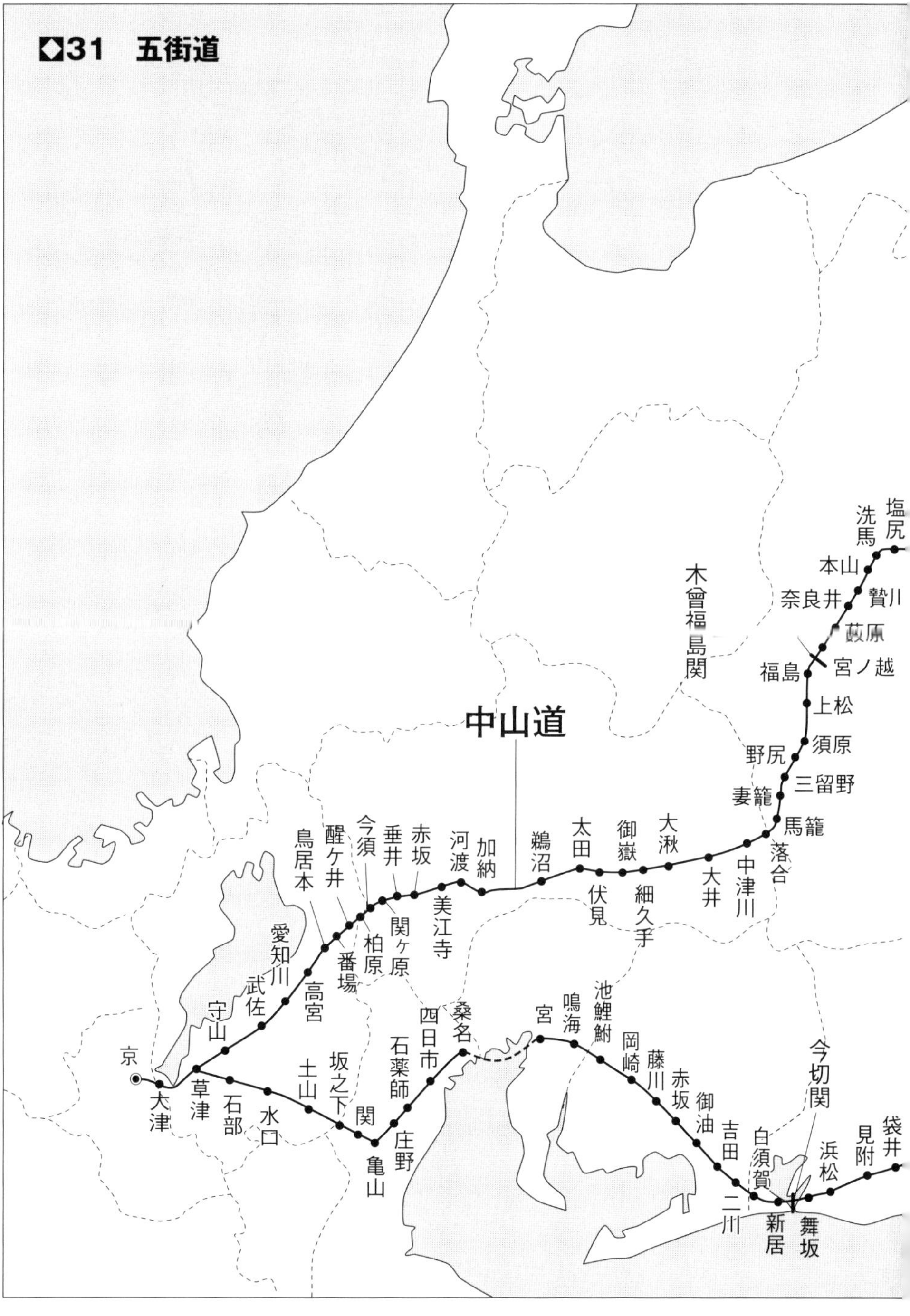

中山道
木曾福島関
塩尻
洗馬
本山
贄川
奈良井
藪原
宮ノ越
福島
上松
須原
野尻
三留野
妻籠
馬籠
落合
中津川
大井
大湫
細久手
御嶽
伏見
太田
鵜沼
加納
河渡
美江寺
赤坂
垂井
関ヶ原
今須
柏原
醒ケ井
番場
鳥居本
高宮
愛知川
武佐
守山
草津
京
大津
石部
水口
土山
坂之下
関
亀山
庄野
石薬師
四日市
桑名
宮
鳴海
池鯉鮒
岡崎
藤川
赤坂
御油
吉田
二川
白須賀
新居
今切関
舞坂
浜松
見附
袋井

資料編【どこで】

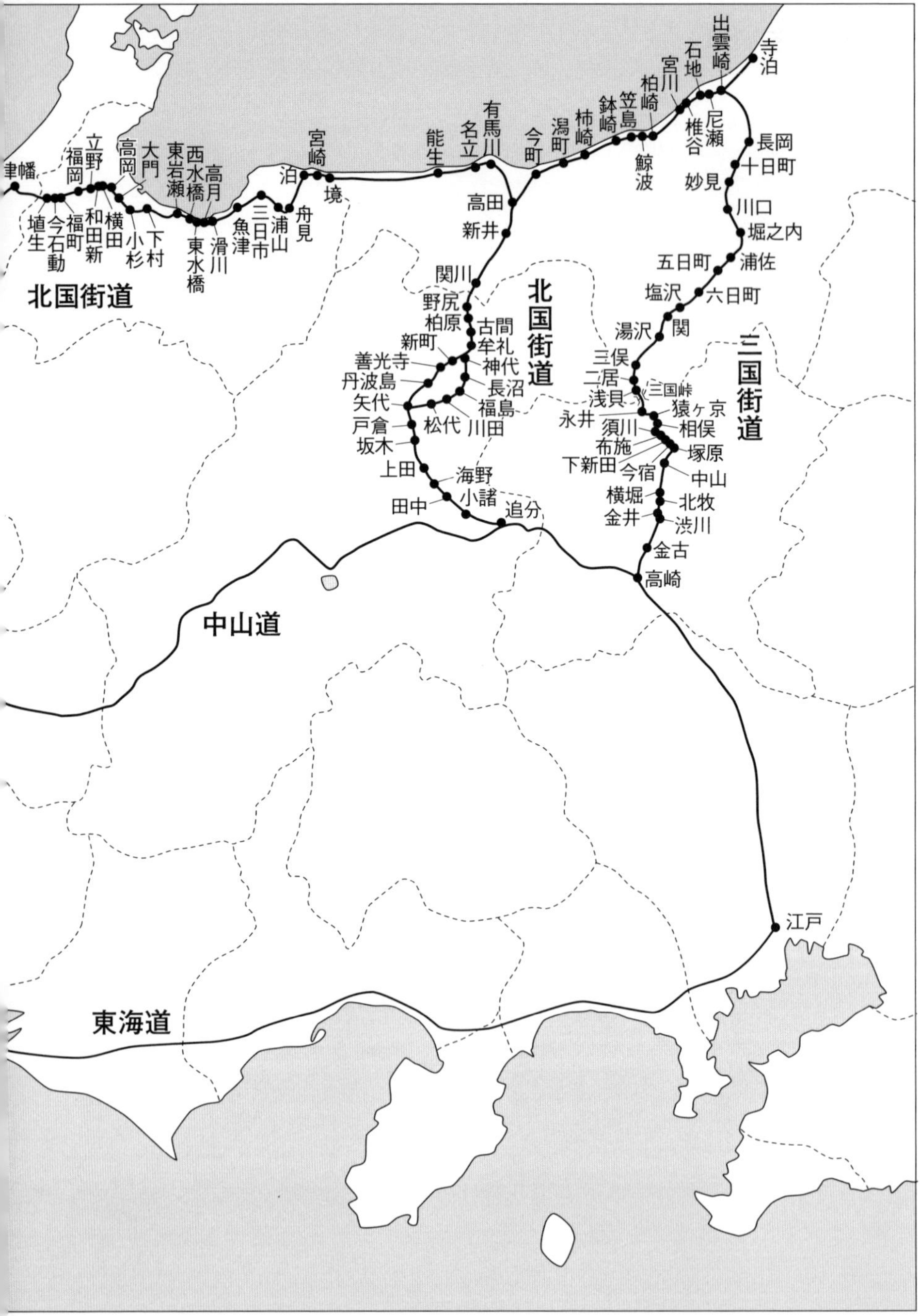
北国街道
津幡
埴生
今石動
福岡
福町
立野
和田新
横田
高岡
小杉
大門
下村
東岩瀬
西水橋
東水橋
高月
滑川
魚津
三日市
浦山
舟見
泊
宮崎
境
能生
名立
有馬川
高田
新井
今町
潟町
柿崎
鉢崎
笠島
鯨波
柏崎
宮川
椎谷
石地
出雲崎
尼瀬
寺泊
長岡
十日町
妙見
川口
堀之内
浦佐
五日町
六日町
塩沢
関
湯沢
三俣
二居
三国峠
浅貝
永井
猿ヶ京
須川
相俣
布施
塚原
下新田
今宿
中山
横堀
北牧
金井
渋川
金古
高崎
三国街道
北国街道
関川
野尻
柏原
古間
牟礼
新町
善光寺
神代
丹波島
長沼
矢代
福島
戸倉
松代
川田
坂木
上田
海野
小諸
田中
追分
中山道
江戸
東海道

◆32　三国・北国・伊勢・熊野街道

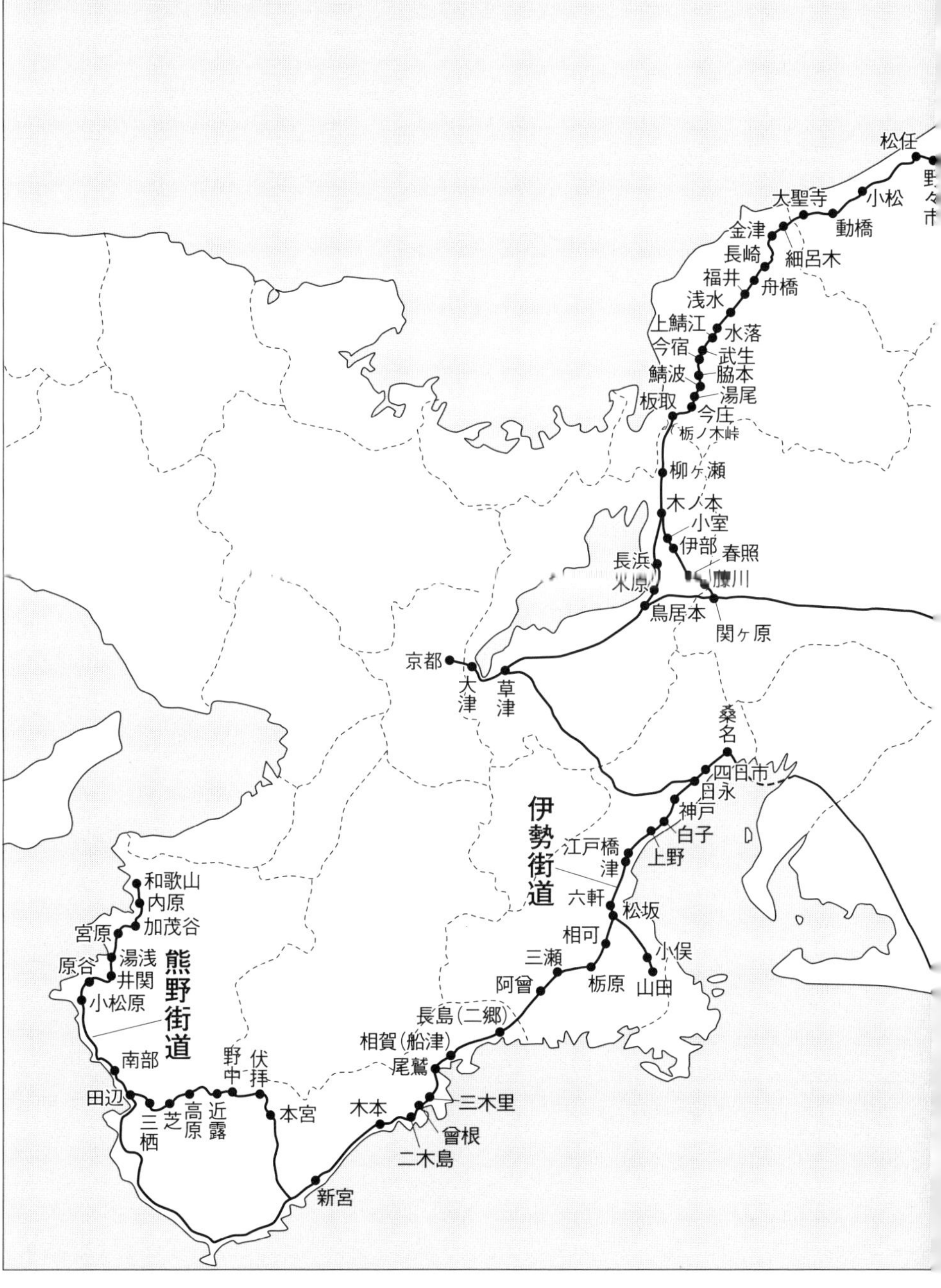

資料編【どこで】

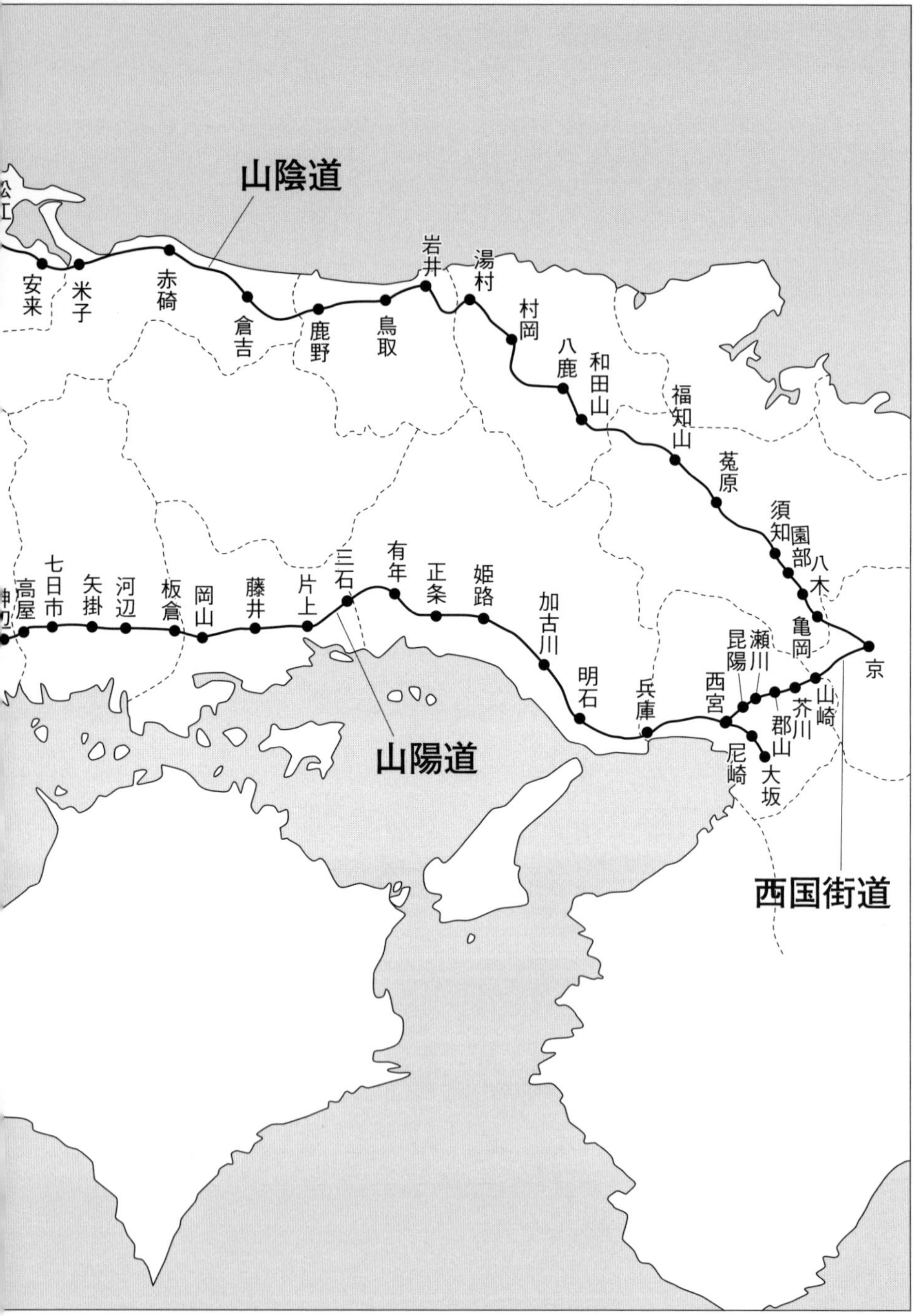
山陰道
安来
米子
赤碕
倉吉
鹿野
鳥取
岩井
湯村
村岡
八鹿
和田山
福知山
菟原
須知
園部
八木
亀岡
京
山陽道
高屋
七日市
矢掛
河辺
板倉
岡山
藤井
片上
三石
有年
正条
姫路
加古川
明石
兵庫
西宮
昆陽
瀬川
郡山
芥川
山崎
尼崎
大坂
西国街道

◆33　山陰・山陽道

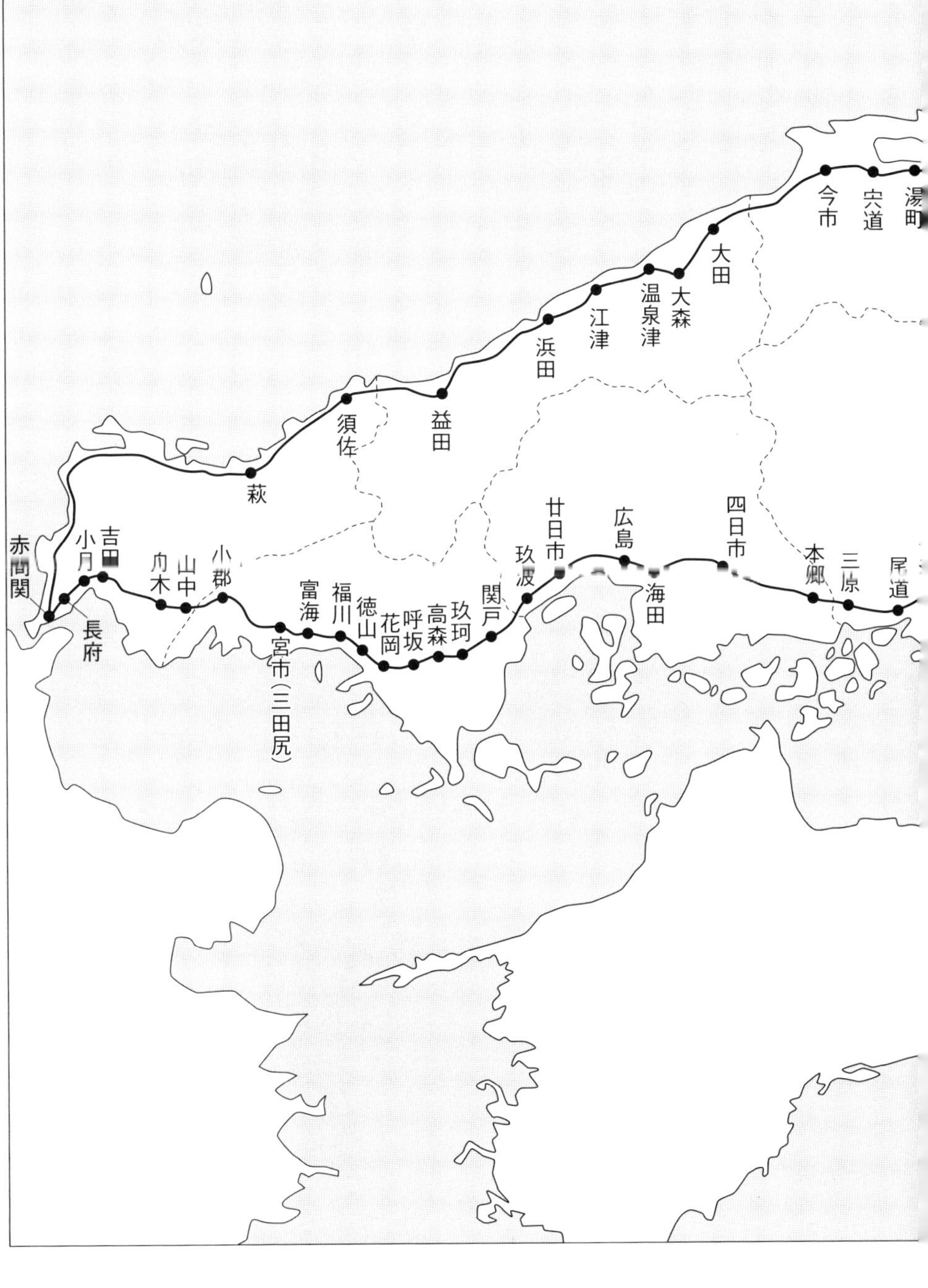

資料編【どこで】

◆34　奥州・羽州街道

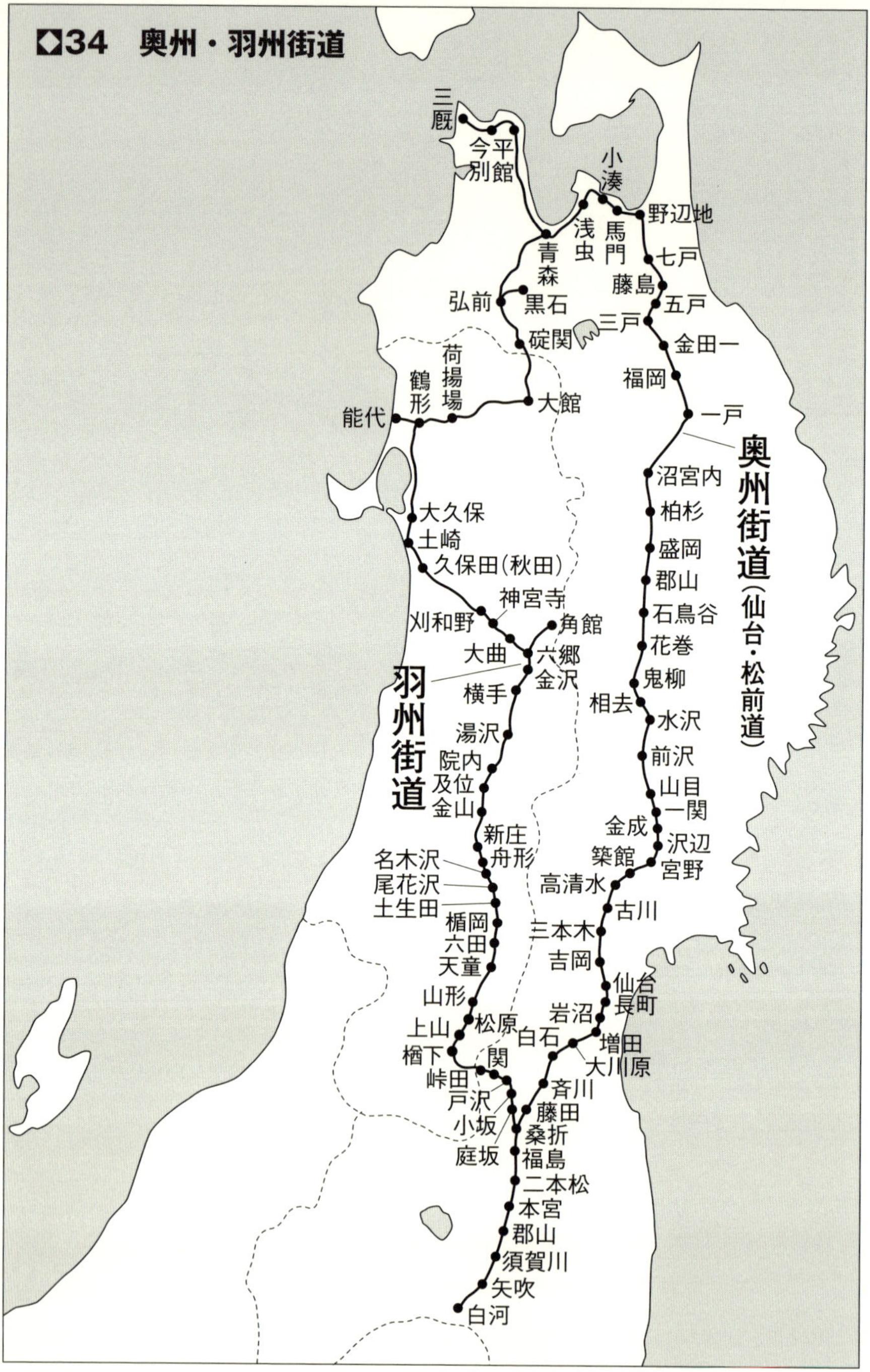

三厩
今別
平館
小湊
野辺地
浅虫
馬門
青森
七戸
藤島
弘前
黒石
五戸
三戸
碇関
金田一
荷揚場
鶴形
福岡
大館
能代
一戸
奥州街道（仙台・松前道）
沼宮内
大久保
柏杉
土崎
盛岡
久保田（秋田）
郡山
神宮寺
石鳥谷
刈和野
角館
花巻
大曲
六郷
金沢
鬼柳
羽州街道
横手
相去
水沢
湯沢
院内
前沢
及位
山目
金山
一関
金成
新庄
沢辺
舟形
築館
名木沢
宮野
尾花沢
高清水
土生田
古川
楯岡
三本木
六田
吉岡
天童
仙台
長町
山形
岩沼
上山
松原
白石
楢下
関
増田
大川原
峠田
斉川
戸沢
藤田
小坂
桑折
庭坂
福島
二本松
本宮
郡山
須賀川
矢吹
白河

◆35　長崎街道

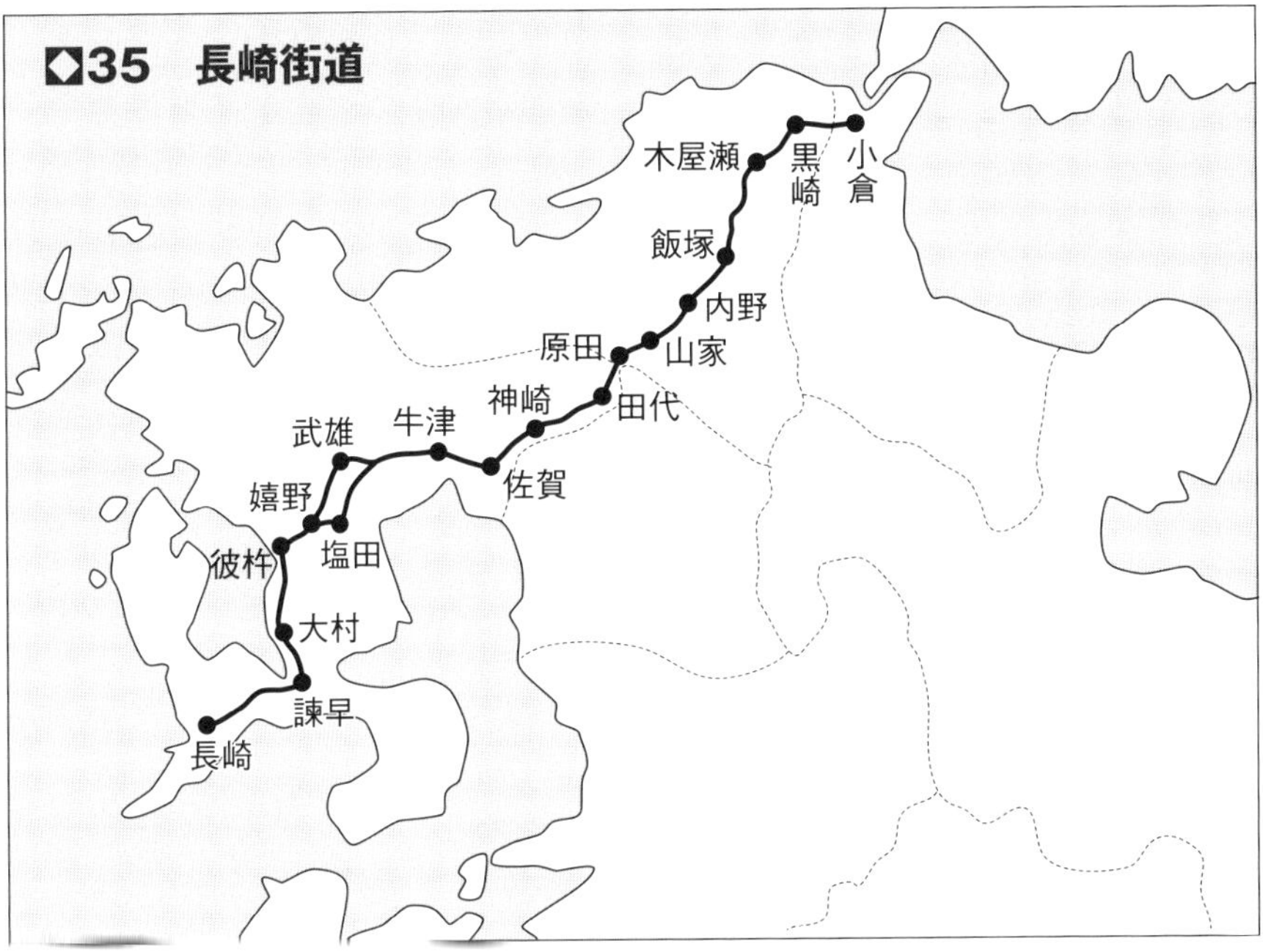

江州草津追分（『東海道名所図会』より）

◆36 江戸時代の関所一覧（延享二年）

関所名	軽重	所在地	管理者
房川渡中田	○	武蔵国葛飾郡	幕領
金町・松戸	○	同	同
小岩・市川	○	同	同
小仏	○	武蔵国多摩郡	同
新郷・川俣	○	武蔵国埼玉郡	阿部豊後守（忍藩主）
上恩方	△	武蔵国多摩郡	幕領
上椚田	△	同	同
檜原	△	同	同
中川	△	武蔵国葛飾郡	中川御番衆持
箱根	○	相模国足柄下郡	大久保加賀守（小田原藩主）
根府川	○	同	同
川村	△	同	同
谷ヶ村	△	同	同
仙石原	△	同	同
矢倉沢	△	同	同
鼠坂	△	相模国津久井県	江川太郎左衛門（幕府代官）
青野原	△	同	同
関宿	○	下総国葛飾郡	久世大和守（関宿藩主）
大戸	○	上野国吾妻郡	幕領
大笹	○	同	同
猿ヶ京	○	同	同
杢ヶ橋	○	上野国群馬郡	松平右京亮（高崎藩主）
五料	○	上野国那波郡	松平大和守（前橋藩主）
碓氷	○	上野国碓氷郡	板倉伊勢守（安中藩主）
南牧	△	上野国甘楽郡	幕領
西牧	△	同	同
白井	△	同	同
狩宿	△	上野国甘楽郡	幕領
大渡	△	上野国群馬郡	松平大和守（前橋藩主）
真正	△	同	同
福島	△	上野国那波郡	同
戸倉	△	上野国利根郡	幕領
木曾福島	○	信濃国筑摩郡	山村甚兵衛（尾張藩代官）
清内路	△	信濃国伊奈郡	堀大和守（飯田藩主）
小野川	△	同	知久雄之助（交代寄合）
波合	△	同	同
心川	△	同	同
帯川	△	同	同
贄川	△	信濃国筑摩郡	山村甚兵衛（尾張藩代官）
市振	○	越後国頸城郡	榊原式部大輔（高田藩主）
関川	○	同	同
鉢崎	○	同	同
山口	△	同	松平日向守（糸魚川藩主）
虫川	△	同	同
今切	○	遠江国敷知郡	松平伊豆守（吉田藩主）
気賀	○	遠江国引佐郡	近藤縫殿助（交代寄合）
金指	△	同	同
鶴瀬	△	甲斐国山梨郡	幕領
万沢	△	甲斐国巨摩郡	同
本栖	△	甲斐国八代郡	同
剣熊	○	近江国高島郡	松平甲斐守（大和郡山藩主）
山中	○	同	朽木権左（交代寄合）
柳ヶ瀬	○	近江国伊香郡	井伊掃部頭（彦根藩主）

資料編【なにを】

◆37　度・量・衡について……122
◆38　貨幣の種類……124
◆39　貢租の種類……126

37 度・量・衡について

“度量衡の統一”という言葉をお聞きになったことがあると思います。租税を徴収するための単位を決めて枡を統一することひとつを考えても、強力な中央政府の出現がなければ実現しません。古来、度量衡の制定や変更は、権力の出現とともに行われてきました。

左の表は、江戸時代に使われていた一般的な度量衡の単位です。

実際にどのような計算が行われていたのか、例を挙げてみます。

延宝4（1676）年の三河国のある村の名寄帳から、「九郎左衛門」の場合を見てみましょう。名寄帳とは、田畑・屋敷（名請地）を所有者（名請人）ごとに記載して集計した帳面で、いわば人別土地台帳とでもいうべきものです。九郎左衛門が所有していた田は3か所ありました。その面積と、分米（石高）は以下の通りです。

中田	5畝20歩		6斗8升
下田	10歩		
下田	5畝29歩	下田2か所計	6斗3升

文書では、これらの合計は次のように書かれています。

1反1畝29歩（ア）　1石3斗1升（A）

本当にそうなるか、確かめてみましょう。

・面積の方を3か所足すと、	10畝59歩
30歩で1畝ですので、	11畝29歩
さらに10畝で1反ですので、	1反1畝29歩（ア）
・分米を足すと、	12斗11升
10升で1斗ですから	13斗1升
10斗で1石ですから	1石3斗1升（A）

九郎左衛門は畑も持っていました。畑地の面積と分米の合計は、9畝7歩（イ）、1石6升9合（B）です。田畑合わせて、

2反1畝6歩	（ア）＋（イ）
2石3斗7升9合	（A）＋（B）

との記載も、同様に計算してみることができます。

◆度（長さ・里程）

1丈＝10尺（＝約300cm）

1尺＝10寸（＝約30cm）

1寸＝10分（＝約3cm）

1分＝10厘（＝約0.3cm）

1里＝36町（＝約3927m）

1町＝60間（＝約109m）

1間＝6尺（＝約1.8m）

◆量（容積）

1石＝10斗（＝約180ℓ）

1斗＝10升（＝約18ℓ）

1升＝10合（＝約1.8ℓ）

1合＝10勺（＝約180mℓ）

1勺＝10才（＝約18mℓ）

1才＝10弗（＝約1.8mℓ）

◆衡（重さ）

1貫＝1000匁（＝約3750g）

1匁＝10分（＝約3.75g）

1分＝10厘（＝約0.375g）

1斤＝16両（＝160匁＝600g）

1両＝4分（10匁＝37.5g）

1分＝6銖

◆面積（地積）

1町＝10反（段）（＝約10000㎡＝約1ha＝約3000坪）

1反＝10畝（＝約1000㎡＝約10 a ＝約300坪）

1畝＝30歩（＝約100㎡＝約1 a ＝約30坪）

1歩（＝約3.3㎡＝約1坪）

えたものが永銭勘定で、金遣いの地域でとくに使用されました。金1両を永1貫文（永1000文）として計算します。

「九六銭（くろくせん）」とは、一文銭96枚を「緡（さし）」という紐にくくってまとめたものです。「百文緡」と言い、96文しかないのに100文として通用させる慣行がありました。「九六百（くろくひゃく）」とも呼ばれました。

さて、ここで換算の例をひとつ挙げてみましょう。

寛政5（1793）年7月9日、下総銚子の漁船が、伊豆大島に流れ着いて助けられました。その翌日、漁船・檣（ほばしら）・梶などの入札が行われました。売り払って現金化することを、漂流者たち4人が選択したからです。文書に1品目ごとに書かれた6品目の落札価格を合計してみると、それは次のようになります。

金1両2分　と　銀29匁2分5厘………㋐

ところが、文書には、

合6口　　金1両3分　と　銀14匁2分5厘………㋑

とあります。こちらが数字を読み違えるか計算を間違えたのでしょうか。それとも、文書が書き間違っているのでしょうか。

そのどちらでもなく、銀から金への換算が行われたのであり、㋐と㋑は同じ額を示していると考えられます。

㋐から銀15匁がなくなり、㋑では金1分が増えています。

銀15匁＝金1分

と考えるのは、とても納得がいきます。相場（交換比率）は、地域によっても時期によっても違いますが、元禄13（1700）年の、幕府による金銀銭3貨の公定相場が基準になっていました。

金1枚（1両）＝銀60匁（目）＝銭4貫文

金1分は、金1両の4分の1ですから、銀60匁の4分の1の15匁に相当するわけです。

この合計額から、救助の際の手間賃（沈物10分の1、浮物20分の1）を差し引いた金額を彼らは受け取りました。そして、2週間ほど後に、大島から江戸に向かう船に便船させてもらいました。

◆金貨

小判1両＝4分＝16朱
1分＝4朱

金1000疋＝小判2両2分
金100疋＝1分
金50疋＝2朱

永銭勘定
小判1両＝永1貫文
1分＝永250文
1朱＝永62文5分

◆銀貨（秤量貨幣）

白銀1貫目＝銀1000匁（目）
1匁＝10分
1分＝10厘

◆銭貨

銭1貫文＝銭1000文

銭100疋＝青銅100疋＝銭1貫文
（銭96文で1緡《さし》＝100文＝「九六銭」）

古文書を読んでいると、関東の文書には「給金」「借金」、関西の文書には「給銀」「借銀」と書かれていることが多いです。基本となる貨幣が関東は主に金貨（金遣い）、関西は主に銀貨（銀遣い）だったことを反映しているのでしょう。

上の表の中で、少しわかりにくいと思われる箇所をお話しておきましょう。4進法の金貨（両・分・朱）を10進法に置き換

資料編【なにを】

◆39 貢租の種類

- 貢租
  - 年貢（本途物成）
    - 米納　五公五民～四公六民
    - 石代納
      - 関東（畑永といい畑に課せられた税は永銭計算の金納）
      - 関西（三分一銀納）
    - 付加税　欠米・込米・口米（口永）
  - 小年貢（小物成）
    - 山年貢・林年貢・野年貢・塩浜年貢など
    - 山役・野役・川役・河岸役・池役など
    - 浮役　（酒運上・醤油運上・旅籠冥加など）
  - 課（高）役
    - 国役　河川・堤防・道路の修理、災害復旧、日光法会、外国使節費などの臨時の給米・宿場入用のための課税
    - 高掛物
      - 幕領（高掛三役）
        - 御伝馬入用　（五街道の問屋・本陣の給米や宿場入用の課税）
        - 御蔵米入用　（江戸浅草の米蔵の年貢上納の際の諸雑費用の課税）
        - 六尺給米　（幕府の雑人夫の給米用のための課税）
      - 幕領　夫米・夫金　（夫役のかわりに上納させた米・金）
    - 村役　道路・橋・堤などの修築に際し、村高に応じて人夫や材料を課すこと
    - 人足役　諸侯・旗本・代官などが城郭・陣屋の普請などに必要な人夫を徴用すること
    - 助郷役　五街道を幕府の公用旅行者などが通行するとき、宿場常備の人馬だけでは継立が不能の場合、その不足の人馬が宿場近郊の郷村に課せられたこと

古文書編【いつ】

◆40 江戸時代の年号と日付……128
◆41 十干……134
◆42 十二支……135
◆43 干支順位表……136

40 江戸時代の年号と日付

天正十七
十一月廿一日

天正十年
十二月七日

文禄四年八月三日

慶長三年亥霜月三日

慶長十五年四月二日

元和二年十月日

元和九年
亥ノ十二月廿六日

寛永元年子ノ拾月六日

寛永拾四年
丑八月十四日

正保三年

慶安三年
寅ノ二月

慶安五年
辰八月日

承応弐年

承応三年

明暦元年未ノ十二月

万治三年
子ノ十二月三日

万治三子ノ極月廿六日

寛文七年
未ノ閏二月日

延宝四年
辰九月

延宝六年午十一月

天和三年
亥五月

貞享五年辰六月日

元禄弐年
巳ノ八月

元禄十三年辰二月廿六日

宝永三年戌正月

宝永四年亥十月廿三日

正徳元年五月日

享保十八年丑八月

享保二十卯歳

元文元年辰ノ十月

元文二年巳四月

寛保弐戌年

寛保三年亥正月十八日

延享二年丑十二月

延享五年辰四月朔日

寛延弐年巳十二月

宝暦五年亥二月

宝暦十四年
申四月日

明和九年辰ノ
九月

安永七年戌八月

天明弐年寅
十一月

天明五年

寛政五丑十月十九日

寛政十一年未四月

享和元年
酉十月朔日

文化四卯年正月

文化十三子年三月四日

文政七申年九月

文政十二丑年八月

天保五午九月

天保八酉年二月

弘化五申年
二月

嘉永六丑四月二日

安政三辰年六月

万延元申年五月

万延元庚
申年

文久三亥年
十一月

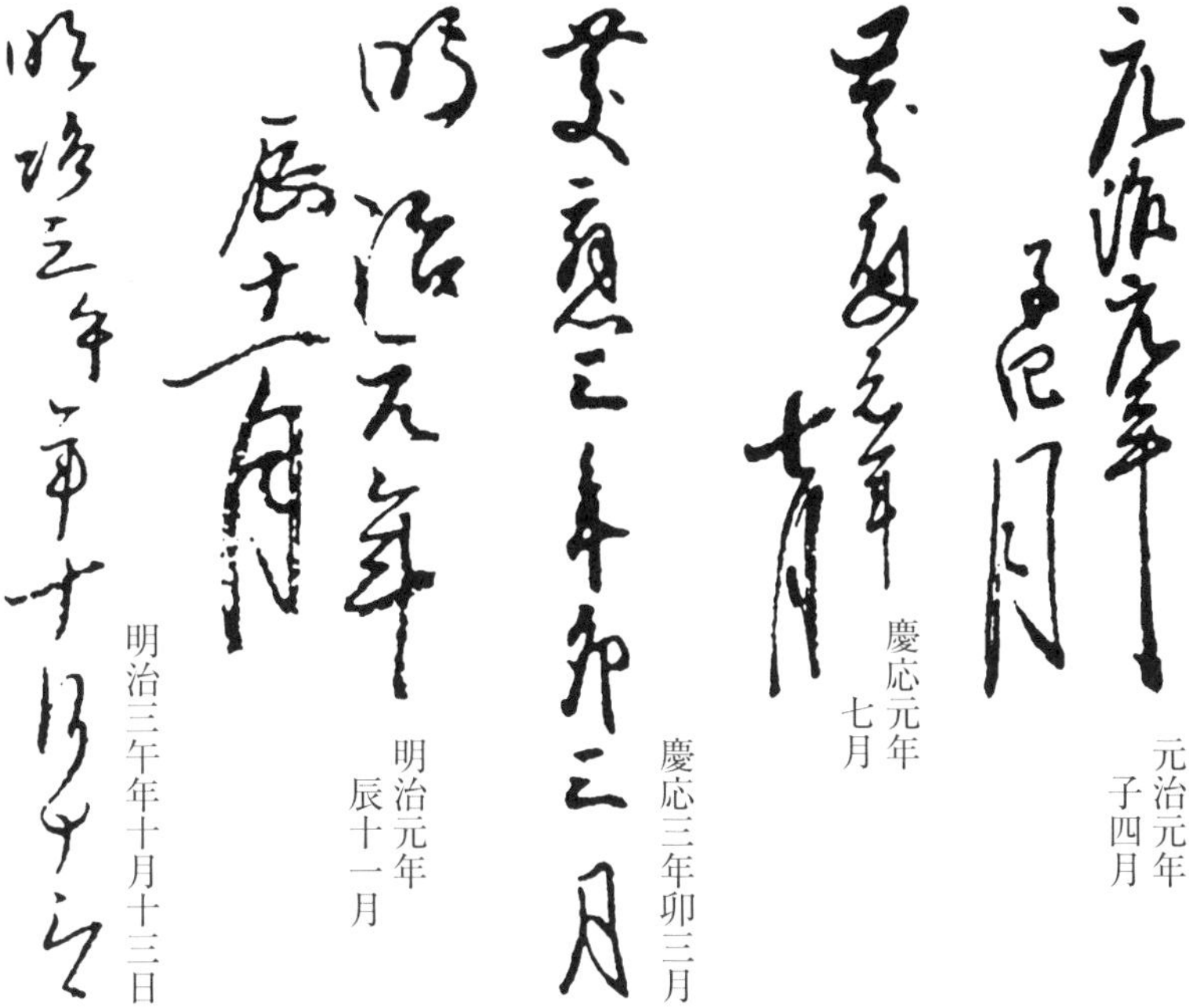

元治元年 子四月

慶応元年 七月

慶応三年卯三月

明治元年 辰十一月

明治三年年十月十三日

新年の暦を売る本屋（『長生見度記』より）

41 十干

【甲】【乙】【丙】【丁】【戊】

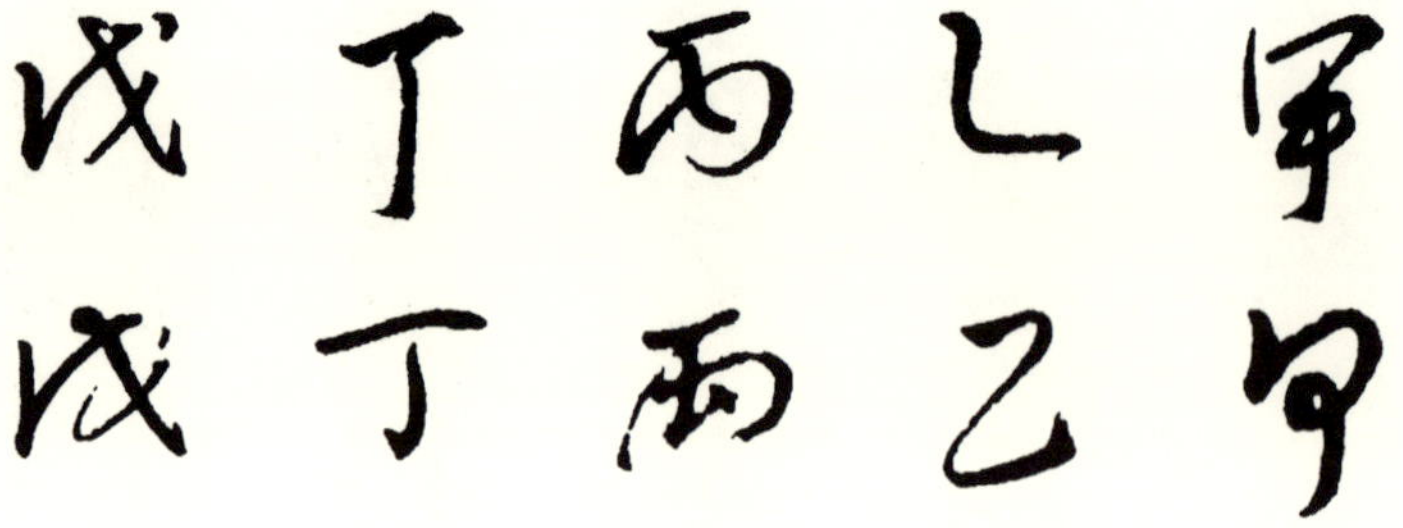

【己】【庚】【辛】【壬】【癸】

◇42 十二支

【子】

【丑】

【寅】

【卯】

【辰】

【巳】

【午】

【未】

【申】

【酉】

【戌】

【亥】

◆43 干支順位表

①	甲子	（きのえね　コウシ・カッシ）
②	乙丑	（きのとうし　イッチュウ）
③	丙寅	（ひのえとら　ヘイイン）
④	丁卯	（ひのとう　テイボウ）
⑤	戊辰	（つちのえたつ　ボシン）
⑥	己巳	（つちのとみ　キシ）
⑦	庚午	（かのえうま　コウゴ）
⑧	辛未	（かのとひつじ　シンビ）
⑨	壬申	（みずのえさる　ジンシン）
⑩	癸酉	（みずのととり　キユウ）
⑪	甲戌	（きのえいぬ　コウジュツ）
⑫	乙亥	（きのとい　イツガイ）
⑬	丙子	（ひのえね　ヘイシ）
⑭	丁丑	（ひのとうし　テイチュウ）
⑮	戊寅	（つちのえとら　ボイン）
⑯	己卯	（つちのとう　キボウ）
⑰	庚辰	（かのえたつ　コウシン）
⑱	辛巳	（かのとみ　シンシ）
⑲	壬午	（みずのえうま　ジンゴ）
⑳	癸未	（みずのとひつじ　キビ）
㉑	甲申	（きのえさる　コウシン）
㉒	乙酉	（きのととり　イツユウ）
㉓	丙戌	（ひのえいぬ　ヘイジュツ）
㉔	丁亥	（ひのとい　テイガイ）
㉕	戊子	（つちのえね　ボシ）
㉖	己丑	（つちのとうし　キチュウ）
㉗	庚寅	（かのえとら　コウイン）
㉘	辛卯	（かのとう　シンボウ）
㉙	壬辰	（みずのえたつ　ジンシン）
㉚	癸巳	（みずのとみ　キシ）
㉛	甲午	（きのえうま　コウゴ）
㉜	乙未	（きのとひつじ　イツビ）
㉝	丙申	（ひのえさる　ヘイシン）
㉞	丁酉	（ひのととり　テイユウ）
㉟	戊戌	（つちのえいぬ　ボジュツ）
㊱	己亥	（つちのとい　キガイ）
㊲	庚子	（かのえね　コウシ）
㊳	辛丑	（かのとうし　シンチュウ）
㊴	壬寅	（みずのえとら　ジンイン）
㊵	癸卯	（みずのとう　キボウ）
㊶	甲辰	（きのえたつ　コウシン）
㊷	乙巳	（きのとみ　イツシ）
㊸	丙午	（ひのえうま　ヘイゴ）
㊹	丁未	（ひのとひつじ　テイビ）
㊺	戊申	（つちのえさる　ボシン）
㊻	己酉	（つちのととり　キユウ）
㊼	庚戌	（かのえいぬ　コウジュツ）
㊽	辛亥	（かのとい　シンガイ）
㊾	壬子	（みずのえね　ジンシ）
㊿	癸丑	（みずのとうし　キチュウ）
51	甲寅	（きのえとら　コウイン）
52	乙卯	（きのとう　イツボウ）
53	丙辰	（ひのえたつ　ヘイシン）
54	丁巳	（ひのとみ　テイシ）
55	戊午	（つちのえうま　ボゴ）
56	己未	（つちのとひつじ　キビ）
57	庚申	（かのえさる　コウシン）
58	辛酉	（かのととり　シンユウ）
59	壬戌	（みずのえいぬ　ジンジュツ）
60	癸亥	（みずのとい　キガイ）

古文書編【だれが】

◆44 村方役人の組織表……138
◆45 左・右・右衛門・左衛門・兵衛など……140
◆46 人名……141

◆44 村方役人の組織表

◉**幕府直轄領**（幕領）

郡代〔陣屋〕

代官―名主（関東）、庄屋（関西）―組頭（＝年寄・長百姓）―百姓

代官―手付―手代―書役

百姓代―百姓

◉**米沢藩**（出羽）

郷村頭取―次頭取―郡奉行―郡奉行次役―代官―代官所掛役―元締―足軽―肝煎―欠代―百姓

郡奉行―郷村出役

郡奉行―検地定役

郡奉行―郷村横目

長百姓―百姓

◉**佐倉藩**（下総）

○佐倉城付本領（六万石）の場合

郡奉行―代官―名主―組頭―百姓

郡奉行―郡奉行手代

代官―代官手代

百姓代―百姓

○出羽村山領（四万石）の場合

〔柏倉陣屋〕

大目付―郡奉行―代官―大庄屋―名主―組頭

▼名主は主に関東の称、庄屋は主に関西の称。

村方三役

名主・庄屋―組頭―百姓代

- 徒目付 ― 下目付
- 郡奉行手代
- 代官手代 ― 山方手代 ― 小頭 ― 小勘定 ― 門番
- 百姓代 ― 百姓

◉金沢藩（加賀）

〔郡奉行〕　〔組〕　〔村〕　〔五人組〕

- 改作奉行
  - 十村役〔百姓代官〕
    - 無組御扶持人／御扶持人十村／平十村／新田裁許／山廻
      - 村肝煎 ― 組合頭・長百姓 ― 百姓・下百姓（頭振）
  - 番役
  - 名代（後に手代）

◉長州藩（長門）

〔宰判〕　〔村〕

- 郡奉行（大組士）
  - 郡代官（大組士）（都合人）
    - 大庄屋
      - 庄屋（蔵入地）
        - 畦頭 ― 本百姓＝門役軒（本軒・半軒・4半軒）
        - 年寄
        - 目代
        - 門男（亡土）百姓
      - 小都合人（給頭） ― 給庄屋
    - 恵米方
    - 算用師

◆45 左・右・右衛門・左衛門・兵衛など

【左】

【右】

【右衛門】

【左衛門】

【兵衛】

【郎】

【蔵】

【助】

◆46 人名

〈女性名〉

あき　あさ　いそ　いね　ウく　かつ　かね　かめ

市兵衛後家かん

きせ　きの　ぎん　くま　くめ　くら　くり　この　こよ

さき　さく　さた　さつ　さと　さよ　しち　しづ　しん　すえ

すな　せい　セち　そよ　たか　たけ　たつ　ちか　ちよ　つき

つた　つね　てう　てつ　とみ　とめ　とら　とわ　なつ　なミ

ねん　のふ　はつ　はな　はや　ひち　ひて　ひろ　ふで　ふゆ

ほの　まき　まさ　まつ　みき　むめ　もと　もん　やす　ゆり

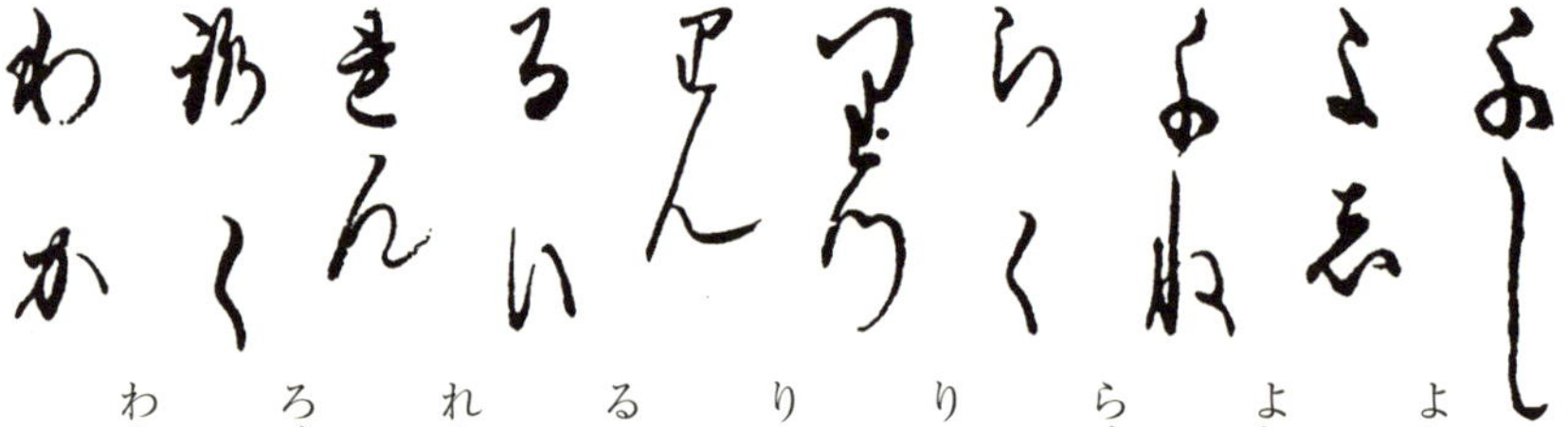

よし　よし　よね　らく　りつ　りん　るい　れん　ろく　わか

ゑい　〈――左衛門〉　伊左衛門　市左衛門　市郎左衛門　宇左衛門　奥左衛門　加左衛門　勘左衛門　喜左衛門

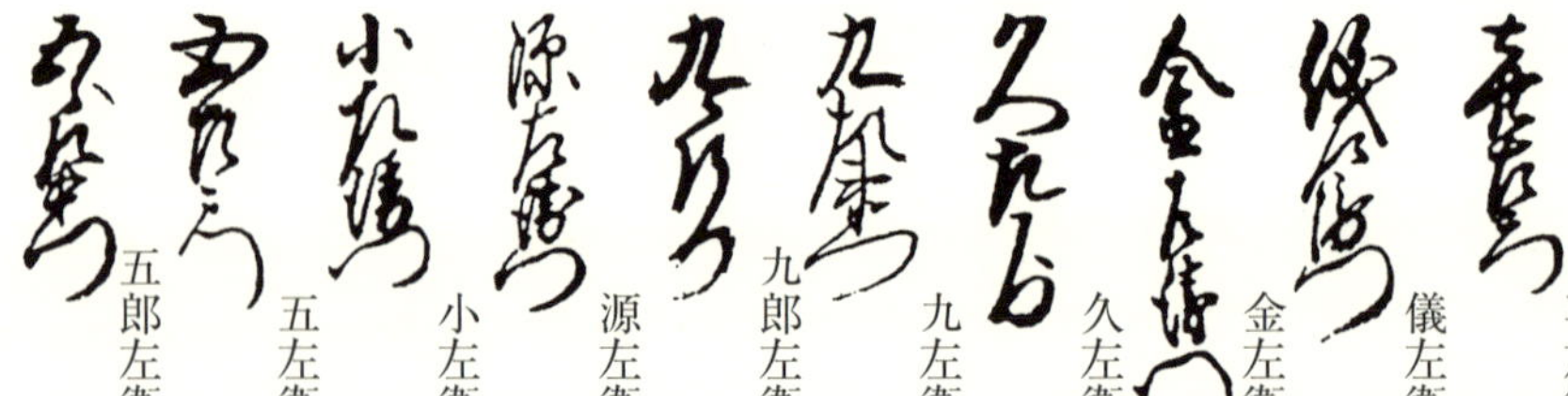

喜左衛門　儀左衛門　金左衛門　久左衛門　九左衛門　九郎左衛門　源左衛門　小左衛門　五左衛門　五郎左衛門

幸左衛門
権左衛門
佐左衛門
三左衛門
三郎左衛門
三左衛門尉
四郎左衛門
七左衛門
七郎左衛門
十左衛門

重左衛門
治左衛門
治郎左衛門
所左衛門
丈左衛門
甚左衛門
甚五左衛門
庄左衛門
次左衛門
治郎左衛門

次郎左衛門
新左衛門
新左衛門尉
助左衛門
清左衛門
善左衛門
善太左衛門
宗左衛門
惣左衛門
太郎左衛門

太左衛門
大左衛門
忠左衛門
長左衛門
傳左衛門
藤左衛門
藤左衛門
徳左衛門
仁左衛門
八左衛門

八郎左衛門
半左衛門
半左衛門尉
彦左衛門
平左衛門
兵左衛門
孫左衛門
又左衛門
茂左衛門
杢左衛門

門左衛門
安左衛門
弥左衛門
弥惣左衛門
与左衛門
利左衛門
六左衛門
六郎左衛門

〈――右衛門〉

伊右衛門

市右衛門
市郎右衛門
右衛門
宇右衛門
加右衛門
嘉右衛門
角右衛門
勘右衛門
儀右衛門
熊右衛門

久右衛門
喜右衛門
九右衛門
九郎右衛門
元右衛門
源右衛門
源五右衛門
幸右衛門
五右衛門
五郎右衛門

権右衛門
三右衛門
三郎右衛門尉
佐右衛門
佐五右衛門
作右衛門
甚右衛門
新右衛門
庄右衛門
所右衛門

十郎右衛門
助右衛門
清右衛門
善右衛門
左右衛門
惣右衛門
園右衛門
太郎右衛門
団右衛門
忠右衛門

仲右衛門
長右衛門
常右衛門
伝右衛門
徳右衛門
藤右衛門
直右衛門
仁右衛門
彦次右衛門
武右衛門

文右衛門
平右衛門
政右衛門
又右衛門
万右衛門
孫右衛門
松右衛門
茂右衛門
杢右衛門
安右衛門

弥次右衛門
弥右衛門
弥三右衛門
与右衛門
由右衛門
与次右衛門
里右衛門
利右衛門
六右衛門
六郎右衛門

〈――兵衛〉

市兵衛
市郎兵衛
伊兵衛
宇兵衛
加兵衛
勘兵衛
喜兵衛
儀兵衛
義兵衛

吉兵衛
久兵衛
九兵衛
九郎兵衛
九郎兵衛
源兵衛
権兵衛
小兵衛
五次兵衛
五兵衛

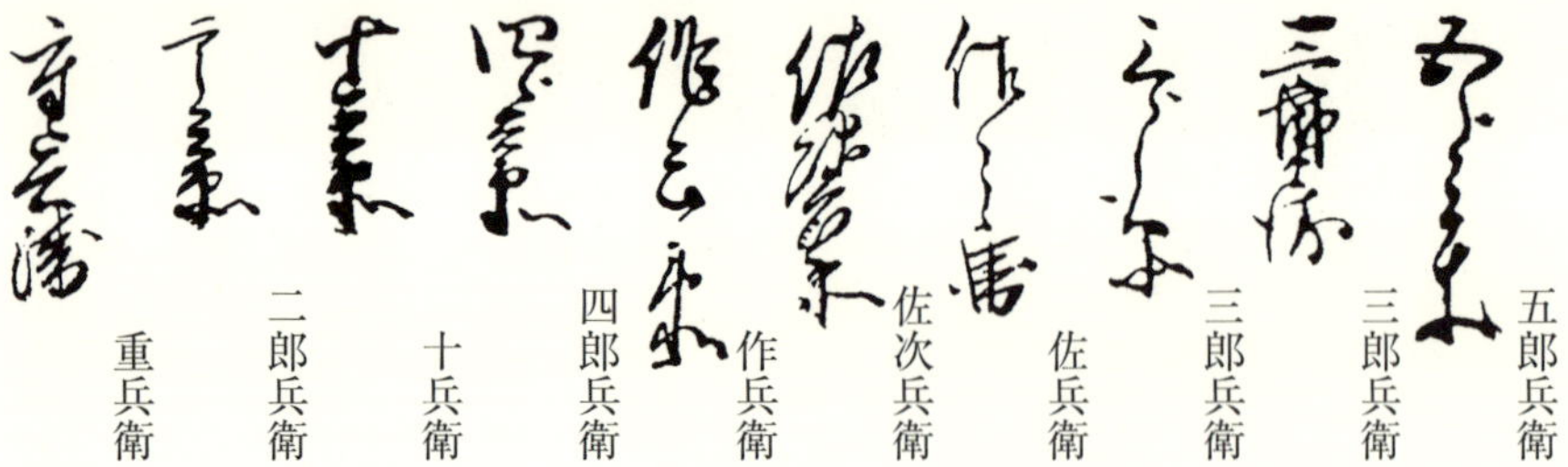

五郎兵衛　三郎兵衛　三郎兵衛　佐兵衛　佐次兵衛　作兵衛　四郎兵衛　十兵衛　二郎兵衛　重兵衛

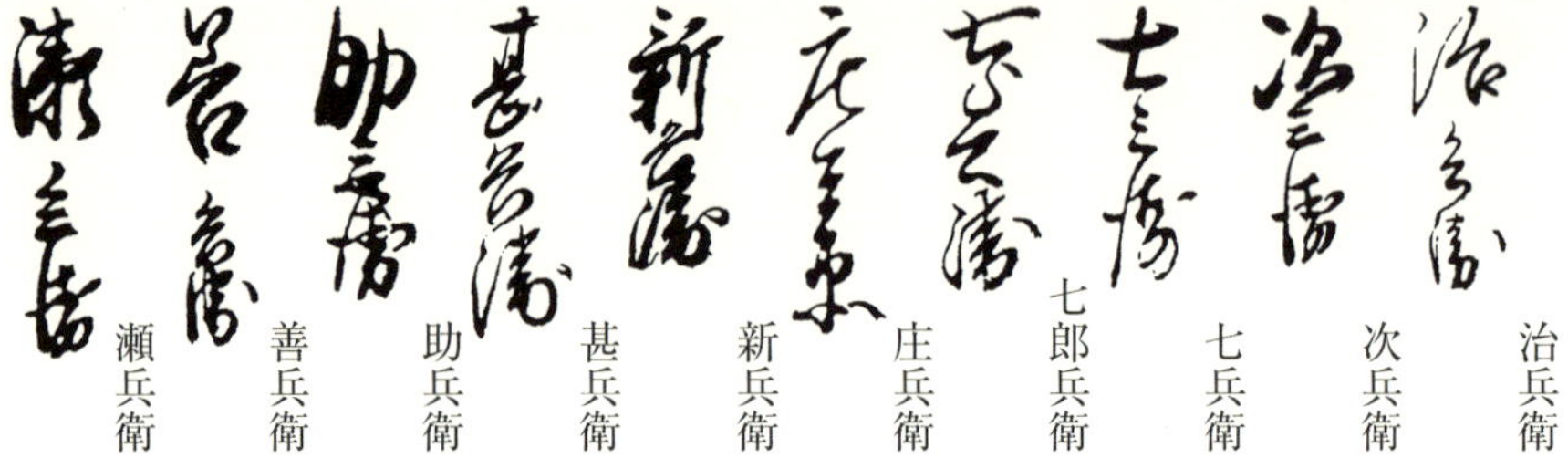

治兵衛　次兵衛　七兵衛　七郎兵衛　庄兵衛　新兵衛　甚兵衛　助兵衛　善兵衛　瀬兵衛

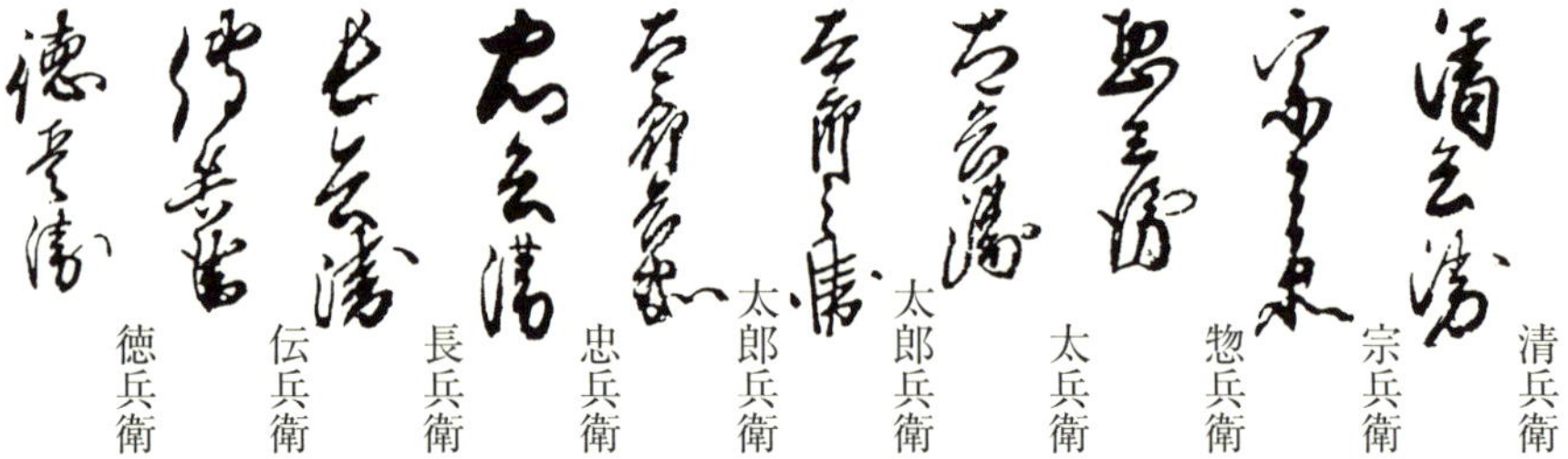

清兵衛　宗兵衛　惣兵衛　太兵衛　太郎兵衛　太郎兵衛　忠兵衛　長兵衛　伝兵衛　徳兵衛

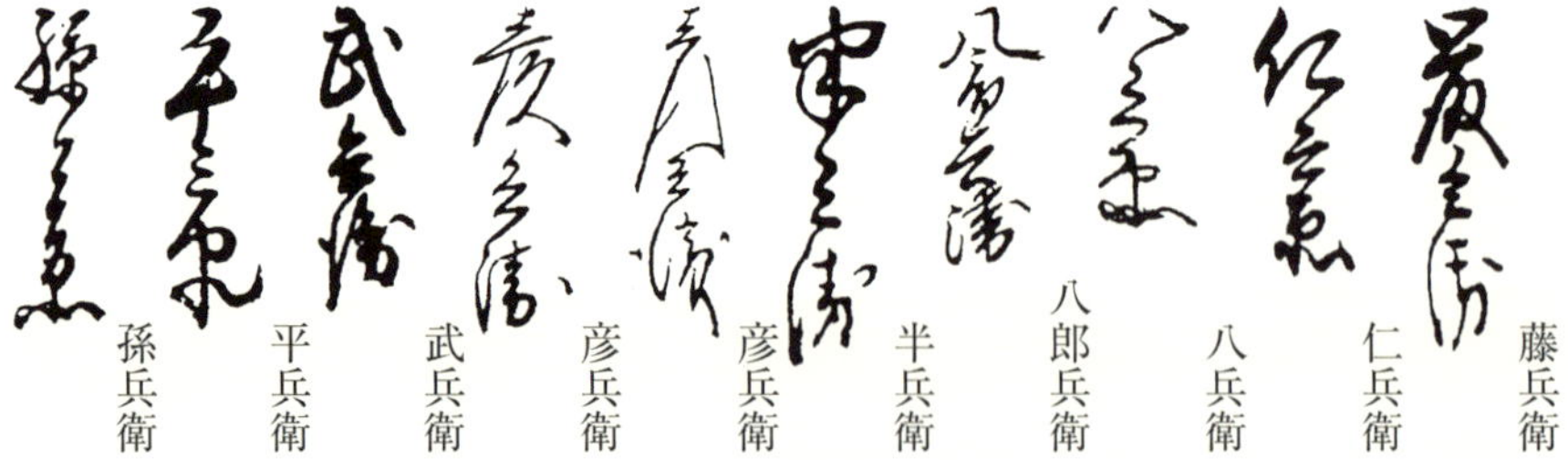

藤兵衛　仁兵衛　八兵衛　八郎兵衛　半兵衛　彦兵衛　彦兵衛　武兵衛　平兵衛　孫兵衛

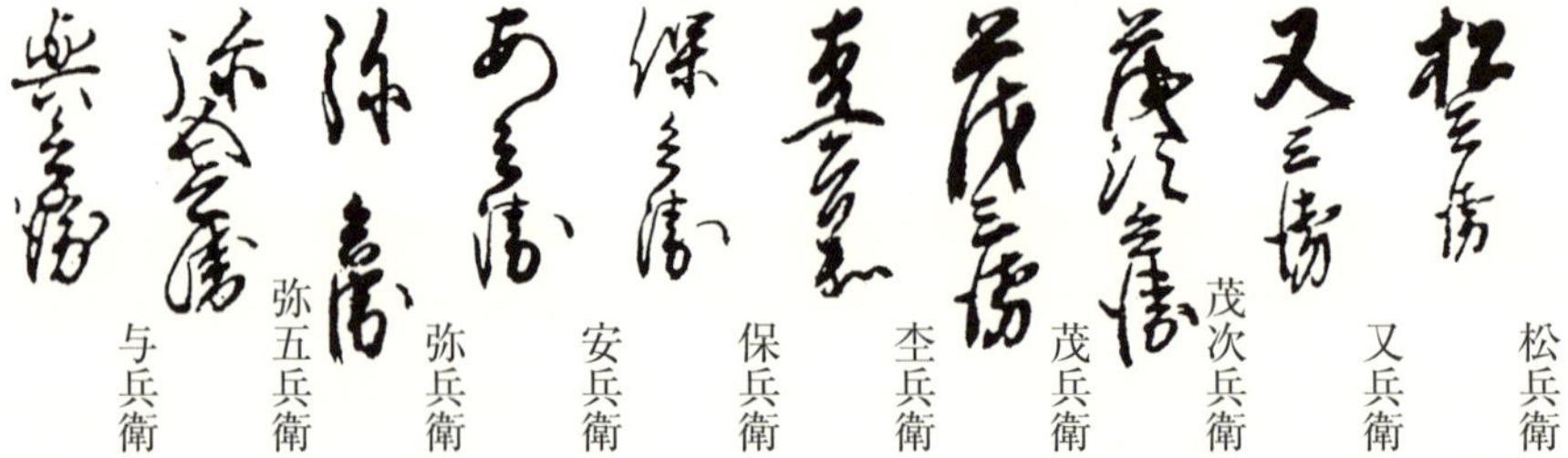

松兵衛　又兵衛　茂次兵衛　茂兵衛　杢兵衛　保兵衛　安兵衛　弥兵衛　弥五兵衛　与兵衛

与兵衛
与次兵衛
利兵衛
六兵衛
六郎兵衛

〈——郎〉

磯五郎
市三郎
乙五郎
亀太郎

勘治郎
喜三郎
喜三郎
喜太郎
喜八郎
菊五郎
吉五郎
吉太郎
金次郎
九十郎

粂次郎
粂太郎
久五郎
倉五郎
桂次郎
兼次郎
源五郎
源四郎
小五郎
権八郎

左五郎
才次郎
庄九郎
庄五郎
庄三郎
庄次郎
庄太郎
新五郎
新四郎
次郎四郎

甚三郎
介五郎
助五郎
助治郎
政五郎
清五郎
清三郎
誠一郎
千太郎
善三郎

善太郎　宗五郎　多三郎　龍四郎　千代三郎　忠次郎　常太郎　鉄五郎　伝三郎　藤九郎

藤四郎　藤十郎　冨五郎　虎三郎　直次郎　八郎五郎　初五郎　半十郎　繁次郎　彦五郎

福次郎　冬五郎　平次郎　孫九郎　孫十郎　孫太郎　増治郎　松三郎　八三郎　弥九郎

弥四郎　要太郎　林四郎

〈――蔵〉

栄蔵　亀蔵　嘉代蔵　久蔵　勘蔵　吉蔵

熊蔵　粂蔵　源蔵　幸蔵　才蔵　庄蔵　重蔵　章蔵　七蔵　清蔵

千蔵 仙蔵 善蔵 太蔵 辰蔵 民蔵 丹蔵 長蔵 千代蔵 忠蔵

伝蔵 冨蔵 冨蔵 寅蔵 文蔵 平蔵 牧蔵 松蔵 又蔵 与蔵

要蔵 米蔵

〈助・介〉

宇之助 栄助 勘助 金介 啓助 源助 権之助

小助 三之助 佐助 七之助 庄之助 庄助 丈助 善助 政之助 仙之助

忠助 長之助 伝之助 藤助 友之助 半助 文助 兵助 平助 万之助

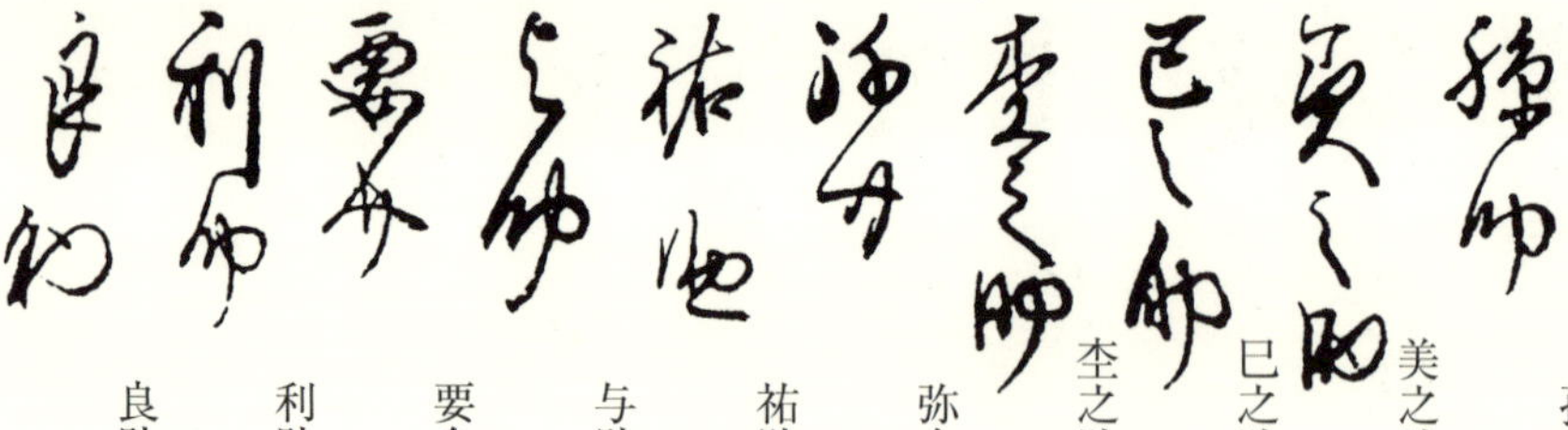

孫助　美之助　巳之助　杢之助　弥介　祐助　与助　要介　利助　良助

六郎助　〈一〜十〉　助一　孫一　馬二　久三　蔵三　源三　彦三　又三

与三　久六　源六　助六　清六　善六　丹六　伝六　伴六　平六

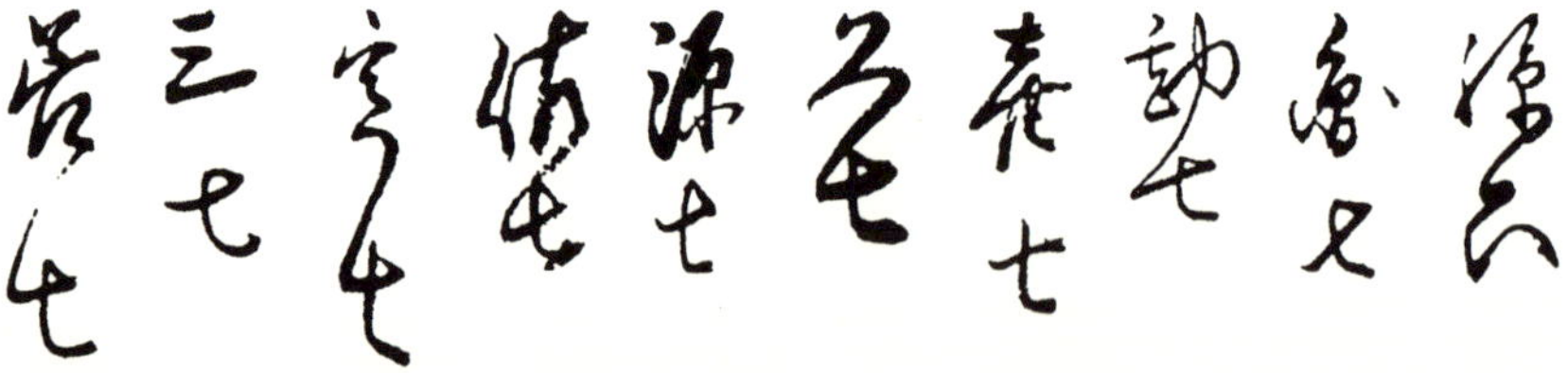

孫六　円七　勘七　喜七　久七　源七　佐七　定七　三七　善七

太七　伝七　文七　孫七　弥七　与七　伊八　礒八　宇八　喜代八

久八　源八　権八　才八　治八　庄八　次郎八　新八　甚八　清八

善八　唯八　長八　藤八　林八　嘉十　喜十　助十　善十　長十

平十　〈——吉〉　浅吉　卯吉　梅吉　栄吉　円吉　兼吉　亀吉　倉吉

幸吉　佐吉　三吉　庄吉　清吉　善吉　忠吉　長吉　伝吉　冨吉

留吉　寅吉　平吉　万吉　巳之吉　孫吉　猶吉　〈——次・——治〉　伊平次　金次

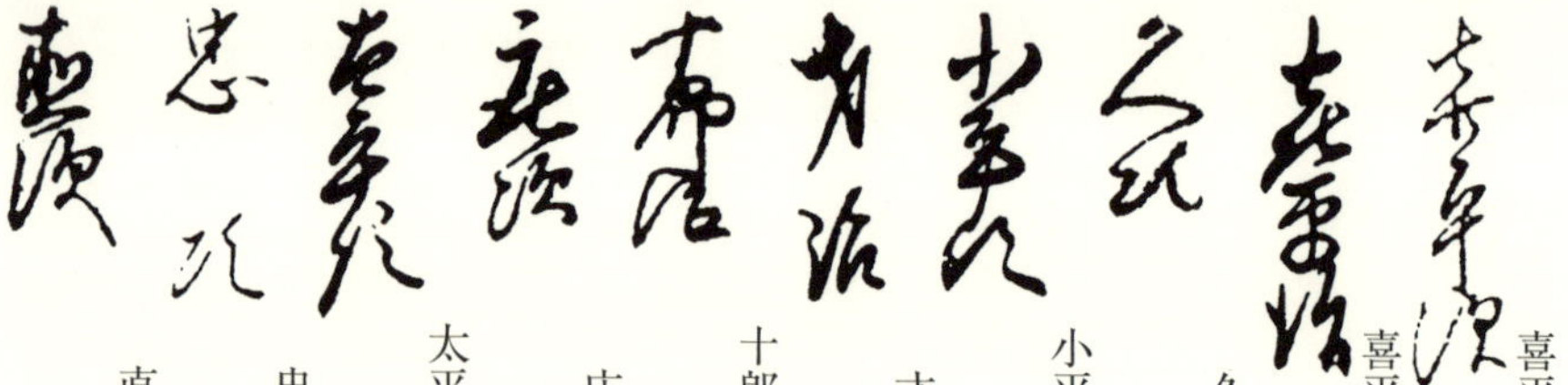

喜平次　喜平治　久次　小平次　才治　十郎治　庄次　太平次　忠次　直次

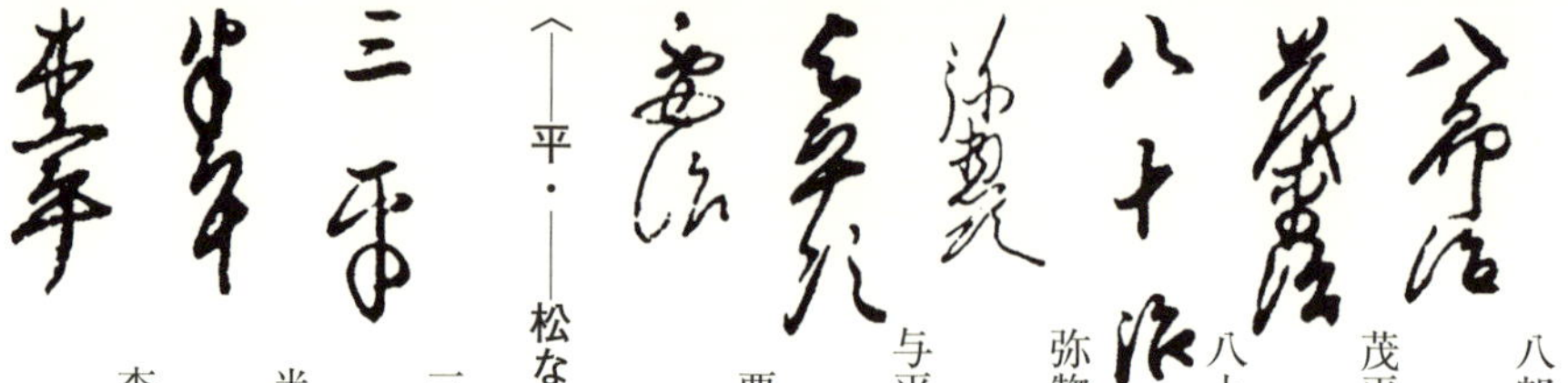

八郎治　茂平治　八十治　弥惣次　与平次　要治　〈――平・――松など〉　三平　半平　杢平

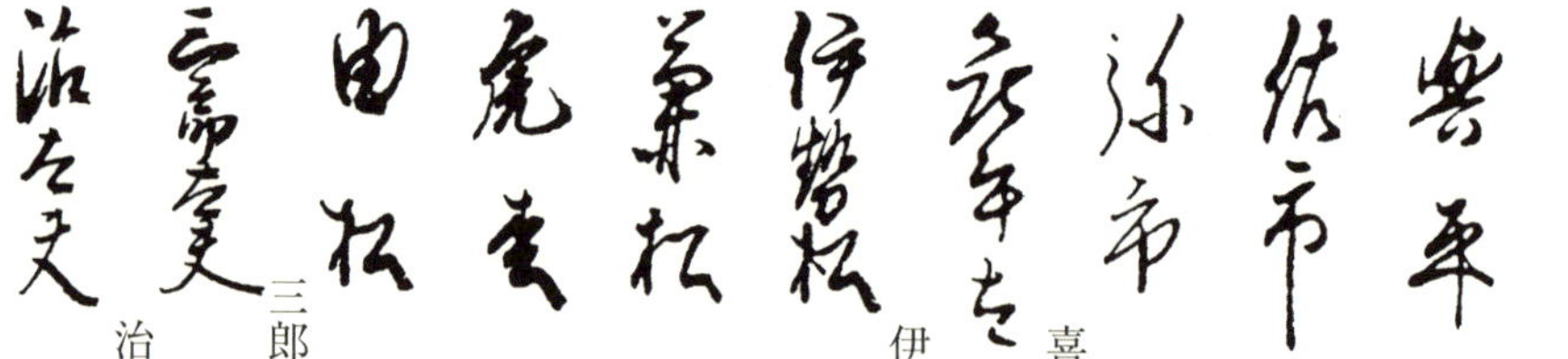

与平　佐市　弥市　喜平太　伊勢松　兼松　虎松　由松　三郎太夫　治太夫

八郎大夫　六太夫　長作　与作　作造　伝造　弁造　岩之丞　甚之丞　惣内

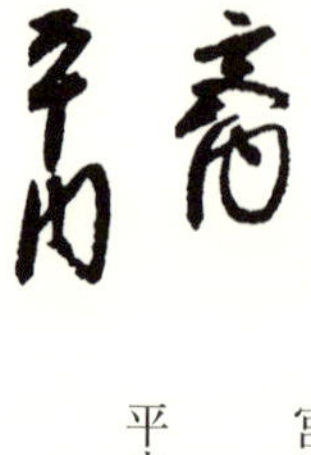

宮内　平内

古文書編【どこで】

◇47 旧国名一覧……154

◆47 旧国名一覧

【蝦夷】【陸奥】【出羽】【上野】【下野】【常陸】【下総】

【上総】【安房】【武蔵】【相模】【甲斐】【信濃】【越後】【佐渡】

【越中】【加賀】【能登】【越前】【若狭】【伊豆】【駿河】【遠江】

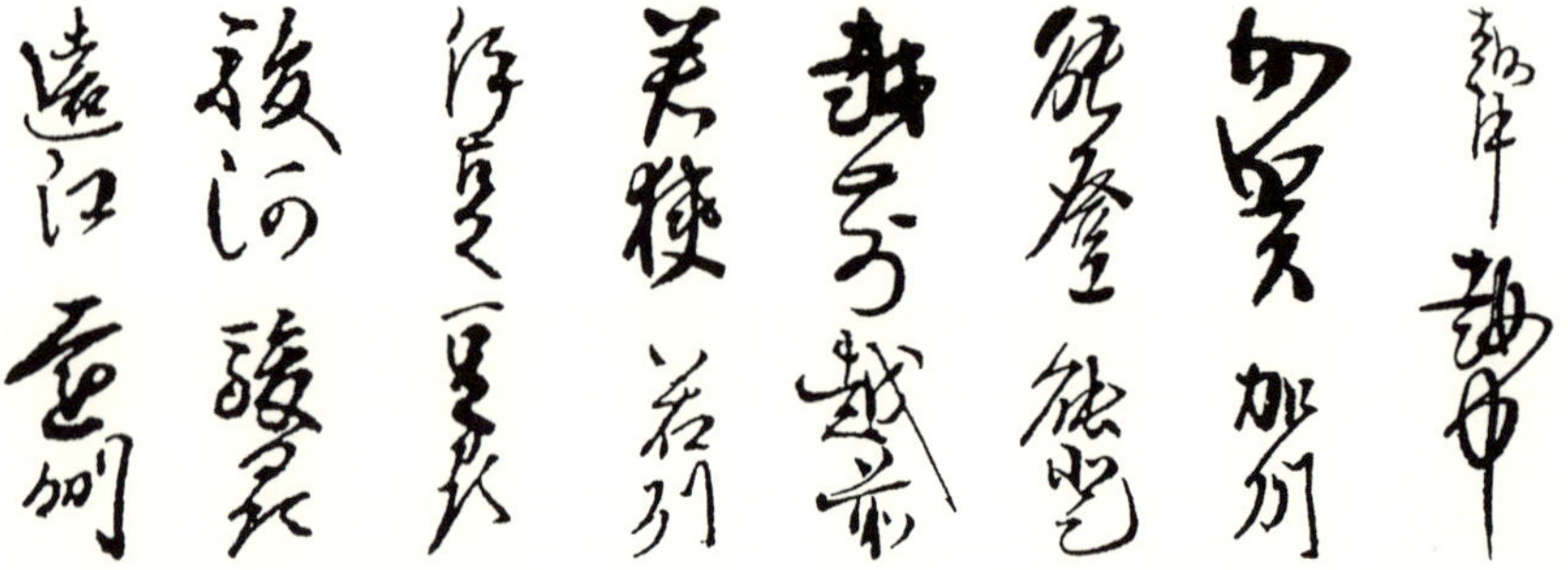

【三河】
【尾張】
【美濃】
【飛騨】
【伊勢】
【志摩】
【伊賀】
【近江】

【山城】
【丹波】
【丹後】
【河内】
【和泉】
【摂津】
【大和】
【紀伊】

【播磨】
【但馬】
【淡路】
【備前】
【備中】
【美作】
【備後】
【安芸】

【因幡】【伯耆】【出雲】【石見】【隠岐】【周防】【長門】【讃岐】

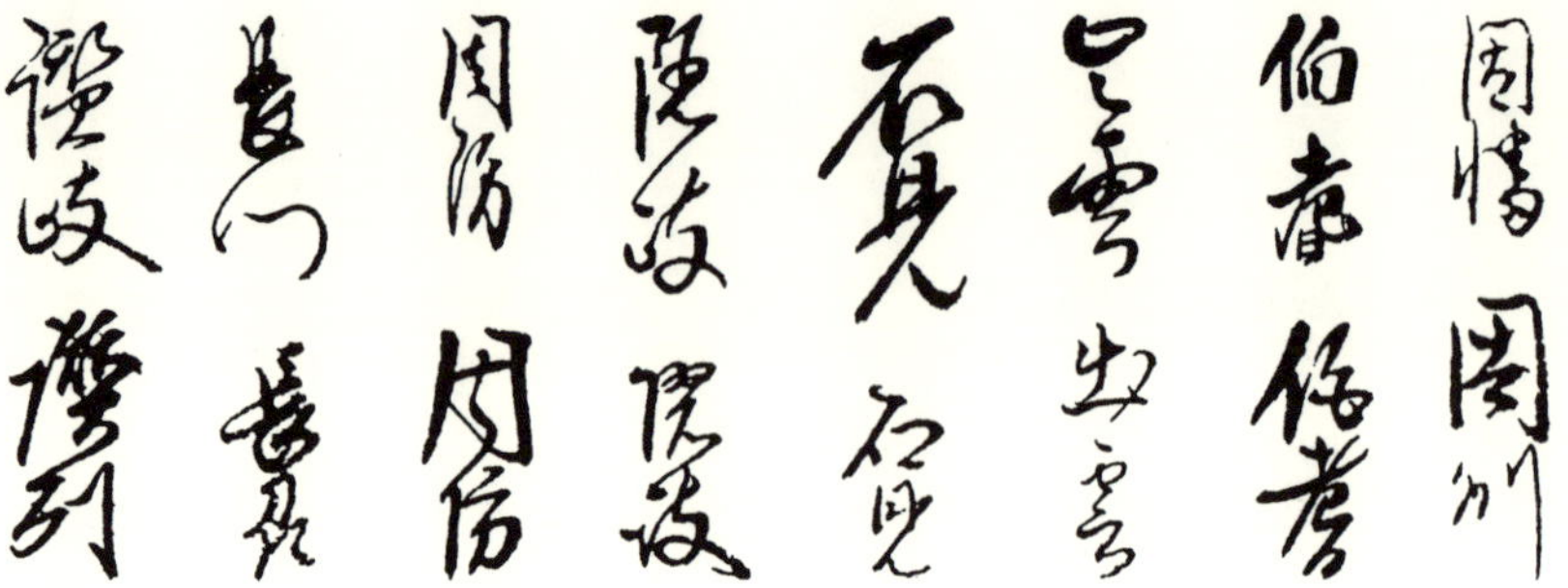

【阿波】【伊予】【土佐】【筑前】【筑後】【肥前】【壱岐】【対馬】

【肥後】【豊前】【豊後】【日向】【大隅】【薩摩】【琉球】

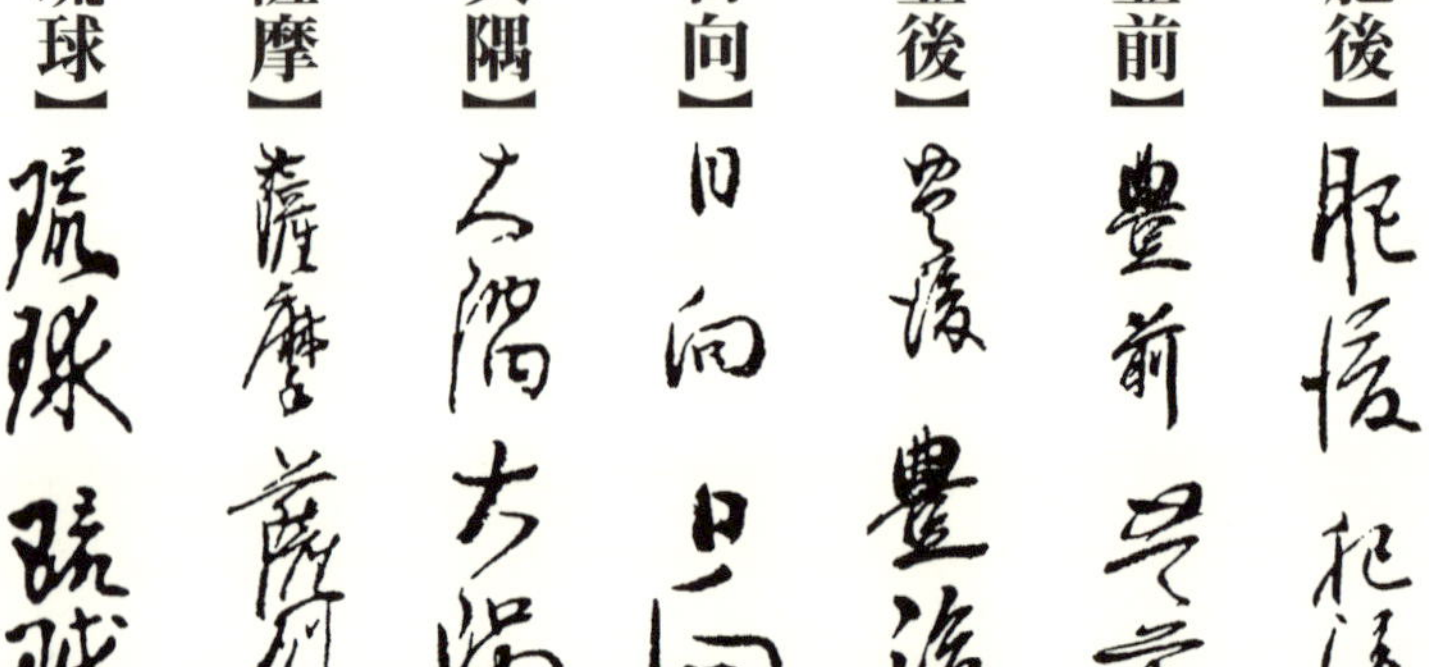

古文書編【なにを】

◆48 古文書の形状……158
◆49 古文書の書出しと文末……160
◆50 数字……165
◆51 度・量・衡の単位……166
◆52 貨幣の単位……168
◆53 変体仮名……169
◆54 異体字……178
◆55 難読用語……182
◆56 主要部首別くずし字……184

◆48 古文書の形状

〈一紙物（状物）〉

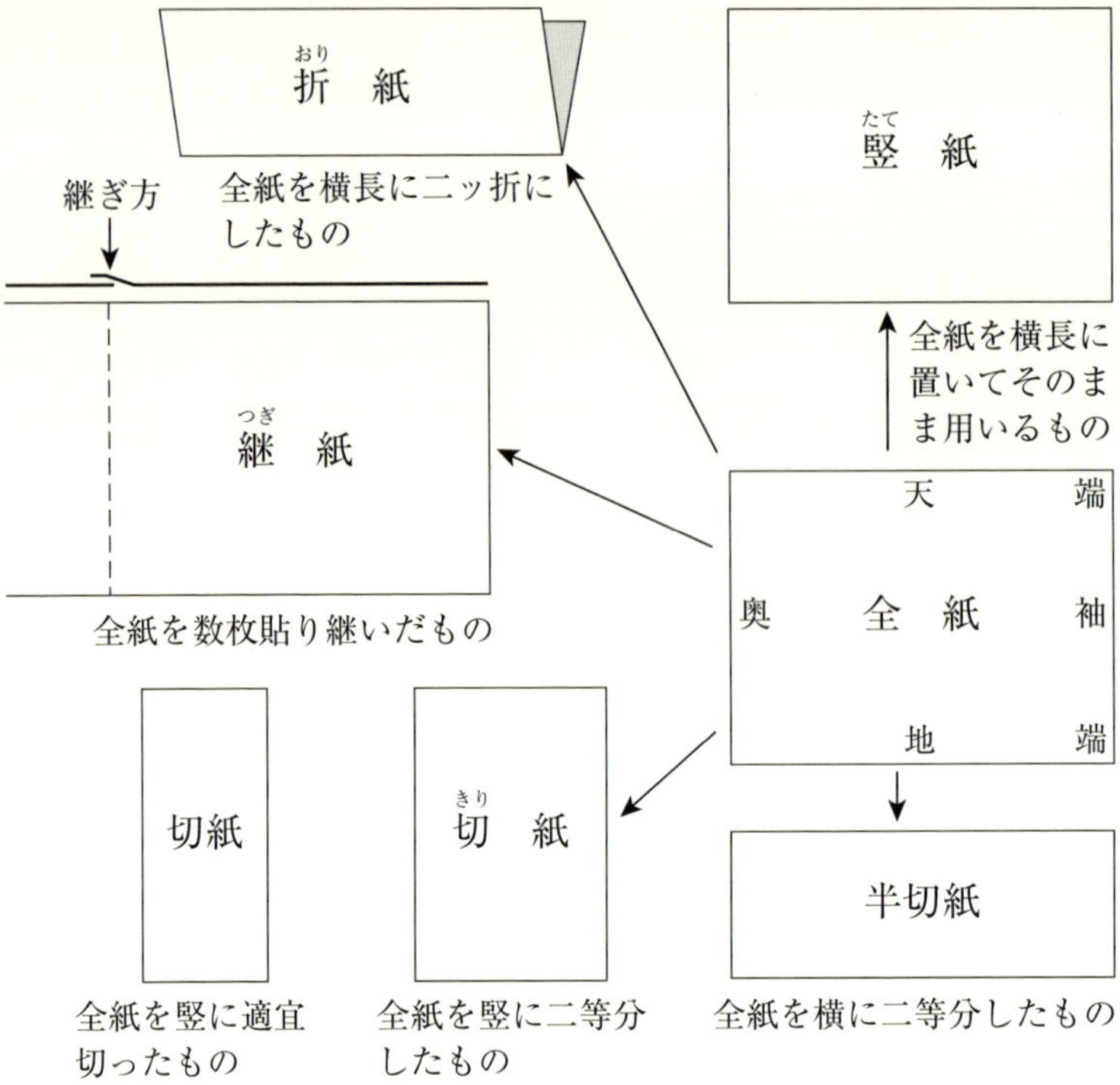

竪《たて》紙
全紙を横長に置いてそのまま用いるもの
折《おり》紙
全紙を横長に二ッ折にしたもの
継ぎ方
継《つぎ》紙
全紙を数枚貼り継いだもの
天
端
奥
全紙
袖
地
端
半切紙
全紙を横に二等分したもの
切《きり》紙
全紙を竪に二等分したもの
切紙
全紙を竪に適宜切ったもの

文書には小さい紙状のもの、くるくる巻いて筒状になったもの、厚い帳面になっているものなどいろいろあります。また縦長だったり横長だったり、小型だったり大型だったりします。

それらは大きく分けると、一枚の紙状になっている一紙物（状物）と、帳面になっている冊子物（簿冊）に分類することができます。

そして、そのどちらも、料紙と呼ばれる一枚の紙が基本になっています。料紙は、紙の産地などにより多少大きさや質が違いますが、ほぼ縦二十三cm、横三十三cmほどです。これを貼り合わせたり、切ったり閉じたりすることによって、いろいろな形状になっているわけです。

右ページの図で、一紙物を見てみましょう。

料紙一枚（全紙）を横長に置いたものが「竪紙」です。一枚に書ききれる内容のものは、たいていこの形状で書かれています。それを縦に切った「切紙」、横に切った「半切紙」、横半分に折っ

〈冊子（薄冊）〉

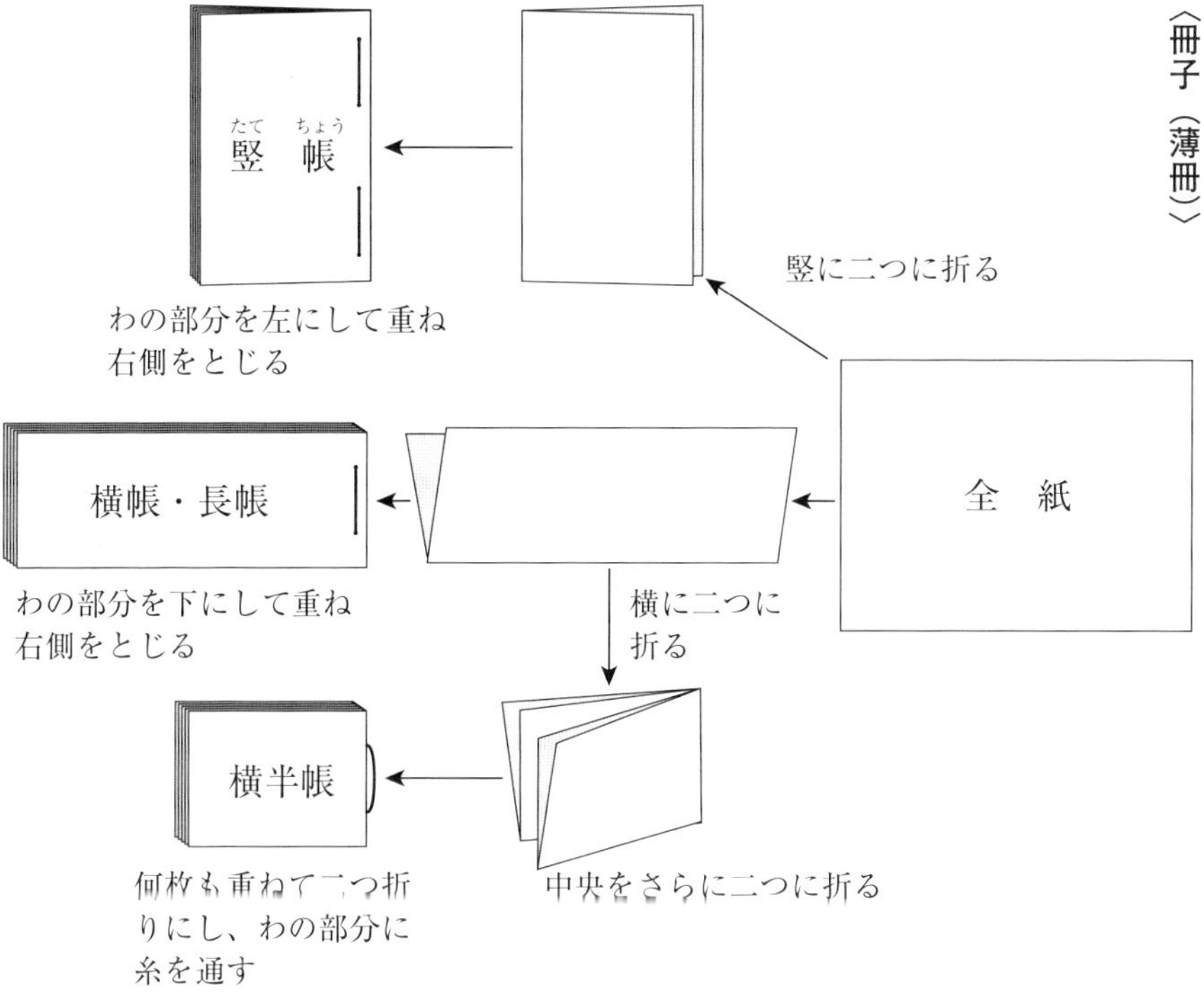
竪《たて》帳《ちょう》
わの部分を左にして重ね
右側をとじる
竪に二つに折る
全　紙
横帳・長帳
わの部分を下にして重ね
右側をとじる
横に二つに
折る
横半帳
何枚も重ねて二つ折
りにし、わの部分に
糸を通す
中央をさらに二つに折る

た「折紙」も使われました。

一枚に書ききれない場合は、糊で継ぎます。これが「継紙」です。一枚だけ継いでいる場合もあれば、巻いた時にかなりの分厚さになるほど継いだ文書もあります。書状などは半切紙を糊で継いだものが多く使われました。

左ページの図が冊子物です。

帳面の形式は、大量の情報を記載するのに有効でした。「竪帳」は、幕府や藩への提出書類、御用留など、よくみられる形状です。「横帳」は、年貢や金銭などの取り立て計算に関する勘定帳簿類として利用されています。また、横帳形態のものは、それを何冊も綴じ合わせた列帖綴になっているものが見られます、驚くほど分厚い大福帳などがそれで、記載分量が増えた場合に丁数を自由に増やすことができます。

目的や内容、そして便利さを考えて、いろいろな形状が工夫されてきたことがわかります。

◆49 古文書の書出しと文末

〈書出し〉

入置申一札之事

入置申一札之事

差出シ申詫一札之事

差上申御約定一札之事

指上申五人組一札之事

送り一札之事

取替一札之事

浦証文之事

指上ケ申証文之事

金子証文之事

指上申鉄炮証文之事

差上申御請書之事

奉公人受状之事

請取漆手形之事

由緒手形之事

預り申加地子畑手形之事

五人組御定書之事

口書之事

預り申金子之事

請取申春御足高米之事

辰御年貢米金皆済目録

巳年御年貢皆済目録

武州新倉郡膝折村検地水帳

丑御年貢通帳

宗門御改帳

御番帳

宗門人別帳

品々御尋書上ヶ帳

諸色覚帳

組合村々申合覚

寺社取調書上帳

五人組御仕置帳

乍レ恐以二書付を一御訴訟奉二申上一候

乍レ恐口上書ヲ以奉レ願候

乍レ恐以二書付一奉二願上一候

乍レ恐以二書付一奉二願上一候

乍レ恐以二書付一奉二願上一候

乍レ恐書付を以奉二願上一候

覚

覚書

万覚帳

口上之覚

口達之覚

條々

条々

〈文末〉

御尋之節口上を以奉二申上一候、以上

此段御届奉二申上一候、以上

右者御尋ニ付有躰奉二申上一候、以上

右之通り慥ニ預り置申候、以上

偏ニ難レ有仕合奉レ存候、以上

大小之百姓難レ有奉レ存候、以上

跡式被二仰付一被レ下候様奉二願置一候、以上

為二後証一如レ此ニ候、以上

誰殿ゟ御達可レ有候、以上

御用之儀候間、明日四時可レ有二登　城一候、以上

猶宜節御案内可二申入一候、已上

御達有レ之候間、早々御通達申候、已上

御施入奉レ希候候、已上

為二後念一一同連印一札差入申処如レ件

御請印形差上申処如㆑件

為㆑其議定連印如㆑件

為㆓後日㆒仍如㆑件

為㆓後日㆒仍而手形如㆑件

為㆓後日㆒請状仍而如㆑件

一札差出申候処仍如㆑件

先判之旨弥不㆑可㆑有㆓
相違㆒之状如㆑件

御約定一札仍而如㆑件

依㆑之御請書奉㆓差上㆒候、仍而如㆑件

右之趣為㆑可㆓相達㆒如㆑此候

次飛脚遣候条如㆑斯候、恐々謹言

紙面之趣達㆓
上聞㆒候　恐々謹言

御勤番之段令㆓承知㆒候、恐惶謹言

急度可㆑致㆓皆済㆒者也

◆50 数字

【壱】【弐】【三】【四】【五】【六】【七】

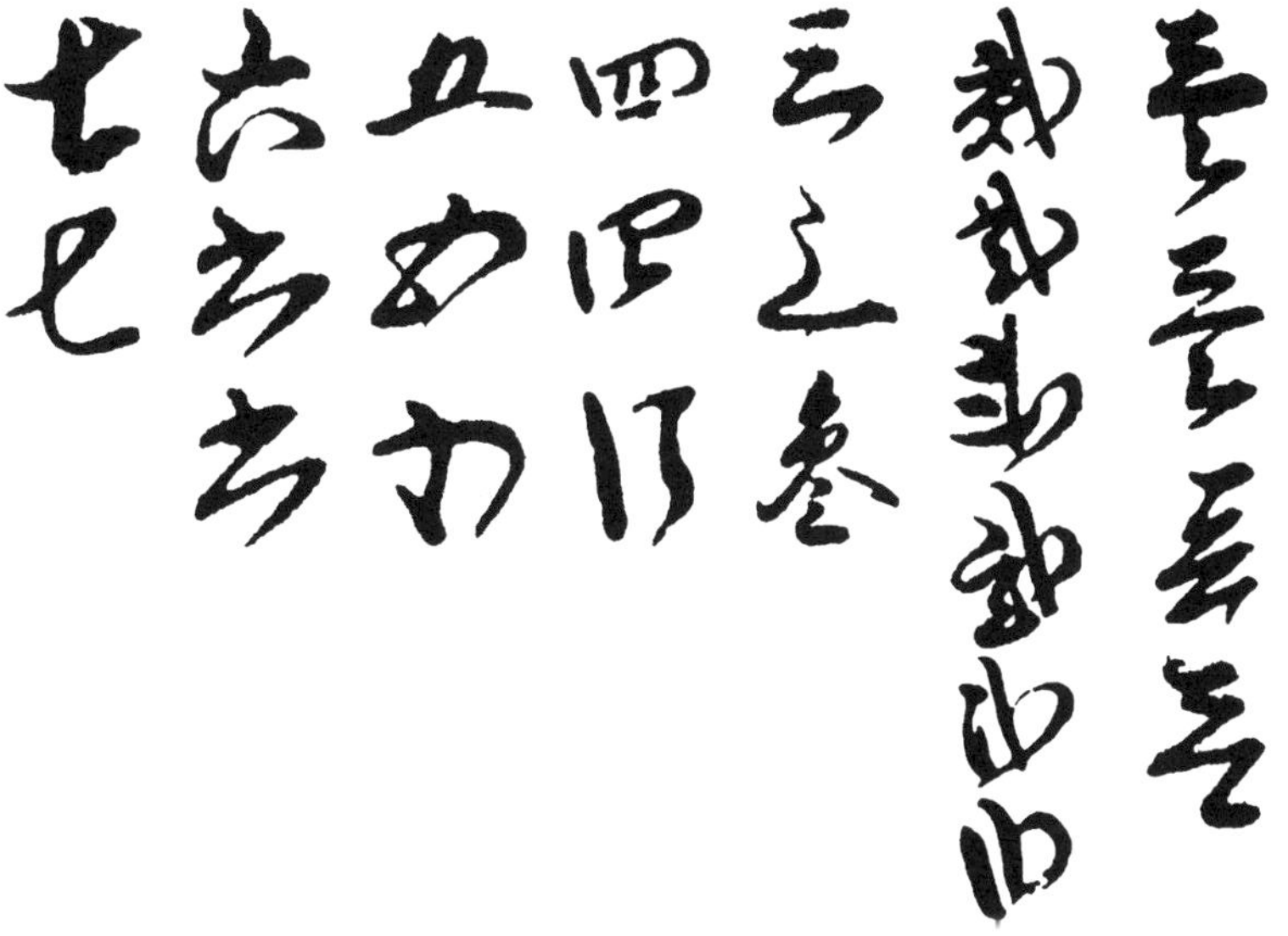

【八】【九】【十】【拾】【廿】【丗】

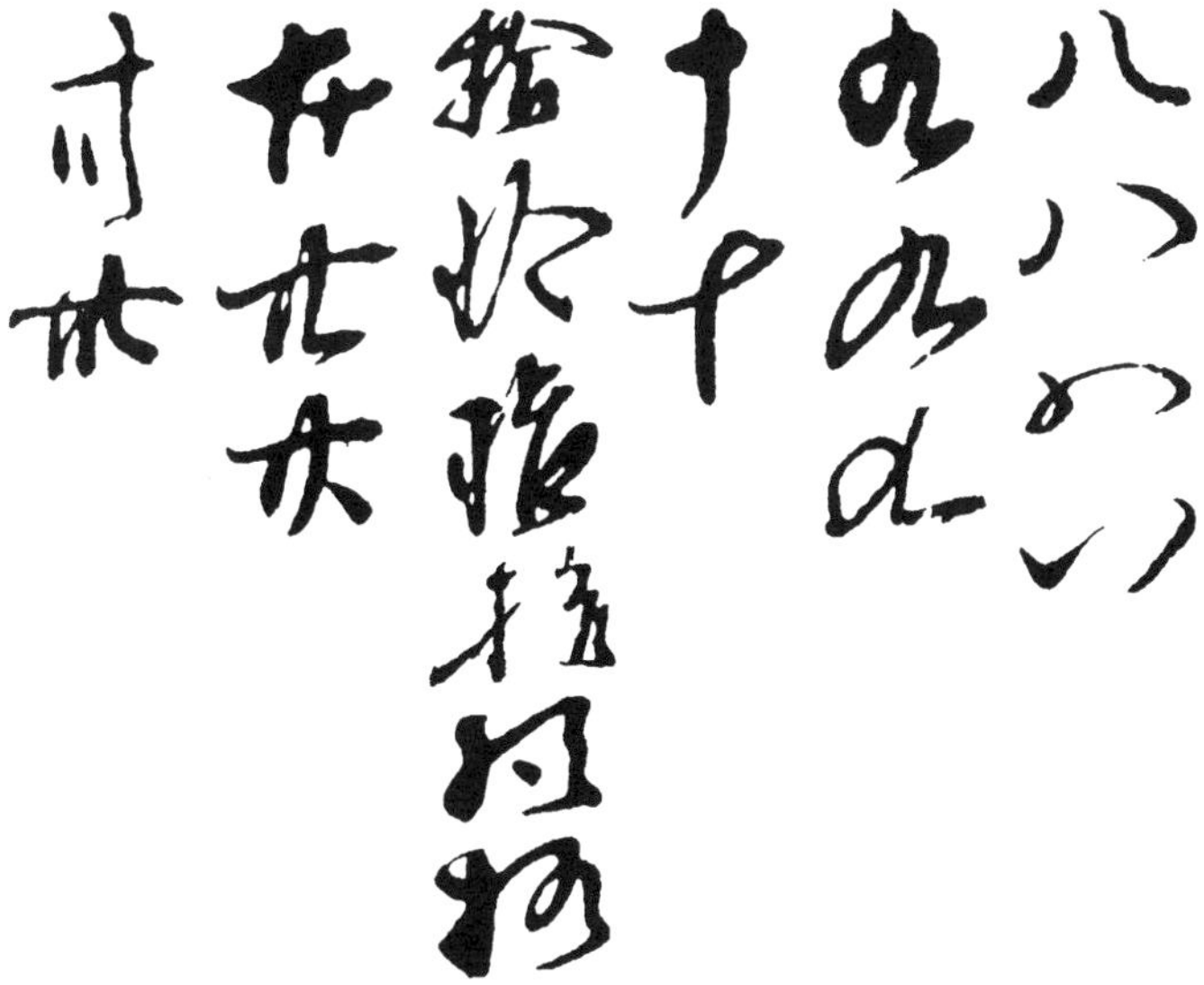

古文書編【なにを】

◆51 度・量・衡の単位

〈割合〉

【割】

【分】

【厘】

【毛】

〈重さ〉

【貫】

【匁】

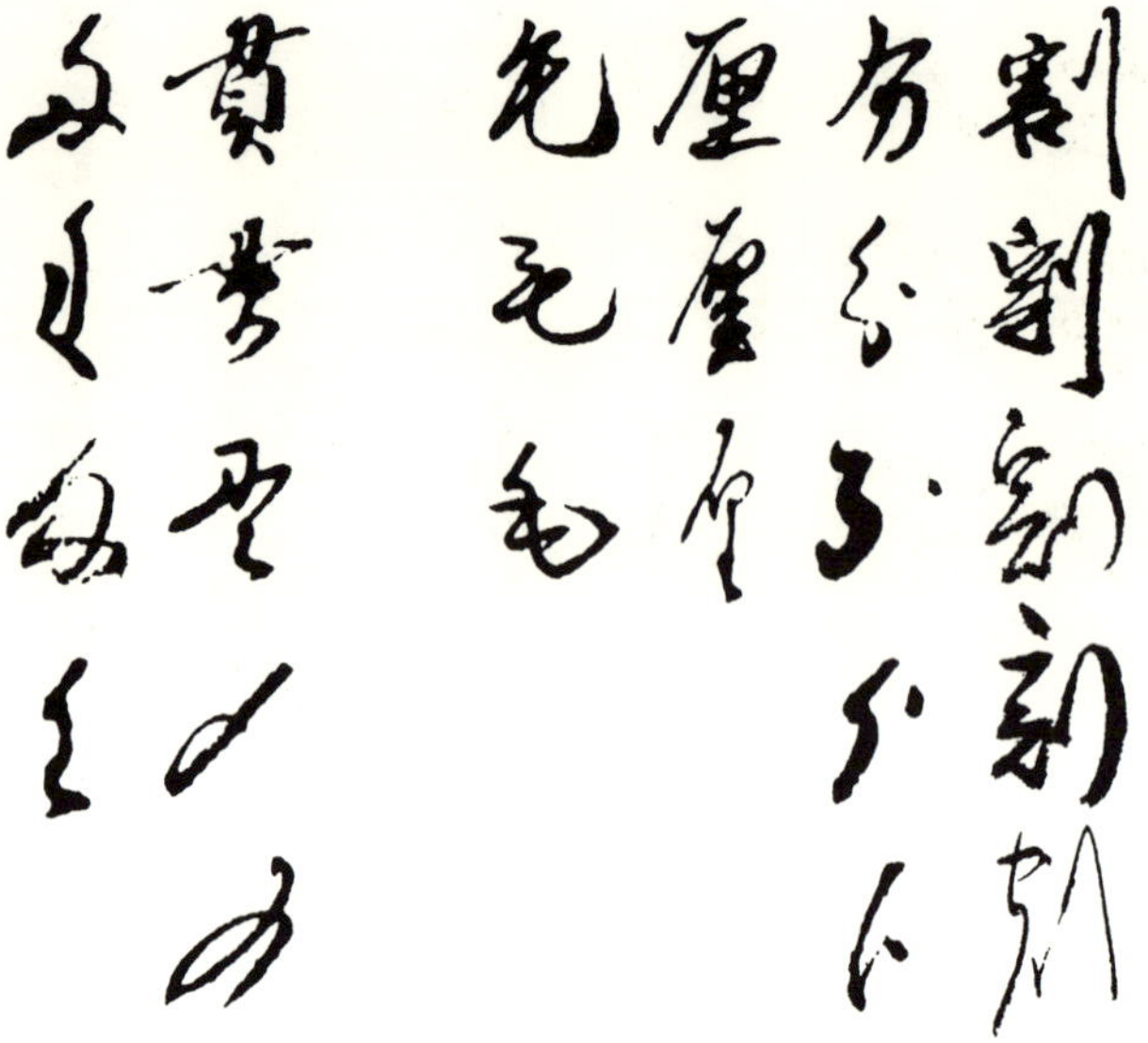

〈量〉

【石】

【斗】

【升】

【合】

【勺】

【才】

【俵】

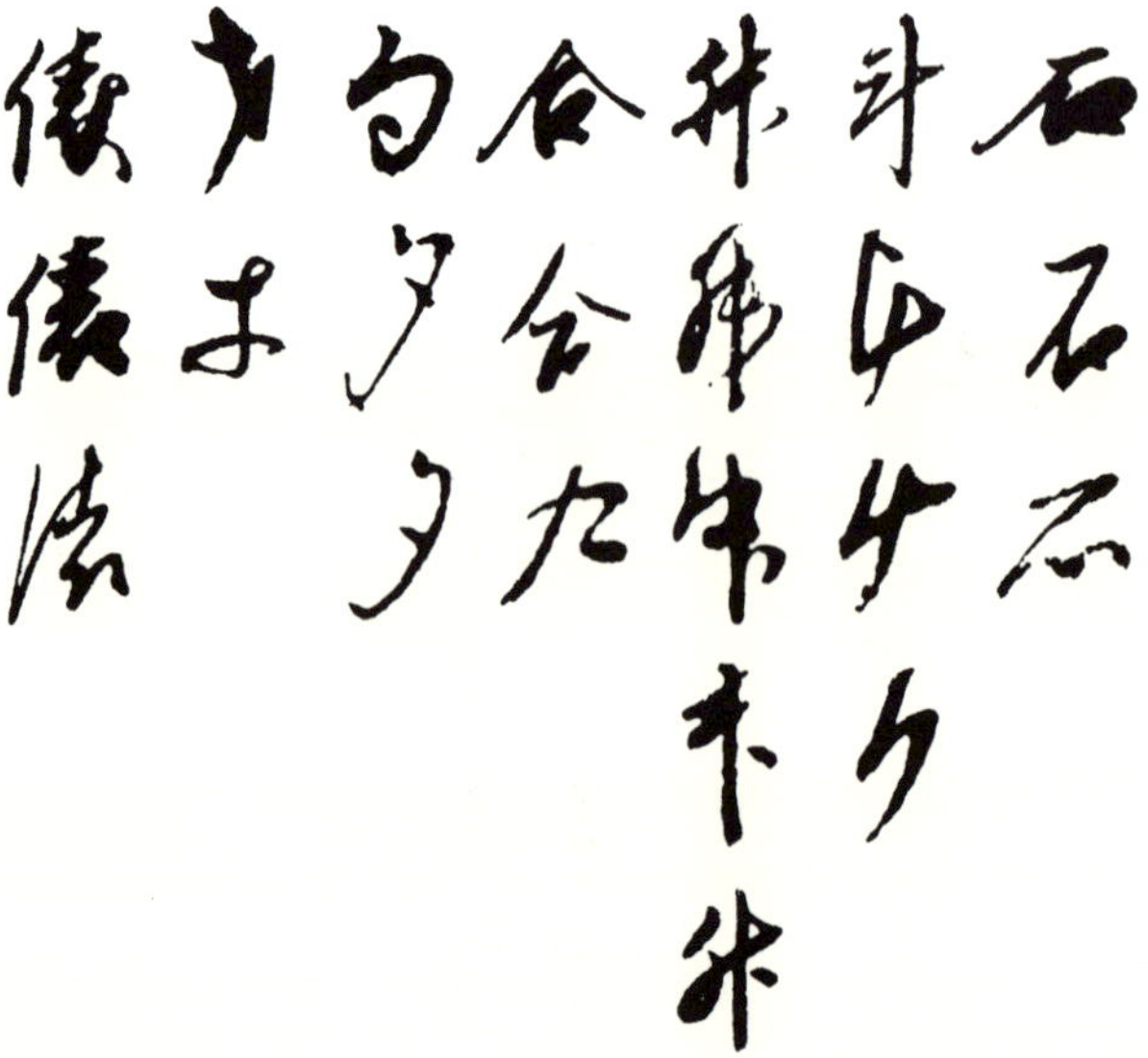

〈長さ〉

【里】【町】【丈】【間】【尺】【寸】【分】

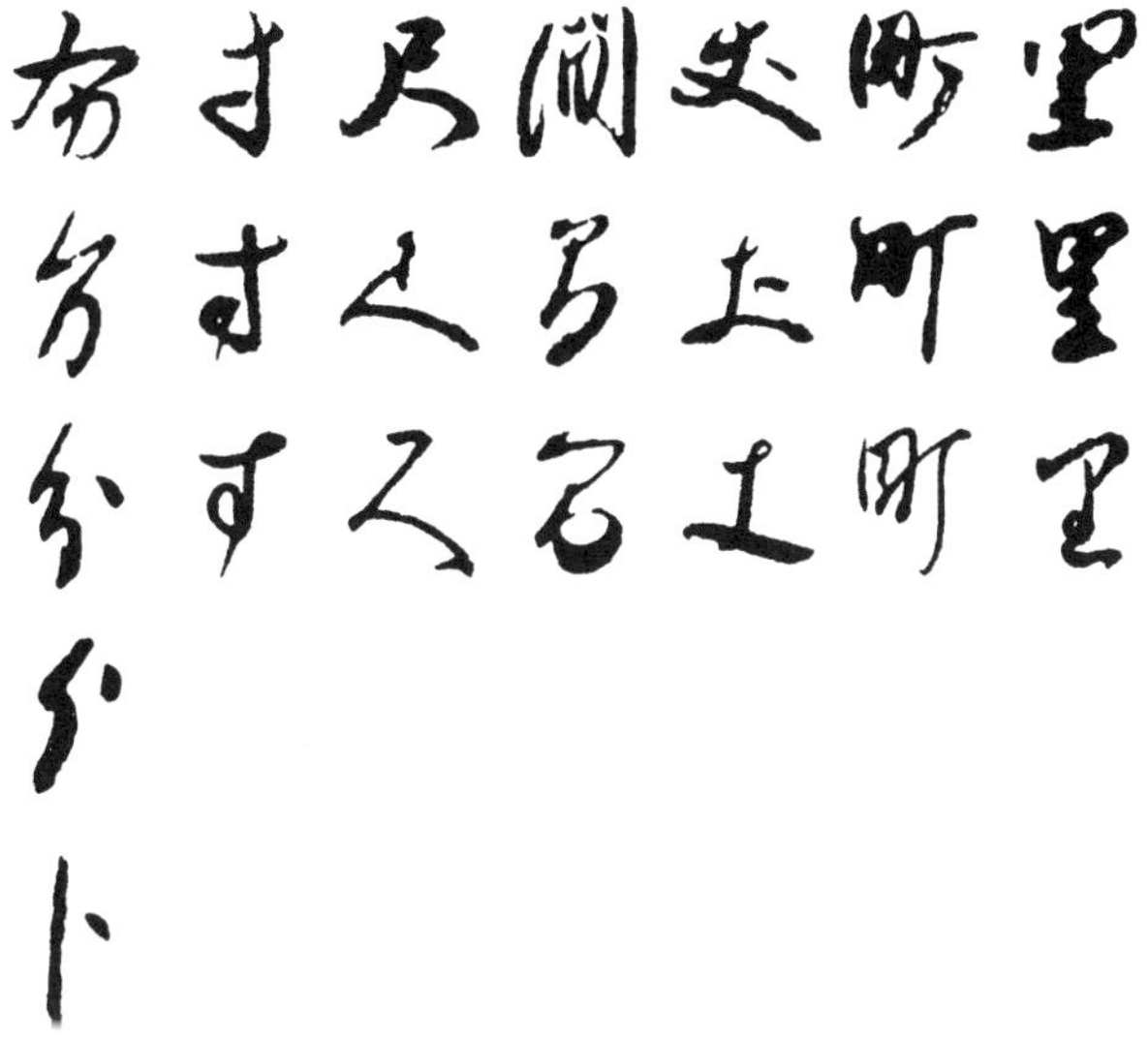

〈面積〉

【町】【反】【段】【畝】【歩】【坪】

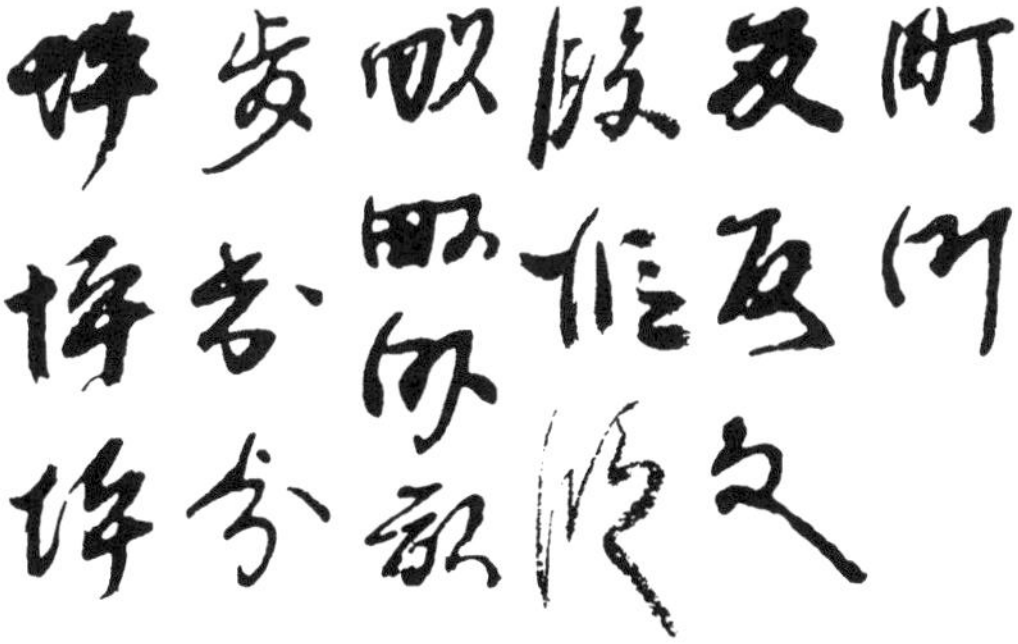

◆52 貨幣の単位

〈金〉

【両】

【分】

【朱】

〈銀〉

【貫】

【匁】

〈銭〉

【文】

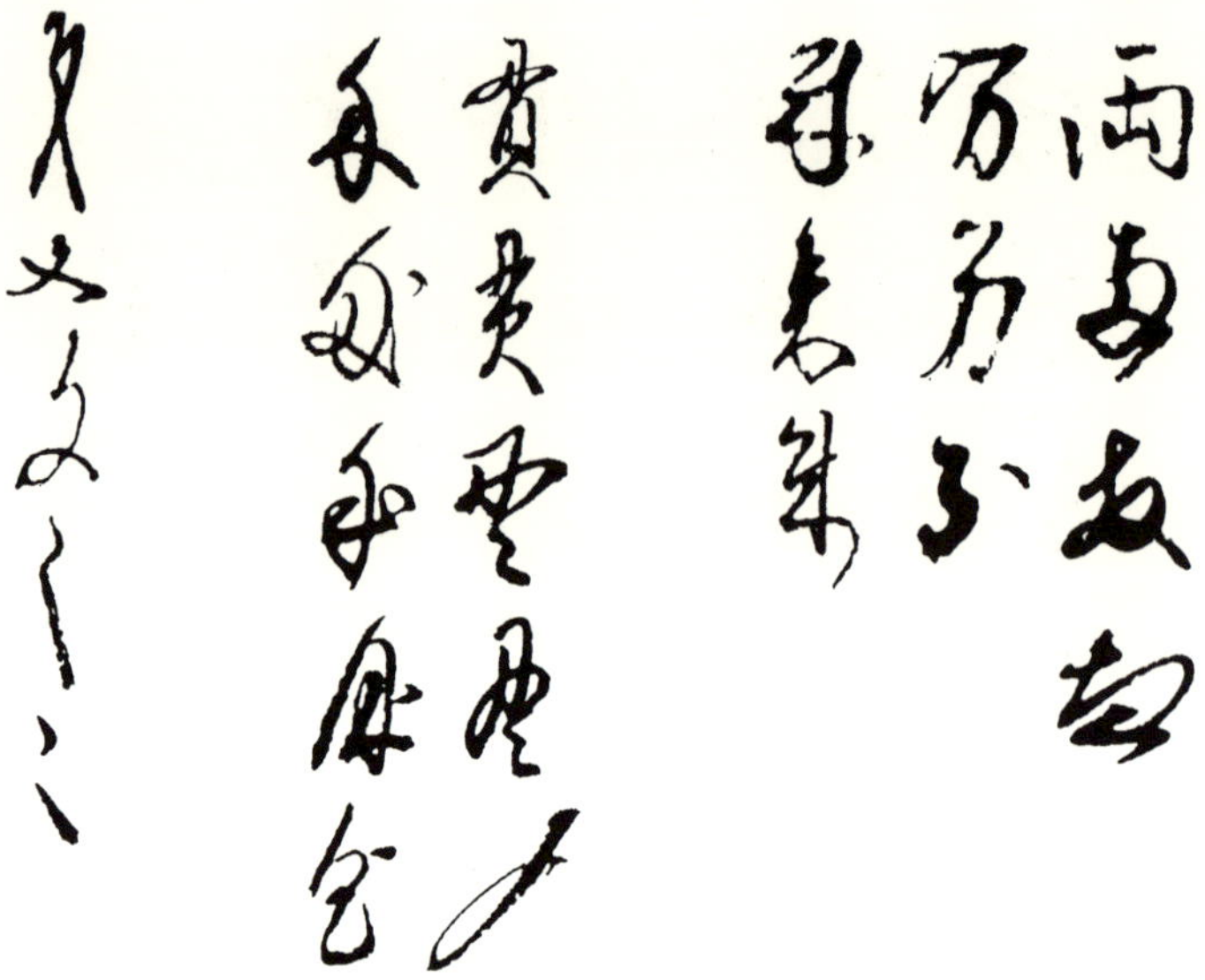

金壱両弐分

金拾弐両

金七両壱分弐朱永八拾七文七分

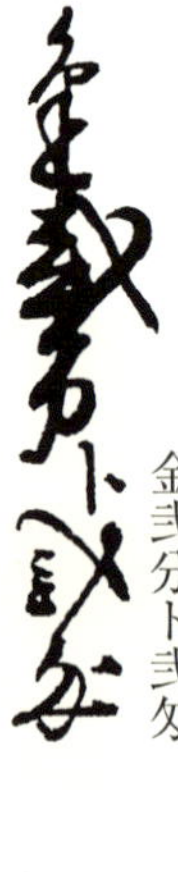

金弐分ト弐匁

銀廿五匁

銭弐貫弐百五拾文ツ、

銭三貫文

永壱貫弐百五十文

◇53 変体仮名

あ

【安】

【阿】

い

【以】

【伊】

う

【宇】

え

【衣】

【得】

【江】

【盈】

お

【於】

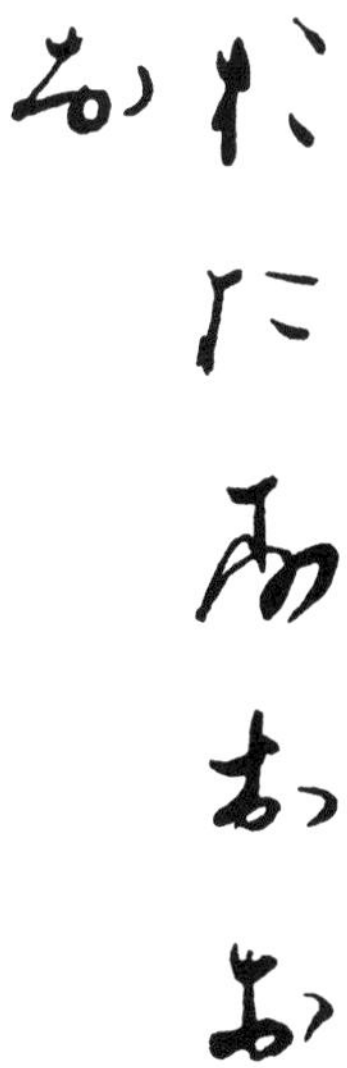

か

【加】

【可】

【閑】

き

【幾】

【支】

【起】

【記】

【喜】

く

【久】

【具】

【俱】

け

【計】

【个】

【遣】

【希】

【気】

こ

【己】

【古】

さ

【左】

【佐】

し

【之】

【志】

【新】

す

【寸】

【春】

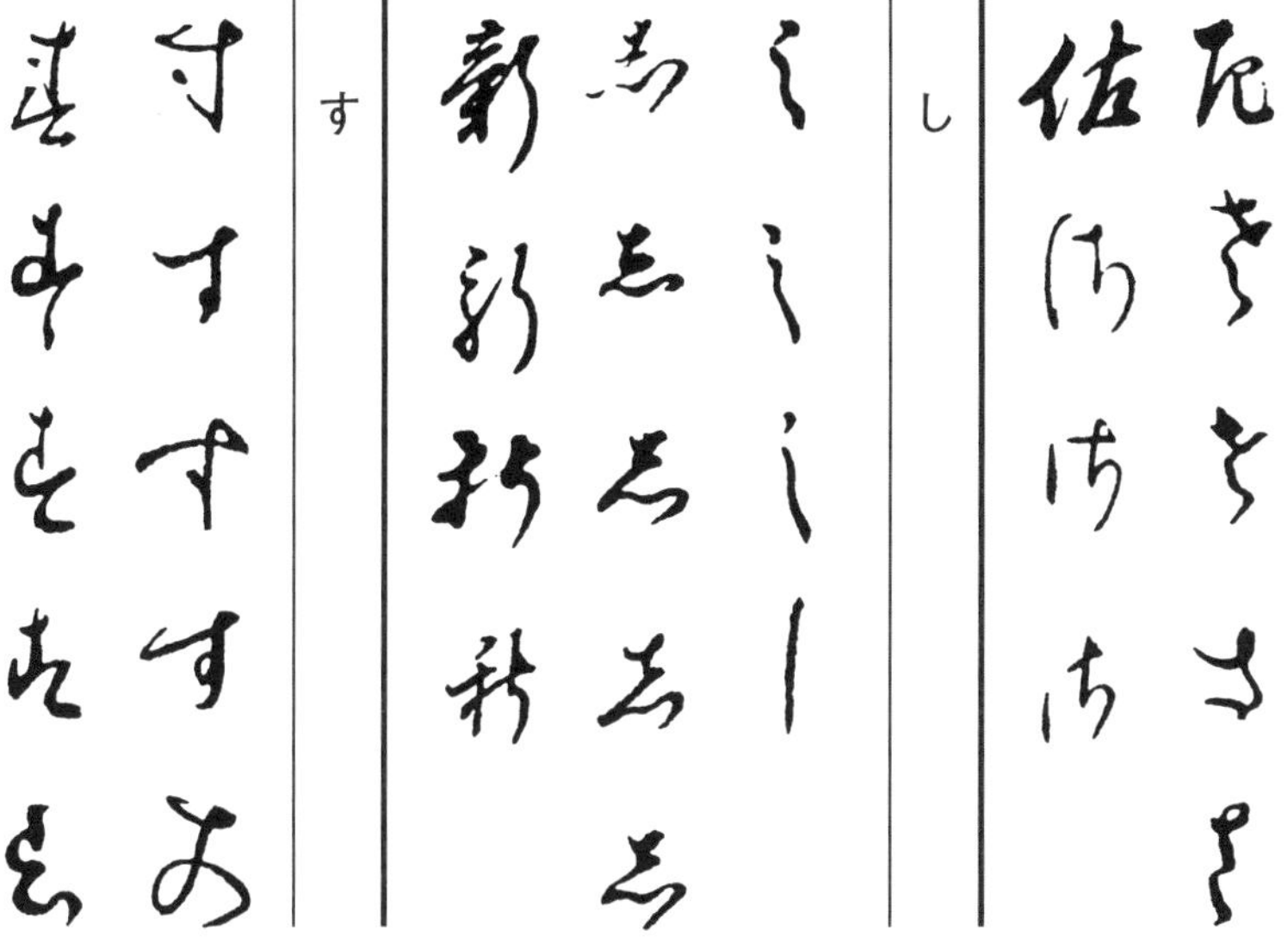

【須】

【寿】

せ

【世】

【勢】

そ

【曾】

【所】

【楚】

た

【太】

【多】

【堂】

ち

【知】

【地】

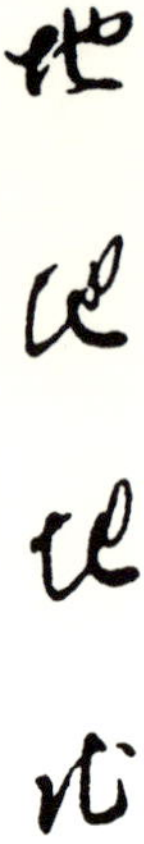

つ

【川】

【徒】

【津】

て

【天】

【亭】

【而】

と

【止】

【与】

【登】

な

【奈】

【那】

に

【仁】

【丹】

【尓】

【耳】

ぬ

【奴】

【怒】

ね

【祢】

【年】

の

【乃】

【能】

【農】

【之】

は

【波】

【者】

【盤】

【半】

【八】

ひ

【比】

【飛】

【日】

ふ

【不】

【布】

【婦】

へ

【部】

【辺】

【遍】

ほ

【保】

【本】

ま

【末】

【万】

【満】

み

【美】

【見】

【三】

む

【武】

【無】

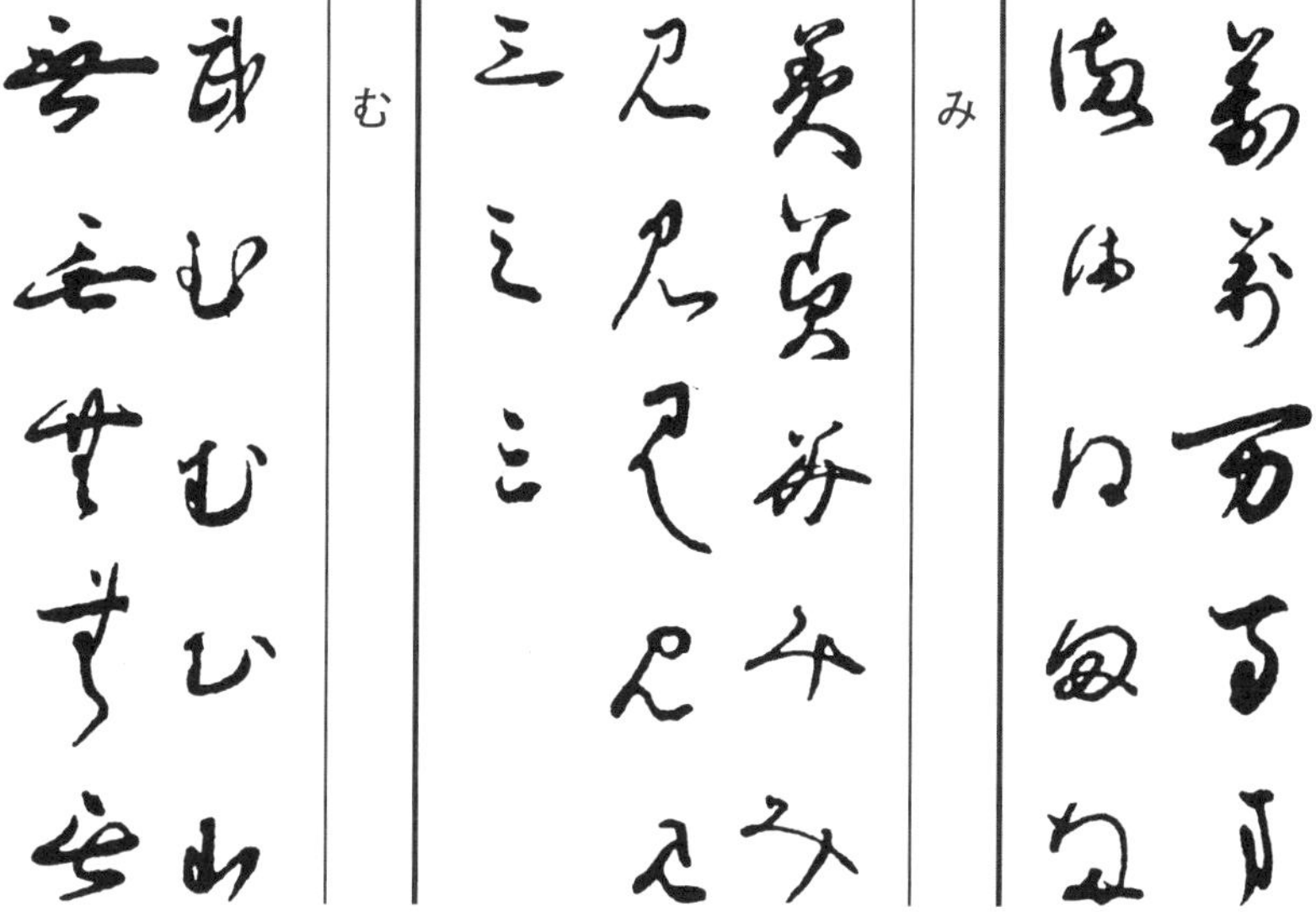

め

【女】

【免】

も

【毛】

【裳】

【母】

【茂】

や

【也】

【屋】

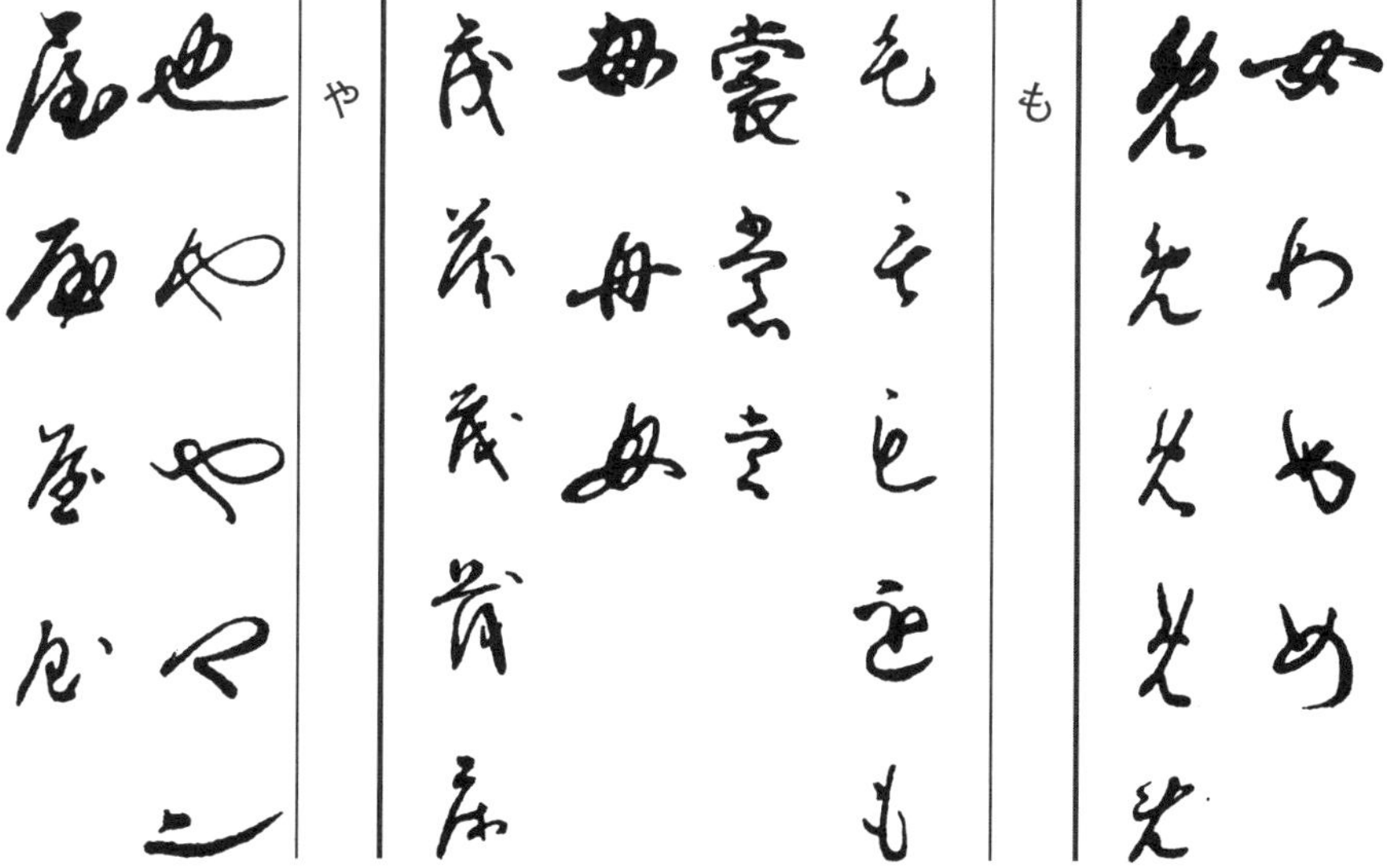

ゆ

【由】

【遊】

よ

【与】

ら

【良】

【羅】

り

【利】

【里】

【梨】

る

【留】

【流】

【類】

【累】

れ

【礼】

【連】

ろ

【呂】

【路】

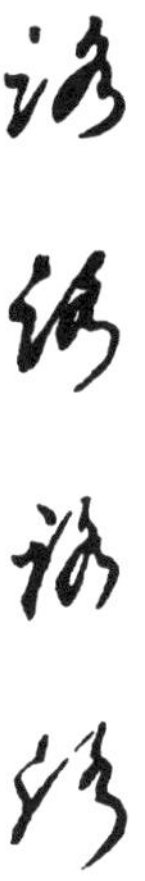

わ

【和】

【王】

ゐ

【為】

【井】

ゑ

【恵】

【衛】

を

【遠】

【越】

ん

【无】

◆54 異体字

[一] 丈 両 [乙] 乞 [亅] 事 [二] 互

[人・亻] 休 儘 [儿] 兎 [冂] 再 [几] 凡 処

[凵] 凶 出 [刀] 刈 判 [力] 勢 [十] 廿

廿 [卩] 卯 卯 [厶] 去 参 参 [口] 召

合 咎 咎 咎 品 員 喜 [土] 坐 埒

執 場 ［攵］ 夏 ［夂］ 多 ［亠］ 宜 寅 ［巛］

州 州 ［工］ 左 ［王］ 年 并 ［彳］ 往 ［忄・心・小］

忝 怪 悪 悴 慥 慢 ［戸］ 所 ［扌・手］ 承

抜 抜 抜 ［支］ 支 ［攵］ 数 ［方］ 於 ［日］

日 旨 時 ［曰］ 最 曾 ［木］ 様 橋 ［欠］

歌 歎 歟

〔氵・水〕 決 法 洩 漁

〔灬・火〕 煎

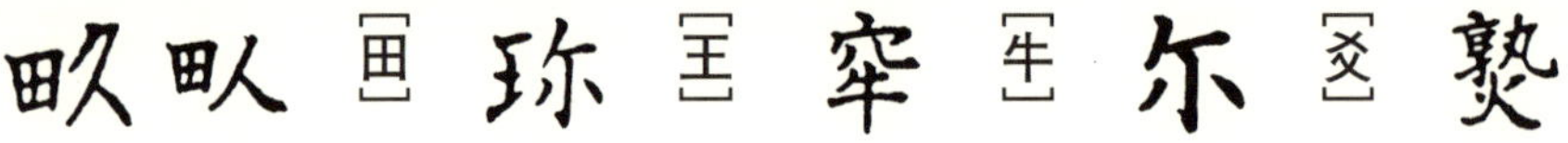

熟

〔爻〕 爾

〔牛〕 牢

〔王〕 珍

〔田〕 畝 畝

留 異 略

〔禾〕 秋

〔穴〕 究

〔竹〕 第 等

籠

〔糸〕 紙 網 網

〔耳〕 聊

〔月・肉〕 脇 腹

〔舟〕 船

〔艹・艸〕 荒 薬

〔見〕 規

〔角〕 解 解

［言］ 詔

［貝］ 負

［身］ 体

［辶・辶・辵］ 迄 逃 遊

［里］ 違

野 野

［金］ 鉄

［門］ 閏

［阝・阜］ 隙

［隹］ 難

［食］ 養

［馬］ 驅

［魚］ 魚

［鹿］ 麤

古文書編【なにを】

◆55 難読用語

四十集	あいもの
浅猿	あさまし
噯	あつかう
充行・宛行	あておこない・あてがい
跡式	あとしき
案内	あない
穴賢	あなかしこ
剰	あまつさえ
怪敷・怪鋪	あやしく
荒増・有増・荒猿	あらまし
安堵	あんど
幾許	いくばく
聊	いささか
五十集	いさば
労敷	いたわし・いたわしき
一途	いちず
日外	いつぞや
圦樋	いりひ
綺	いろい
況	いわんや
音信	いんしん
音物	いんもつ
浦山敷・浦山鋪	うらやましき
胡乱・烏乱	うろん
押領	おうりょう
長百姓	おさびゃくしょう
越度	おちど
越訴	おっそ
無覚束	おぼつかなし
垣内・垣外	かいと
欠落	かけおち
水主	かこ
重頭	がさつ
挊	かせぎ
忝	かたじけなし
合点	がってん・がてん
左右	かれこれ・そう
川欠	かわかけ
川除	かわよけ
鰥寡孤独	かんかこどく
欠米	かけまい・かんまい
聞召・聞食	きこしめす
急度・屹度・吃度	きっと
厳敷・厳鋪	きびしく
久離・旧離	きゅうり
剪紙	きりがみ
公事	くじ
曲事	くせごと
如件	くだんのごとし
口永	くちえい
口書	くちがき
口米	くちまい
与頭	くみがしら
委敷	くわしく
懈怠	けたい
闕所	けっしょ
検見・毛見	けみ
小以	こい
巨細	こさい
越石	こしこく
拵	こしらえ
悉	ことごとく
宰領・才領	さいりょう
下札	さげふだ
嘸々	さぞさぞ
察当・察度・差当	さっとう・さっと
扨・偖	さて
捌	さばく
聢与	しかと

加之　しかのみならず
悉皆　しっかい
入魂　じっこん
〆売　しめうり
〆買　しめがい
定免　じょうめん
正路　しょうろ・せいろ
除地　じょち・よけち
身上　しんしょう
身代限り　しんだいかぎり
助郷・助合　すけごう
宛　ずつ
都而　すべて
躮・悴　せがれ
勢子　せこ
相庭　そうば
抑　そもそも

慥　たしかに
足高　たしだか
頼母子・憑母子　たのもし
様　ためし
馳走　ちそう
打擲　ちょうちゃく
鳥渡　ちょっと
具　つぶさ
兎角　とかく
調　ととのえる
不取敢　とりあえず
取箇　とりか
内見　うちみ・ないけん
等閑　なおざり
永尋　ながたずね
抔　など
成箇　なりか
直段　ねだん
延米　のべまい
斗・計　ばかり

博労・馬口労　ばくろう
将又・将亦　はたまた
伴天連・破天連　ばてれん
甚敷・甚鋪　はなはだしく
甚以・太以　はなはだもって
刎米　はねまい
破免　はめん
日比・日来　ひごろ
只管・只顧　ひたすら
日次　ひなみ
夫食・夫喰・扶食　ふじき
不躾・無躾　ぶしつけ
風与・与風・不図・不斗　ふと
不如意　ふにょい
夫米　ぶまい
分米　ぶんまい

偏頗　へんぱ
売僧　まいす
前簾　まえかど
寔　まことに
間敷・間鋪・間布　まじく
未進　みしん
冥加　みょうが
六ヶ敷・六ツヶ敷・六借敷　むずかしく
村極　むらぎめ
無勿体　もったいなし
模通　もとおり
家守　やもり
努々　ゆめゆめ
余内・余荷・与荷　よない
無拠　よんどころなく
態々　わざわざ
纔　わずか

◆56 主要部首別くずし字

へん

【亻】【氵】【口】【土】【女】【子】【弓】【彳】【忄】

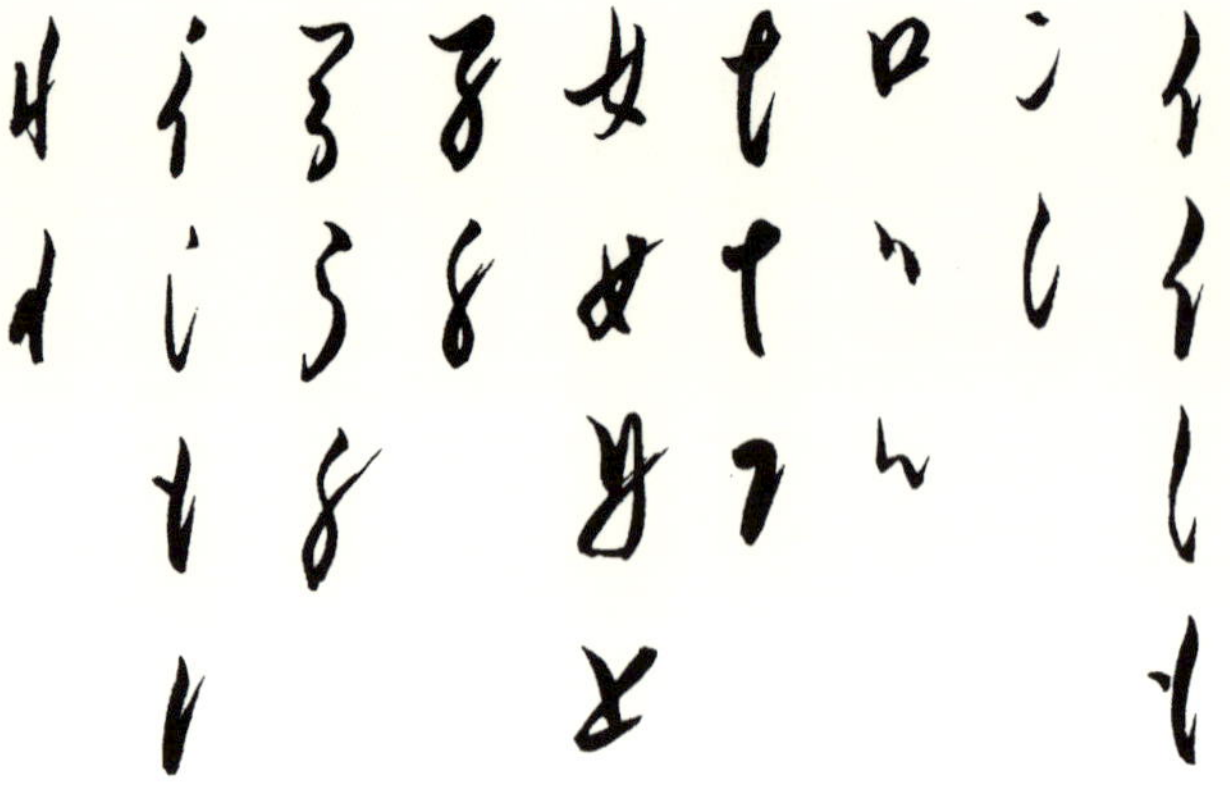

【扌】【巾】【氵】【山】【犭】【阝】【方】【日】【月】【火】【木】

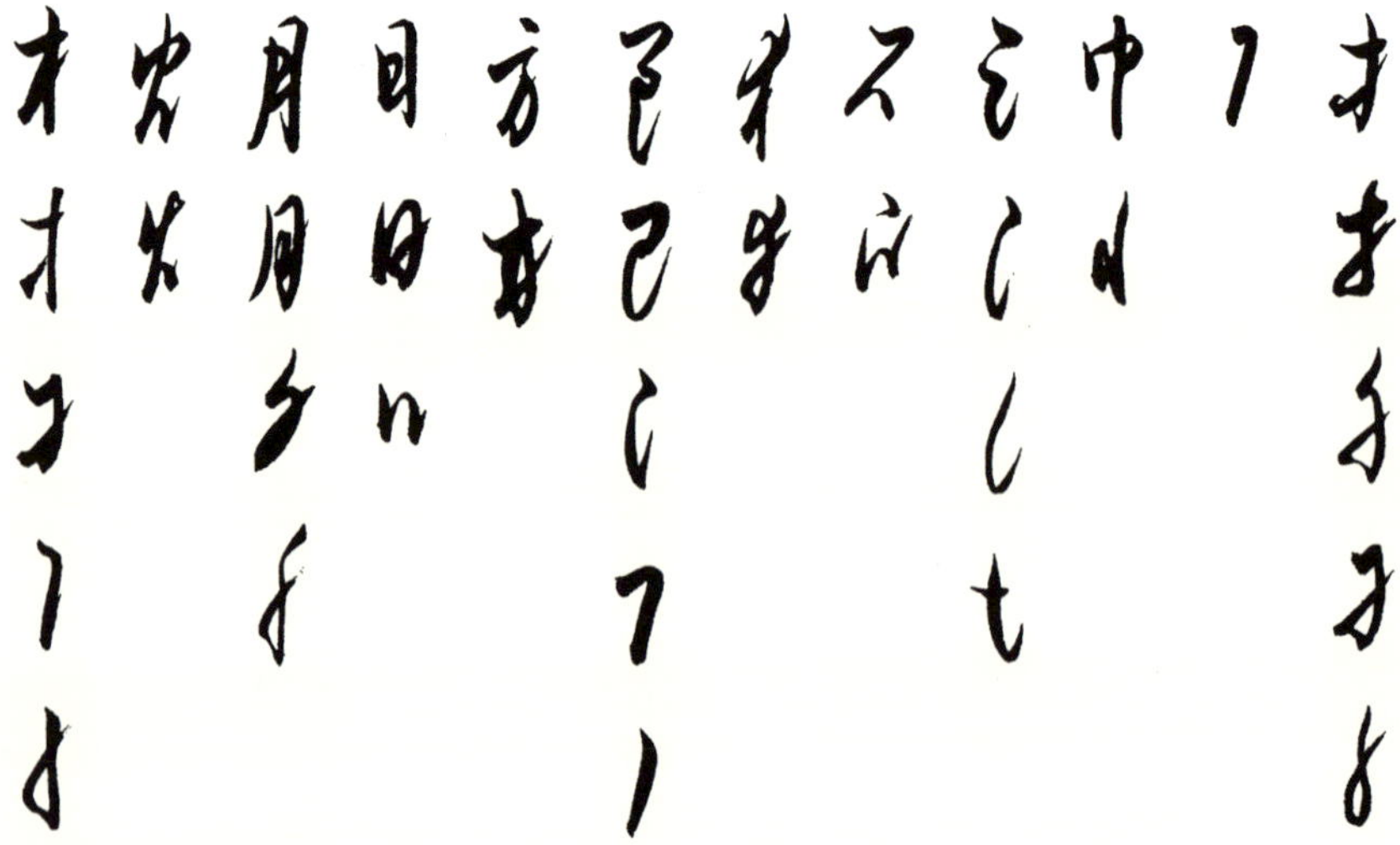

【歹】【牛】【王】【ネ】【禾】【立】【目】【石】【衤】【米】【糸】【耳】

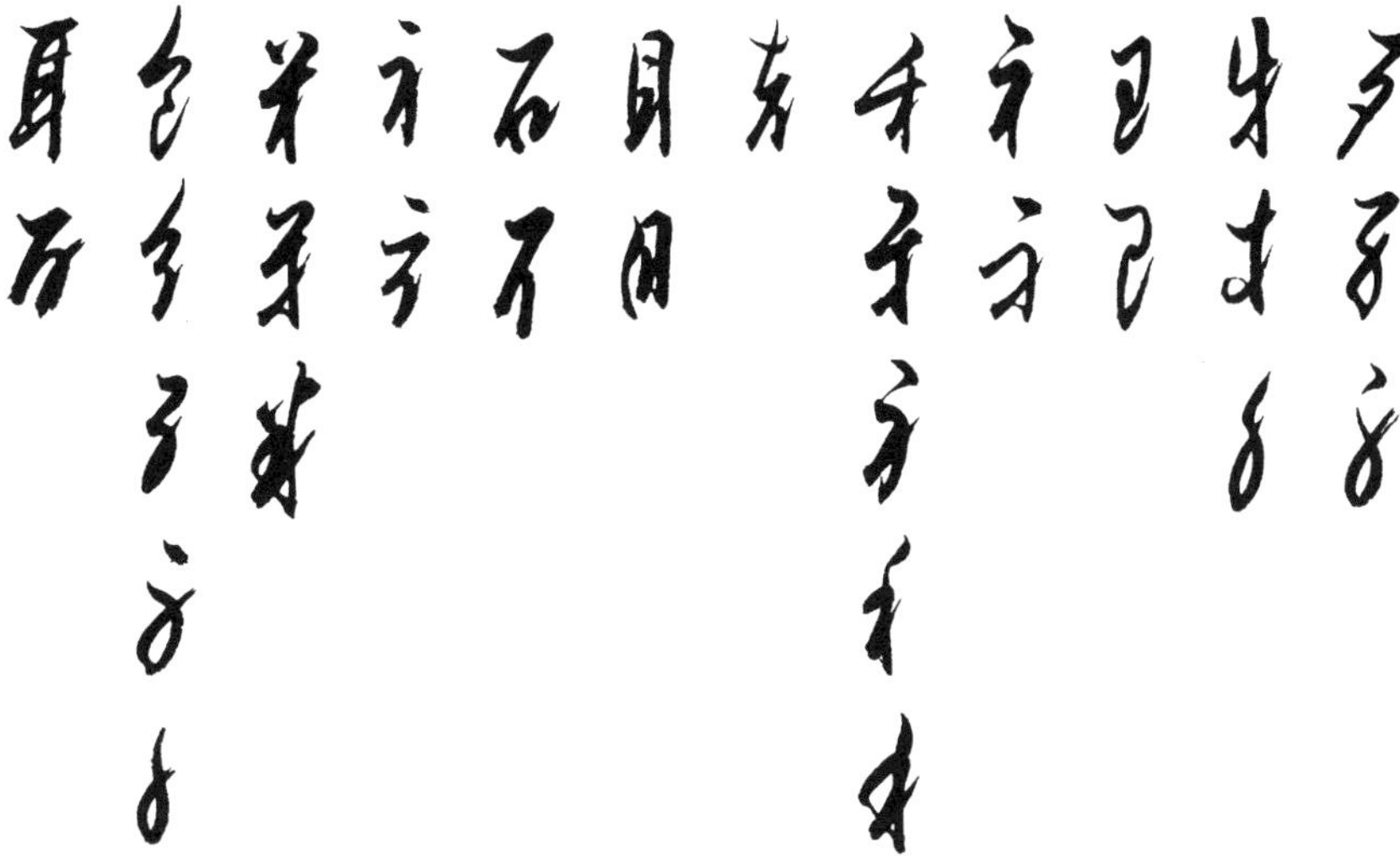

【至】【舟】【足】【角】【言】【貝】【身】【車】【酉】

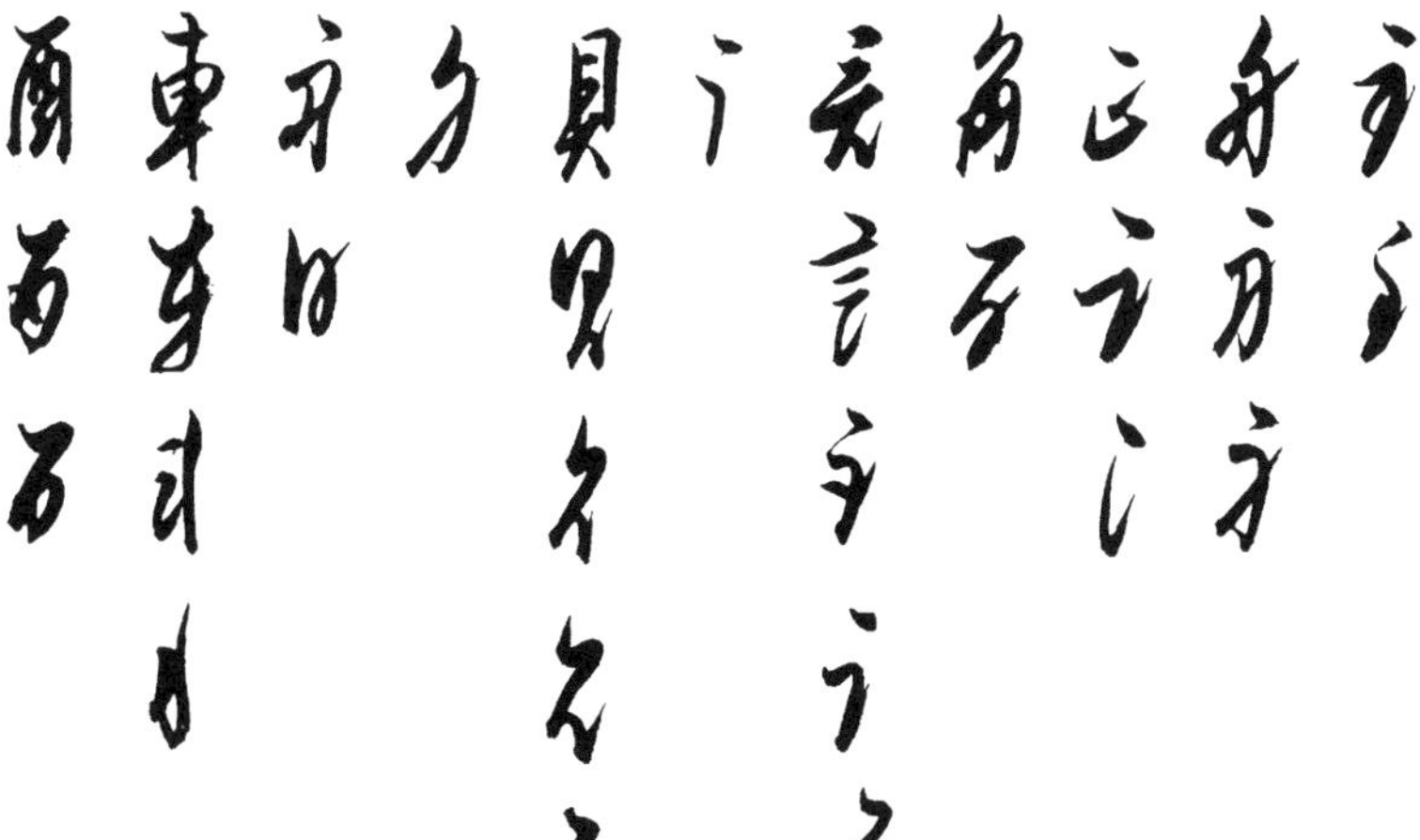

【金】

【食】

【馬】

【魚】

にょう

【夂】

【辶】

【走】

たれ

【厂】

【尸】

【广】

【戸】

【疒】

かんむり

【入】

【宀】

【艹】

【止】

【癶】

【竹】

【雨】

かまえ

【冂】

【門】

つくり

【刂】

【卩】

【彡】

【阝】

【攵】

【斤】

【欠】

【月】

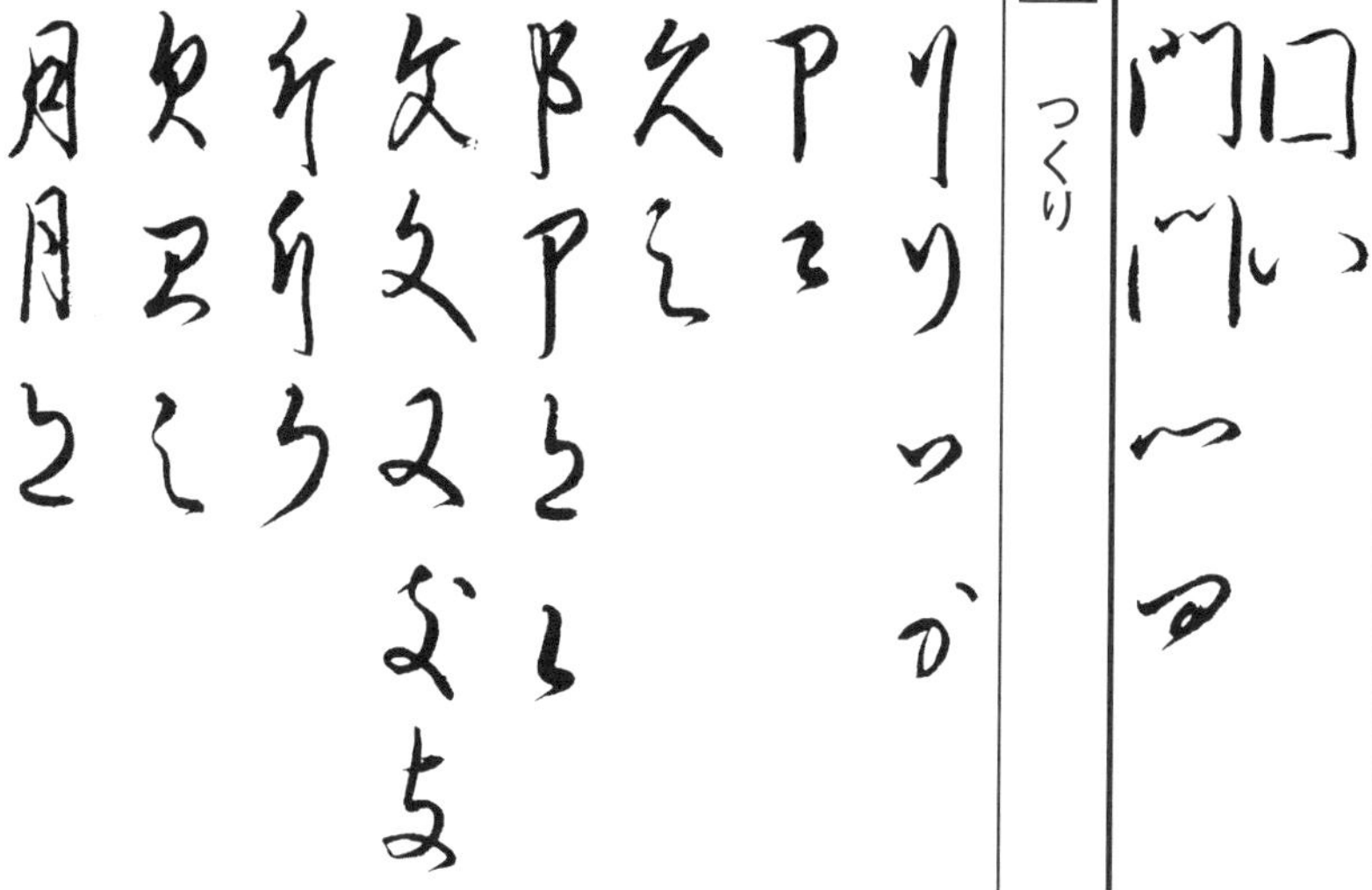

【殳】

【隹】

【頁】

あし

【灬】

【心】

【皿】

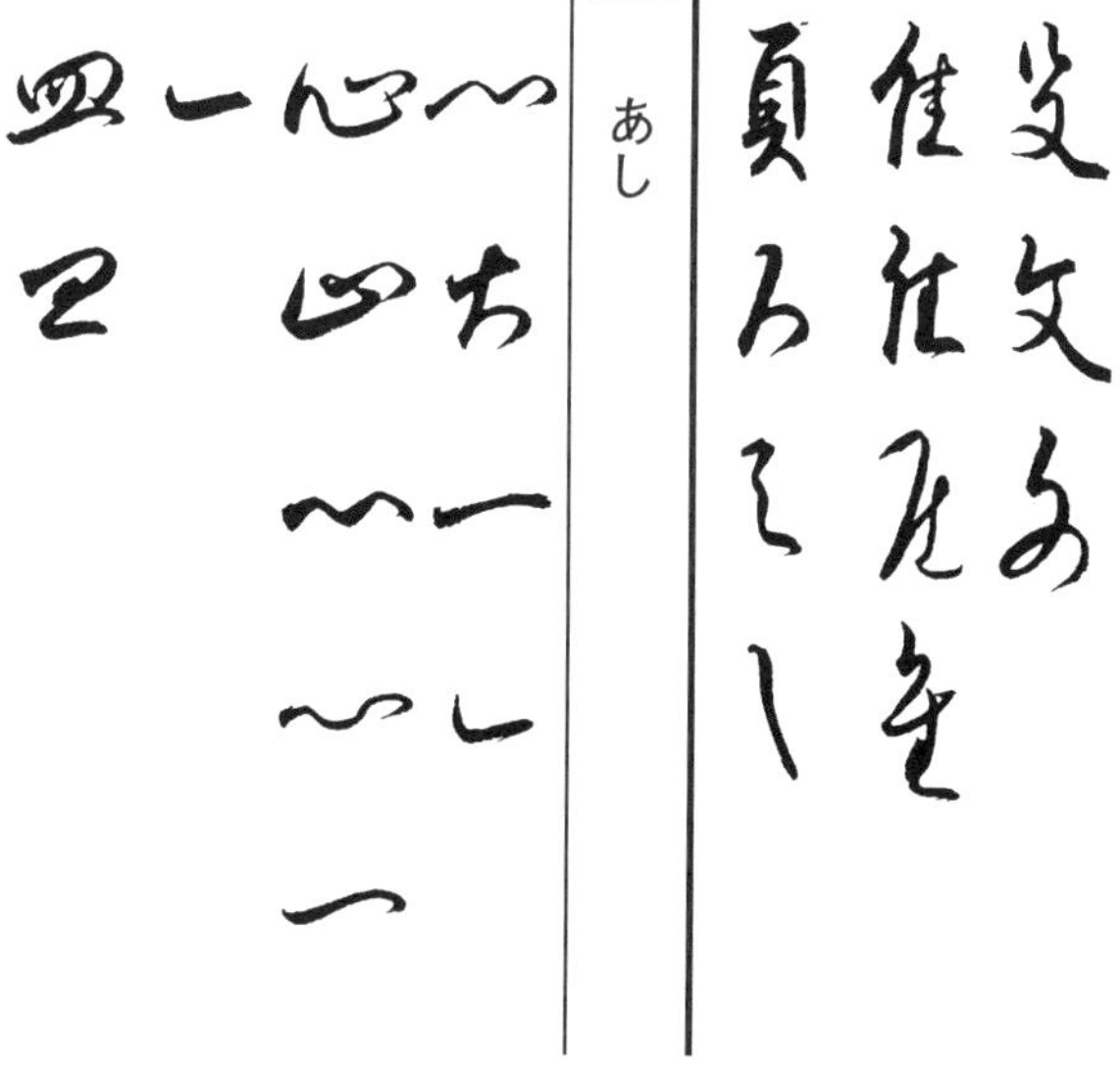

監修者略歴　油井 宏子（あぶらい ひろこ）

1953年 千葉県市川市生まれ。
1976年 東京女子大学文理学部史学科卒業。
船橋市、市川市の公立中学校教諭を経て、
1989年からＮＨＫ学園古文書講師。
近世史や古文書を学ぶ面白さを、全国各地の講座やシンポジウムで紹介している。

おもな著書・監修・論文など

『江戸奉公人の心得帖――呉服商白木屋の日常』（新潮新書、2007年）
DVD版『油井宏子の楽しく読める古文書講座』全５巻（紀伊國屋書店・柏書房、2007年）
『くずし字辞典を引いて古文書を読もう』（東京堂出版、2019年）
『手がかりをつかもう！古文書くずし字』（柏書房、2014年）
『古文書くずし字 見わけかたの極意』（柏書房、2013年）
『絵で学ぶ古文書講座――漂流民と異国船との出会い』（柏書房、2011年）
『そうだったのか江戸時代――古文書が語る意外な真実』（柏書房、2010年）
『古文書はじめの一歩』（柏書房、2008年）
『江戸が大好きになる古文書』（柏書房、2007年）
『古文書はこんなに魅力的』（柏書房、2006年）
『古文書はこんなに面白い』（柏書房、2005年）
『古文書検定　入門編』（柏書房、2005年）
「醤油」（『講座・日本技術の社会史』第１巻 農業・農産加工、日本評論社、1983年）
『国史大辞典』（吉川弘文館）に「銚子醤油」など４項目執筆。

江戸《えど》時代《じだい》＆古文書《こもんじょ》　虎《とら》の巻《まき》

2009年４月25日　第１刷発行
2022年６月５日　第４刷発行

監　修　油井 宏子
編　集　柏書房編集部
発行者　富澤 凡子
発行所　柏書房株式会社
〒113-0033　東京都文京区本郷2-15-13
Tel. 03-3830-1891（営業）
03-3830-1894（編集）

装幀者　森 裕昌
組　版　i-Media 市村繁和
編集協力　ハッシィ
印刷所　壮光舎印刷株式会社
製本所　株式会社ブックアート

2009, Printed in Japan
ISBN978-4-7601-3539-4